Un chien
ne ment jamais en amour

DU MÊME AUTEUR

CHEZ LE MÊME ÉDITEUR

Quand les éléphants pleurent
(la vie émotionnelle des animaux)

Jeffrey Moussaieff Masson

Un chien ne ment jamais en amour

Réflexions sur la vie émotionnelle des chiens

Traduit de l'américain
par Josiane Deschamps

Albin Michel

Titre original :

DOGS NEVER LIE ABOUT LOVE

Traduction française :

22, rue Huyghens, 75014 Paris

ISBN : 2-226-10549-2

Ce livre est dédié à ma meute :
Leila et Ilan, et, bien sûr,
Sasha, Sima et Rani.

« Le chien est le seul être qui nous aime
plus que nous ne nous aimons nous-mêmes. »

Fritz von Unruh

Préface

À la recherche des émotions chez le chien

« On ne peut douter que l'affection pour l'homme ne soit devenue instinctive chez le chien [1]. » Cette phrase est extraite de l'ouvrage de Charles Darwin *L'Origine des espèces*, publié pour la première fois en 1859. Darwin poursuit : « Les loups, les chacals, les renards, et les diverses espèces félines, même apprivoisés, sont toujours enclins à attaquer les poules, les moutons et les porcs ; cette tendance est incurable chez les chiens qui ont été importés très jeunes de pays comme l'Australie et la Terre de Feu, où les sauvages ne possèdent aucune de ces espèces d'animaux domestiques. D'autre part, il est bien rare que nous soyons obligés d'apprendre à nos chiens, même tout jeunes, à ne pas attaquer les moutons, les porcs ou les volailles. »

Darwin semble émettre l'hypothèse, en vogue depuis peu, selon laquelle les émotions animales jouent un rôle important dans le processus évolutionniste ; en fait, on peut même dire que l'évolution est basée sur les émotions puisque, d'après lui, l'« affection pour l'homme » est responsable du changement intervenu dans les instincts du chien domestique.

L'amour instinctif capable de franchir la barrière des espèces est un phénomène remarquable. Nous, les humains, en faisons constamment l'expérience : nous aimons les chiens, les chats, les chevaux, et bien d'autres animaux. Pourtant, alors que de nombreux scientifiques sont prêts à admettre qu'ils aiment les animaux qu'ils étudient, bien peu reconnaissent que ces derniers leur rendent cet amour.

En ce qui concerne les chiens, leurs réponses émotionnelles ressemblent tant aux nôtres que nous sommes tentés d'en admettre l'identité ; la joie d'un chien rappelle la nôtre et son chagrin paraît très proche de celui que nous éprouvons. Pourtant, il est impossible d'affirmer que nous savons précisément ce qu'un chien ressent. Sa joie et son chagrin sont des émotions canines et peuvent être différentes des nôtres de façon trop subtile pour être reconnue ou exprimée. Même si, comme je le crois, nous pouvons parvenir à comprendre la vie intérieure d'un chien, il nous est néanmoins impossible d'entrer dans son univers et d'éprouver les mêmes émotions que lui. Quelque chose nous échappera toujours, nous interdisant de pénétrer son psychisme comme nous pensons pouvoir le faire avec un autre être humain.

Dans *Wild Traits in Tame Animals*, son livre paru en 1897, l'évolutionniste britannique Louis Robinson définit de façon charmante et avec prescience le domaine émotionnel commun aux humains et aux chiens :

> On a dit qu'un homme est pour son chien l'équivalent d'un dieu ; mais lorsque nous tenons compte du fait que notre conception de la divinité nous conduit à l'idée générale d'un *homme* omniscient, au pouvoir énorme, qui aime, hait, désire, récompense et punit à la façon des humains, il est inutile de faire un gros effort d'imagination pour concevoir que, d'un point de vue canin, le maître n'est lui-même qu'un grand *chien* extraordinairement rusé – à l'allure et aux manières certes différentes des chiens ordinaires, mais de nature essentiellement canine[2].

Dans *Quand les éléphants pleurent*, le livre que j'ai écrit en collaboration avec Susan McCarthy sur la vie émotionnelle des animaux sauvages, j'ai évité de m'étendre sur les animaux domestiqués car je pensais que les chiens, les chats et même les perroquets étaient peut-être « contaminés » par la proximité des humains. Je croyais découvrir davantage de choses sur les émotions à l'état pur en me concentrant sur les animaux qui n'avaient que peu ou pas de contacts avec l'homme. En vérité, pourtant, l'idée que les animaux avaient une vie intérieure complexe, riche d'émotions, me venait de l'expérience que j'avais des chiens. J'ai toujours aimé chez eux cette manière d'exprimer directement et intensément leurs sentiments. Chaque fois que je disais à Taffy, ma toute première chienne, un cocker spaniel, que nous partions en promenade, elle se lançait dans une sorte de danse qui se terminait par une course autour de la pièce, de plus en plus rapide, et toujours dans le sens des aiguilles d'une montre, comme s'il lui était impossible de contenir sa joie. Je n'étais à l'époque qu'un jeune garçon, mais je savais pourtant que personne ou presque ne pouvait manifester son allégresse de façon aussi exubérante. Par contre, lorsque je disais à Taffy qu'elle ne pouvait pas m'accompagner, et que le mot « non » franchissait mes lèvres, elle me regardait d'un air accablé, difficile à supporter. Aucun animal ne paraît aussi profondément déçu qu'un chien à qui l'on dit « non ! ».

Peut-être ne faudrait-il jamais employer ce mot avec les chiens, car il est simplement trop dévastateur. Le principe du refus ne leur est pas inconnu, mais quand ils entendent leurs amis prononcer ce « non » terrible, ils sont envahis par une sorte de tristesse dont il semble qu'ils n'émergeront jamais. Bien sûr, ils s'en échappent quelques minutes plus tard – et c'est encore une chose que j'aime chez les chiens. Ils sont capables de ressentir une émotion intense, mais dès que tout est fini, les voilà prêts pour l'expérience suivante. Ils ne perdent pas leur temps à ressasser le passé ou à appréhender le futur. Ils vivent toujours le moment présent.

Bien que j'aie eu plusieurs chiens dans ma vie, je n'en avais aucun à l'époque où j'ai commencé à penser à ce livre, et cela me manquait. En fait, ce projet n'était peut-être qu'un prétexte pour vivre de nouveau avec des chiens. J'ai donc décidé d'en adopter trois. Pourquoi trois ? Un était nettement insuffisant, et quatre beaucoup trop. Deux me semblait banal – mais trois ! Avec moi comme chef, c'était le début d'une meute ; et une meute me paraissait une chose intéressante.

Je désirais au moins un chien de race, de préférence un adulte, en partie dressé. Je suis entré en contact avec Mike del Ross, l'un des éducateurs de Guide Dogs for the Blind* de San Rafael, une banlieue qui se trouve à quarante minutes du centre de San Francisco. Mike m'a conseillé de faire une demande pour obtenir un chien « réformé », c'est-à-dire qui n'était pas jugé prêt à travailler avec une personne non voyante. J'ai visité le très beau campus de San Rafael en attendant de dénicher le chien parfait.

Mais qu'est-ce qu'un chien parfait ? Choisir un chien, c'est un peu comme aller à un rendez-vous avec quelqu'un que l'on ne connaît pas. Mais alors que l'on épouse rarement la personne que l'on rencontre au cours d'un dîner d'une heure, il allait me falloir, après une courte visite, vivre une amitié de toute une vie avec un chien. L'école de San Rafael éduque trois races de chien : des golden-retrievers, des labradors-retrievers et des bergers allemands. On m'a présenté deux labradors, deux mâles, très gros et pleins d'énergie. Ils me plaisaient tous les deux. Puis on m'a amené une femelle berger allemand, petite, légère, mais très sensible. Elle m'a plu elle aussi. J'ai demandé son avis à Mike. Il pensait que je devrais prendre la femelle berger allemand car elle était très docile. Je lui ai demandé de me raconter son histoire.

Elle se nommait Sasha, était maigre (elle pesait une trentaine de kilos), avait des poils courts, d'immenses oreilles, une très longue queue et des yeux tristes. Quand je l'ai rencontrée, elle avait presque deux ans. A l'âge de huit semaines, comme

* École de chiens-guides d'aveugles. (*N.d.T.*)

tous les futurs chiens-guides, on l'avait confiée à une famille d'accueil – des gens vivant en milieu rural, généralement dans des fermes ou des ranchs, et qui acceptent de servir de parents aux chiots – qui l'avait élevée jusqu'à ce qu'elle ait un peu plus d'un an. Elle était alors retournée à l'école pour être éduquée. Six mois plus tard, elle avait passé un examen et obtenu une note moyenne. Elle ne savait pas s'imposer et mangeait donc très peu dans son chenil. De plus, selon ses éducateurs, elle s'avérait « un peu trop tendre » pour être un bon chien-guide. Je n'ai jamais bien compris ce que ce terme signifiait au juste, mais je suppose qu'ils la jugeaient trop gentille, et pas suffisamment dynamique[3]. Elle se trouvait encore là (en fait, son éducation était terminée) parce que tout le monde l'aimait bien.

Je suis allé chercher Sasha un mercredi, à la fin de l'été 1995, et ainsi a commencé sa nouvelle carrière : de chien-guide elle est devenue muse. Elle n'avait pas besoin de travailler pour vivre avec moi ; je lui demandais seulement d'éprouver des émotions.

Une semaine plus tard, je me suis rendu à Oakland, à la Society for the Prevention of Cruelty to Animals*, pour adopter un second chien. Je désirais un bâtard, un croisement de labrador, car ce chien est très affectueux, facile à vivre mais plein d'énergie. J'ai décidé d'emmener Sasha avec moi et de la laisser choisir. Elle a aussitôt été attirée par un labrador jaune de douze semaines, croisé peut-être avec un pit bull terrier et un rhodesian ridgeback**. Cette petite femelle était vive, adorable et d'un caractère facile. Lorsque nous sommes passés devant les cages où se trouvaient les chats et les chatons,

---

* L'équivalent de notre Société protectrice des animaux. (*N.d.T.*)

** *Ridge* = crête ; *back* = dos. Ce chien doit son nom à une crête de poils plantés à rebours le long de l'épine dorsale et formant une zone plus sombre. Cette particularité lui vient de son ancêtre, le chien hottentot, domestiqué en Afrique depuis des millénaires. (*N.d.T.*)

elle n'a ni aboyé ni tiré sur sa laisse ; elle les a simplement regardés avec une curiosité bienveillante. J'ai particulièrement apprécié ce trait de son caractère car je voulais adopter deux chatons. Je souhaitais que chiots et chatons grandissent ensemble ; les liens d'amitié entre espèces différentes m'ont toujours intéressé. On lui avait donné le nom de Rajah, ce qui en hindi* signifie « roi ». J'ai voulu corriger l'erreur de genre, mais conserver la consonance, et je l'ai appelée Rat Ki Rani, « reine de la nuit », qui en hindi est le nom du jasmin fleurissant la nuit. Elle a une odeur suave et un naturel doux. Quand je l'ai emmenée à la maison, elle a aussitôt paru heureuse et à l'aise. Elle était en famille. Sasha était plus hésitante, plus lente. Sa vie émotionnelle semblait déjà plus complexe.

Quelques semaines plus tard, je suis retourné à Oakland et j'ai vu un chiot dans une cage, avec la patte dans le plâtre. C'était un golden-retriever croisé avec un colley. On m'a dit que cette jeune chienne, en dépit de son apparence inoffensive, avait la mauvaise habitude de mordre – de toute évidence son précédent « propriétaire » lui avait cassé la patte d'un coup de pied. A cause de cela, la S.P.C.A. envisageait l'euthanasie. Je n'ai pas pu supporter cette idée, et j'ai demandé à garder cette chienne chez moi pendant une semaine pour voir comment elle se comporterait avec Sasha et Rani. Elles se sont bien entendues, et je l'ai appelée Sima.

Pendant que j'étais à la S.P.C.A., j'ai demandé à voir des chatons. « Oh, nous avons ce qu'il vous faut ! » m'a-t-on répondu, et on m'a montré deux petits chats tigrés orange, des frères, tout juste âgés de sept semaines, qui avaient été abandonnés dans un parking. Un membre de l'équipe de bénévoles les avait accueillis chez lui et élevés en compagnie de chiens ; et à présent les chatons n'en avaient absolument pas peur. J'ai pu constater que cela était parfaitement exact lorsque nous avons mis en présence, dans la même grande

* Langue parlée en Inde et qui dérive du sanskrit. (*N.d.T.*)

pièce, les trois chiennes et les deux chatons. Et voilà, j'avais atteint mon but. J'ai appelé les chatons Raj (roi en hindi) et Sanjaya (ou Saj en raccourci). A l'époque où j'étais professeur de sanskrit à l'université de Toronto, j'avais lu avec mes étudiants le texte original de la *Bhagavad Gita* dans lequel Sanjaya – qui signifie « victoire » – conduit le char du Roi.

J'éprouvais une certaine appréhension à mettre Leila, ma femme (à cette époque ma fiancée), en présence de tous ces chiens et ces chats. Elle avait grandi à Berlin et n'avait jamais eu d'animal familier. Ma crainte était inutile. Leila, qui est pédiatre, est aimée de tous : ses jeunes patients, leurs parents, les infirmières et les autres médecins. Elle est comme un rayon de soleil, chaud et brillant, et rend tout ce qui l'entoure plus lumineux. Sa joie est contagieuse pour tous, et certainement pour les chiennes. Elles l'adorent, et Leila leur rend leur amour.

La maison où nous vivons, Leila, les chiennes et moi, est située en face du poste de police, au centre de Berkeley, Californie. C'est une petite maison à deux étages, de l'époque victorienne, vieille de cent ans exactement, avec sur l'arrière un grand jardin luxuriant qui donne sur University Avenue. Je possède presque dix mille livres, et l'espace est donc très restreint. Mes chiennes vont où bon leur semble dans la maison, mais la nuit elles dorment dans mon bureau, dans des niches. Elles vont se coucher en même temps que nous, vers onze heures du soir, et se réveillent avec moi, un peu avant six heures. Je les emmène tous les matins à la marina de Berkeley, sur la baie, à cinq minutes en voiture de la maison.

Ma formation de psychanalyste au Toronto Psychoanalytic Institute m'a préparé à mon travail aux Archives Sigmund Freud, mais a également encouragé ma curiosité pour les expériences émotionnelles des autres, non seulement celles des êtres humains, mais également celles de toutes les créatures vivantes. Nous connaissons si peu de chose sur la vie intérieure de nos semblables que pendant des années les analystes ont affirmé que les femmes qui disaient avoir subi des violences sexuelles au cours de leur enfance étaient victimes de fantasmes. Nous savons à présent qu'ils avaient tort. Si nous sommes si mal renseignés sur les expériences vécues par nos partenaires les plus proches, quels mystères recèle encore la vie émotionnelle des animaux ?

Dans ce livre, j'ai tenté de pénétrer l'esprit et, plus important encore, le cœur du chien. J'ai non seulement cherché à résoudre certaines énigmes (savoir à quoi rêvent les chiens notamment), mais j'ai aussi voulu poser des questions qui ne l'avaient jamais été : par exemple, un chien peut-il éprouver de la gratitude ou de la compassion ? Souvent, ce qui est impossible à prouver par les méthodes scientifiques habituelles devient un sujet que les chercheurs préfèrent ne pas aborder. Pourtant, le simple fait de poser des questions, même si nous sommes incapables d'y répondre dans l'immédiat, nous permet de nous interroger sur l'orientation à donner à nos recherches. Cela nous aide également à développer notre imagination, ce qui est un exercice utile. Certaines choses que j'ai écrites découlent de l'observation, mais d'autres ne sont que pure spéculation. Combien de fois, pourtant, les spéculations d'hier sont-elles devenues les vérités scientifiques d'aujourd'hui ?

Je suis conscient que la plupart des « preuves » que j'apporte pour témoigner de la réalité des émotions chez le chien ne sont constituées que de récits – ce que les scientifiques appellent dédaigneusement des preuves anecdotiques. Avec leur sens étriqué des critères valables, la plupart des scientifiques veulent être capables de tester, analyser et reproduire des données. Ce qu'il est impossible de faire avec une simple anecdote. Les chercheurs semblent croire qu'un récit peut ou non être vrai, alors que quelque chose qui s'est répété en laboratoire l'est forcément. Il n'existe aucune raison de penser qu'il en est bien ainsi. Des données peuvent être falsifiées, fabriquées ou dénaturées aussi facilement qu'un récit, et certaines expériences de laboratoire, comme celles conduites par Martin Seligman et les autres, nous apprennent peu de choses que nous ne savions déjà. Seligman a prouvé qu'un chien pouvait devenir névrosé quand on lui faisait subir régulièrement des chocs électriques qu'il lui était impossible d'éviter. Cela a-t-il réellement fait progresser la connaissance scientifique ? Quant à Pavlov, il a démontré que l'on pouvait rendre un chien fou. Quelqu'un a-t-il jamais douté que cela fût possible ? Et je ne vois pas non plus pourquoi les chercheurs travaillant en laboratoire seraient des observateurs plus fiables que les autres.

Il n'existe pas de voie royale conduisant directement aux émotions des autres êtres humains. Souvent, les gens ne savent pas eux-mêmes ce qu'ils ressentent, et ils ne sont pas toujours capables d'exprimer correctement leurs sentiments. Puisque nous ne pouvons jamais être certains de ce qu'éprouve une autre personne, tout ce que nous disons à propos de sa vie intérieure n'est, dans un sens, que pure spéculation. Nous essayons d'imaginer ce que nous sentirions dans une circonstance similaire, nous observons l'expression de ses yeux et les mouvements de son corps. Nous entendons un soupir lui échapper ou nous voyons une ombre passer sur son visage. Ces indices ne constituent pas de preuves au sens scientifique de ce mot, mais ils indiquent suffisamment un état émotionnel pour que nous soyons sûrs de nos conclusions. Pourquoi pareille spéculation ne nous serait-elle pas permise avec nos chiens ? Nous observons leurs yeux, leurs oreilles et leur queue ; nous écoutons les sons qu'ils émettent ; nous fouillons en nous-mêmes et faisons preuve d'empathie et d'imagination à leur égard. Et les conclusions auxquelles nous arrivons ne sont pas plus inexactes dans le cas d'un chien que dans celui d'un être humain.

Il est vrai que lorsqu'un fait peut être observé à plusieurs reprises et par de nombreuses personnes, raconté et rapporté par écrit, nous avons tendance à croire davantage à sa véracité. Pourtant, certaines choses qui m'intéressent – comme les relations amicales entre les chiens et d'autres espèces par exemple – n'ont jamais été testées en laboratoire. Nous devons également nous rappeler que les laboratoires n'existent que depuis peu de temps, et il serait tout à fait absurde d'affirmer que tout ce qui a été observé avant l'existence des laboratoires ne peut être vrai. Bien sûr, j'aurais aimé pouvoir recueillir cinq cents récits évoquant une amitié entre un lion et un chien, mais j'ai dû me contenter d'un cas unique que je rapporte dans ce livre. Par contre, de nombreuses personnes m'ont raconté que leurs chiens s'étaient liés d'amitié avec des lapins. Ces récits sont-ils nécessairement faux parce qu'ils n'ont pas été testés en laboratoire ? Devons-nous les ignorer ? Il ne faut peut-être pas les accepter comme on le ferait d'une formule mathématique, mais ils ne doivent pas non plus être repoussés sous prétexte qu'ils proviendraient de personnes sentimentales et naïves qui prendraient leurs désirs pour la réalité.

L'intelligence des chiens n'est pas un sujet que j'aborde car il a déjà été suffisamment étudié. En réalité, ce thème de l'intelligence ne m'intéresse pas du tout, qu'il s'agisse des chiens ou des êtres humains. La seule idée de « tester » l'intelligence de quelqu'un me paraît révoltante. Qu'est-ce que cela signifie ? Intelligence pour quoi ? La musique ? L'art ? La recherche scientifique ? La cuisine ? La marche à pied ? Le trecking ? L'espagnol ? La fabrication des poupées ? La plupart d'entre nous sont doués dans un certain domaine et beaucoup moins dans d'autres. Il paraîtrait logique de prétendre qu'Einstein était plus intelligent que la majorité des lecteurs de ce livre, mais ces derniers pourraient objecter à juste raison qu'Einstein comprenait sans doute mieux les lois de la physique et des mathématiques, mais se serait probablement montré moins doué qu'eux pour trouver sa route de

Milan à Rome, construire une cabane en rondins ou aider sa fille à se faire des amis dans une ville étrangère.

Si le fait de tester l'intelligence d'une personne ne nous a jamais appris grand-chose d'intéressant à son sujet, vouloir évaluer l'intelligence d'une espèce par rapport à une autre me semble être une tentative dénuée de sens. Certains chats savent ouvrir une porte ; d'autres les regardent faire, mais sont incapables de les imiter. On prétend que ces derniers sont moins intelligents, pourtant ils le sont suffisamment pour rester dans les environs jusqu'à ce que le chat sachant ouvrir la porte apparaisse. Si nous mesurons l'intelligence en fonction de la faculté d'adaptation, cette absence d'aptitude à ouvrir les portes joue en défaveur du chien. Par contre les chiens savent attendre patiemment que nous leur ouvrions les portes, et ne se mettent jamais en colère quand nous ne nous conformons pas à leurs désirs. Placés dans la même situation, certains humains seraient prêts à partir en guerre.

Pour mesurer l'intelligence, les scientifiques se contentent souvent d'évaluer la « capacité d'abstraction », mais celle-ci n'en est que l'une des formes particulières. Certaines personnes sont plus douées pour les mathématiques que d'autres, mais ces dernières peuvent se montrer plus habiles à tourner des pots, grimper aux arbres ou déchiffrer des manuscrits en haut allemand. Il semble que chaque espèce possède certaines aptitudes propres. Nous ne pouvons les découvrir qu'en observant les diverses espèces sans nous référer à l'intelligence ou aux aptitudes humaines. Comme l'a dit le naturaliste J.E.R. Staddon : « Les abeilles peuvent voir les rayons ultra-violets et les chauves-souris entendre les ultrasons ; ces aptitudes n'ont pas été découvertes en se demandant si les abeilles ou les chauves-souris étaient capables de faire certaines choses propres aux humains [4]. »

Le fait de posséder certaines aptitudes exceptionnelles n'implique pas nécessairement l'obligation d'éprouver des émotions extraordinaires. Un matin de bonne heure, alors que Sasha n'était avec moi que depuis quelques semaines, je me suis rendu seul dans une salle de gymnastique située à quelques rues de chez moi. Pendant mon absence, un employé du service de l'urbanisme est entré dans mon jardin par une porte latérale et, son inspection terminée, est reparti en la laissant ouverte. Deux heures plus tard, en sortant de la salle de gymnastique, j'ai vu Sasha assise sur les marches, qui m'attendait. J'ai été très surpris. Comment avait-elle fait pour me retrouver alors qu'elle ne m'avait jamais accompagné jusque-là ? Etait-ce dû à un extraordinaire sens de l'odorat ? Peut-être avait-elle flairé ma trace ? Pourtant, dans le cas présent, ses sentiments étaient pour moi plus mystérieux que ses capacités – c'était eux que je désirais connaître, et non son aptitude cognitive.

Il y a cent vingt-cinq ans, avec son ouvrage *L'Expression des émotions chez l'homme et les animaux*, Charles Darwin nous a montré la voie. Depuis lors, les scientifiques ont jugé bon d'ignorer le sujet. Cependant, très récemment, quelques chercheurs travaillant sur le terrain ont commencé à éclairer d'un jour nouveau la question de la vie émotionnelle des animaux sauvages. Avec ce livre, j'espère encourager une étude plus approfondie qu'elle ne l'a été jusqu'alors des sentiments éprouvés par notre compagnon le plus proche dans le règne animal : le chien.

« Toute la science, la totalité des questions et des réponses est contenue dans les chiens. »

Franz Kafka, *Recherches d'un chien*

1.

Reconnaître les émotions du chien

Rares sont les personnes qui, ayant vécu en compagnie de chiens, refuseront d'admettre que ceux-ci éprouvent des émotions. Emboîtant le pas à son grand ami Darwin, qui parlait de conscience en ce qui concerne les chiens, George Romanes écrivait : « Chez le chien, la vie émotionnelle est très développée, plus développée en somme que chez tout autre animal[1]. » (Il n'incluait pas l'animal humain, quoiqu'il eût peut-être dû le faire.) Bien évidemment, les chiens éprouvent des émotions, et nous n'avons aucune difficulté à identifier la plupart d'entre elles. Par exemple, la joie. Existe-t-il plus joyeux qu'un chien en promenade, qui gambade devant nous, s'enfonce dans les broussailles, heureux, si heureux ? Par contre, qui peut être plus déçu qu'un chien à qui nous disons : « Non, nous n'allons pas nous promener » ? Il s'effondre alors sur le sol, les oreilles tombantes, et nous regarde, découvrant le blanc de ses yeux, complètement abattu. Joie totale, déception totale.

Mais cette joie et cette déception sont-elles identiques à ce que les humains veulent exprimer lorsqu'ils emploient ces mots ? Ce que font les chiens, la façon dont ils se comportent et jusqu'aux sons qu'ils émettent nous semblent immédiatement traduisibles en termes d'émotions humaines. Quand un chien se roule dans l'herbe fraîchement coupée, le plaisir que l'on peut lire sur sa face est indéniable. Personne ne se tromperait en disant que ce plaisir ressemble à celui que n'importe lequel d'entre nous (quoique moins fréquemment peut-être) pourrait éprouver. Les mots employés pour décrire ces émotions peuvent être faux, notre vocabulaire imprécis, l'analogie imparfaite, mais il existe cependant certaines similitudes profondes qui n'échappent à personne. Tout comme moi, mon chien peut *paraître* joyeux ou triste, et dans ce cas l'apparence est essentielle : nous devons souvent nous en contenter lorsqu'il s'agit de nos semblables.

Toutes les personnes qui ont un chien sont étonnées de l'accueil exubérant que celui-ci leur réserve après une courte absence. Sasha tourne autour de moi, ravie, pousse des cris aigus et émet des sons étonnants. Qu'est-ce qui, dans notre retour, justifie cette démonstration de joie débordante ? Nous avons tendance à attribuer ce comportement à une sorte de bêtise : « Mon chien pensait que je ne reviendrais pas. » Nous prétendons que les chiens n'ont pas la notion du temps. Comme me l'a dit une fois Robert Kirk de la Cornell Veterinary School, ils ne surveillent pas les pendules. Chaque minute est pour toujours ; chaque chose définitive ; dehors signifie parti à tout jamais. En d'autres termes, lorsque les chiens ne réagissent pas comme nous, nous supposons qu'ils ont un comportement absurde. Pourtant un amoureux est heureux de revoir la personne aimée, même après une brève absence – et pour les chiens, il n'est question que d'amour.

La façon dont les chiots accueillent leur mère peut fournir une autre explication à la joie que manifestent les chiens à nous voir revenir. Dès qu'elle apparaît, les petits se bousculent autour d'elle, avides de téter ou espérant qu'elle va régurgiter de la nourriture pour eux. Les loups ont ainsi un cérémonial d'accueil au cours duquel ils remuent la queue, se lèchent les uns les autres et se mordillent réciproquement le museau. Comme le suggèrent John Paul Scott et J.L. Fuller, le plaisir exubérant des chiots est peut-être un vestige de ce cérémonial[2].

Peu de temps après son arrivée dans notre famille, Sasha était couchée à côté de moi, un soir où je travaillais à une ébauche de ce chapitre. J'avais été seul toute la journée, absorbé par ma tâche. Nous étions là tous les deux, dans le living ; le calme régnait. En regardant Sasha, j'ai remarqué qu'elle m'observait. Une idée s'est aussitôt imposée à moi : il y avait dans cette pièce un autre être, une autre conscience, quelqu'un qui se tenait, ici, à mes côtés. Mais à quoi Sasha pensait-elle ? Pourquoi avait-elle soudain levé les yeux sur moi ? S'assurait-elle que j'étais toujours là, que je n'avais rien d'autre en tête ? Ses pensées étaient-elles plus complexes, empreintes (comme beaucoup le sont) d'émotions : d'affection, par exemple, ou peut-être d'anxiété ? Elle paraissait si calme, allongée là. Éprouvait-elle justement quelque chose qui ressemblait à de la quiétude ? Pour certains philosophes hindous, la quiétude est l'émotion majeure, celle qui soustend toutes les autres – cette idée m'a paru si fascinante qu'elle est devenue le sujet de la thèse que j'ai soutenue à l'université d'Harvard. Mais peut-être projetais-je simplement mes propres émotions sur Sasha ? Il est difficile de le savoir.

Alors que Sasha se tenait tranquillement à côté de moi, paraissant satisfaite et soupirant de temps à autre – de contentement, me semblait-il –, je me demandais ce qu'elle ressentait véritablement. Comme j'aurais aimé être à sa place, un moment seulement, et éprouver les mêmes émotions qu'elle. J'ai déjà eu cette envie, plus d'une fois, avec des êtres humains. Connaît-on jamais vraiment les véritables sentiments d'une autre personne ? Il ne doit pas être plus difficile de les découvrir chez les chiens que chez nos semblables.

Comment savons-nous ce que nous ressentons, sans parler de ce que peut éprouver une autre personne, la question n'est pas facile. En parlant, nous utilisons souvent des formules comme : « Je me sens triste » ou « Je me sens heureux ». Mais pour définir l'état émotionnel dans lequel nous nous trouvons, il n'existe pas, le plus souvent, d'équivalence verbale précise. Songez à la façon dont nous nous restreignons par le langage. Nous disons : « Je suis déprimé. » Et pourtant ce n'est qu'une très vague indication pour traduire un ensemble complexe de sentiments. Il en va probablement de même pour les chiens ; leur joie est au moins aussi compliquée (en ce sens que nous ne sommes jamais certains de ses composantes ; peut-être le souvenir d'un plaisir précédent joue-t-il un rôle, à moins que cette joie ne soit entièrement liée au moment présent) et aussi difficile à définir.

Il est évident que nous pouvons apprendre bien des choses au sujet des chiens en observant leur comportement – du moins ses manifestations purement extérieures – mais je pense qu'il serait temps de reconnaître que nous comprendrions davantage de choses encore en nous montrant attentifs à ce qu'ils ressentent. De plus, nous pourrions également faire des découvertes sur nous-mêmes, car dans le domaine des émotions, il nous est impossible d'éprouver un quelconque sentiment de supériorité. Après une vie d'attention affectueuse à l'égard des chiens et plusieurs années d'observations minutieuses et de réflexion, j'en suis arrivé à la conclusion qu'ils sont beaucoup plus doués de sensibilité que je ne le suis (je ne me sens pas le droit de parler pour les autres). Ils ont des sentiments bien plus nombreux, plus purs et plus profonds que les miens. En comparaison, le paysage émotionnel humain semble bien sombre avec ses subterfuges, son ambivalence et sa duperie affective, intentionnelle ou non. En cherchant à savoir pourquoi nous sommes tellement plus inhibés que les chiens, nous apprendrions peut-être à nous montrer aussi directs, honnêtes et francs qu'eux, et surtout à avoir des sentiments aussi profonds que les leurs.

Freud faisait remarquer que les chiens aiment leurs amis et mordent leurs ennemis, à la différence des humains qui sont incapables d'un amour pur et éprouvent toujours le besoin de mêler amour et haine dans leurs rapports[3]. En d'autres termes, les chiens ignorent le sentiment d'ambivalence dont nous semblons être affligés. Nous aimons, nous haïssons, souvent la même personne, le même jour, et parfois en même temps. Cela est impensable pour les chiens, soit, comme certaines personnes le pensent, parce qu'ils manquent de complexité, soit, comme je le crois, parce que leurs sentiments sont moins confus[4]. Lorsqu'un chien vous a donné son amour, il vous aime pour toujours quoi que vous fassiez, quoi qu'il advienne et quel que soit le temps qui passe. Les chiens ont une mémoire prodigieuse des personnes qu'ils ont connues. Peut-être parce qu'ils les associent à l'amour qu'ils éprouvent pour elles et trouvent du plaisir à se rappeler cet amour.

Alors qu'ils n'étaient encore que deux petits chatons, Raj et Saj ont totalement pris possession de Sasha. A la minute même où elle a vu ces deux minuscules boules de poils, son intérêt a été éveillé. Elle s'est mise à geindre et à pousser des gémissements. Elle me jetait des regards implorants comme si j'avais le pouvoir de l'aider à obtenir ce qu'elle désirait si ardemment. Elle les flairait, les suivait d'une pièce à l'autre, geignant pitoyablement. La première nuit qu'ils ont passée à la maison, elle n'a pas fermé l'œil. Allongée sur le sol, près de leur cage, les pattes délicatement croisées, elle n'a pas cessé de les observer. Quand je les ai laissés sortir, elle a gentiment posé la patte sur eux. Les chatons étaient un peu abasourdis par ce qui leur arrivait et surtout par ce que Sasha a entrepris de faire la deuxième semaine : elle en a attrapé un entre ses puissantes mâchoires et, faisant très attention de ne pas le blesser, elle l'a emporté dans une autre pièce où elle l'a déposé avant de revenir chercher le second pour lui faire subir le même sort. Alors que je la regardais, perplexe, porter ces petites boules orange d'une pièce à l'autre, les deux chatons semblaient trouver cela évident. Ils ont bientôt eu envie de jouer, et l'un des deux a roulé sur le dos et tendu sa petite patte. Pourtant leur intérêt vis-à-vis de Sasha était bien plus modéré que celui qu'elle leur portait. Il ne pouvait y avoir aucun doute sur l'attention profonde qu'elle accordait à ces chatons. Quant à la nature de cette attention, c'est une tout autre question.

Que cherchait-elle ? Son instinct maternel avait-il été éveillé et voulait-elle se comporter en mère ? Croyait-elle vraiment qu'il s'agissait de ses petits et désirait-elle les emporter dans une tanière ? Était-elle tiraillée entre son instinct prédateur qui lui indiquait que ces chatons feraient un excellent repas, et son désir de m'écouter (« Ne mange pas les petits chats ! ») ? Se montrait-elle simplement curieuse, se demandant si ces petites créatures n'étaient pas de drôles de chiots ? Peut-être se contentait-elle de les regrouper ; après tout, Sasha est un chien de berger.

Aucune de ces explications n'est entièrement satisfaisante. S'il s'était agi d'un instinct de maternage, elle se serait comportée de la même façon envers les lapins ou les oies, gémissant dès qu'elle en apercevait un (au lieu de leur donner la chasse) ; de plus, Sasha n'a jamais eu de petits. Je doute qu'elle ait voulu les manger, j'ai du mal à la persuader d'avaler un morceau de steak. Elle est loin d'être stupide et sait parfaitement faire la différence entre un chien et un chat. Si elle avait voulu les rassembler, elle ne les aurait pas pris dans sa gueule, n'aurait pas geint ni poussé de gémissements en essayant d'exprimer le besoin ou le sentiment qu'elle éprouvait. En vérité, j'ignore pourquoi elle était attirée par ces chatons, et personne d'autre ne le sait non plus. Il aurait été tellement plus simple de pouvoir lui demander :

« Sasha, pourquoi ces petits chatons t'intéressent-ils tant ?

– C'est évident, regarde comme ils sont adorables ! »

Ou :

« Ils ont l'air si petits et si fragiles, j'aimerais les protéger. »

Ou même :

« Je n'en sais rien ! »

Quelle que soit la signification de son comportement, il est évident que Sasha éprouvait des sentiments pour ces petites boules de poils, parce qu'elle gémissait, geignait, les suivait d'une pièce à l'autre, penchait la tête et les regardait, perplexe et intriguée. Et c'est pourquoi je dis qu'ils avaient pris possession d'elle. Elle attendait quelque chose d'eux, ressentait quelque chose pour eux, et semblait vouloir exprimer ces sentiments.

Il est difficile de s'identifier à elle car, généralement, les humains ne suivent pas les petits chats en geignant et gémissant ; et nous ne paraissons pas avoir de comportement équivalent. Alors, Sasha me faisait peut-être la démonstration de l'une de mes « théories sur les animaux familiers » : les humains et les animaux éprouvent certains sentiments communs, mais les seconds ont également accès à des émotions que nous ignorons ; et cela parce que les animaux sont *autres* ; parce qu'ils ne nous ressemblent pas. Leurs sens, leurs expériences leur permettent de s'ouvrir à un ensemble d'émotions totalement différentes (ou nouvelles) dont nous ne savons rien ou peu de chose. Il est tout à fait fascinant de penser que tout un domaine d'émotions canines nous reste interdit. Certaines d'entre elles pourraient être basées sur les capacités sensorielles du chien. Si l'on en croit les affirmations d'un auteur qui faisait autorité à son époque, un chien a un odorat cent millions de fois plus développé que le nôtre. Même si le chiffre exact est considérablement inférieur, il n'en demeure pas moins que quand Sasha pose sa truffe sur le sol, tout un univers, sur lequel je ne peux que faire des suppositions, lui est révélé. Il en va de même lorsqu'elle dresse les oreilles et écoute des sons que je ne perçois pas.

En ce qui concerne l'intérêt de Sasha pour les chatons, il ne s'agit pas de capacités sensorielles supérieures (ou inférieures), mais de quelque chose de différent, qui touche à la vie sociale. Nous aimons penser que les chiens et les humains ont un comportement social très similaire, et donc que les humains sont particulièrement qualifiés pour comprendre les émotions qu'un chien peut éprouver du fait de son appartenance (tout comme nous) à un groupe. Nous autres, humains, tirons également avantage des relations réciproques que crée l'interdépendance. Et nous supposons que c'est la raison pour laquelle les chiens, forts de leur propre expérience, sont capables de si bien nous comprendre et de faire preuve d'empathie à notre égard.

Peut-être est-ce parce que leur univers social est similaire au nôtre qu'ils se trompent si rarement à propos des émotions humaines. Nous ne ressemblons pas aux chats de la même façon, et ceux-ci ne nous comprennent pas aussi bien. Nous n'attendons pas la même sympathie de notre chat que de notre chien. Si le chat avait la corpulence du lion, nous l'approcherions avec une certaine hésitation. Pourtant, la plupart d'entre nous se fierait à un chien digne de confiance, quelle que soit sa taille. L'éthologiste allemand P. Leyhausen, spécialiste reconnu de la famille des félidés, fait remarquer que personne n'a choisi de domestiquer le chat ; c'est lui seul qui a choisi la domestication, sans toutefois abandonner sa nature indépendante. Il pense que le chat est domestique, mais non domestiqué [5].

Selon le chercheur allemand Eberhard Trumler, ce ne sont pas les loups qui se sont rapprochés des hommes mais le contraire. Il fait remarquer que les loups, plus anciens phylogénétiquement que nous, et magnifiquement dotés pour la chasse, n'avaient aucun besoin de l'aide des humains. Les hommes, par contre, descendaient d'ancêtres mangeurs de plantes et étaient loin d'être aussi bien armés pour la chasse. Pour se nourrir, les loups n'avaient guère besoin de nous, alors que nous pouvions tirer avantage de leur aide. Il se pourrait fort bien que des groupes d'hommes aient suivi des bandes de loups et attendu qu'ils aient tué leur proie pour les en déposséder. Les loups des Indes (*Canis pallipes*) sont ainsi souvent dépouillés du produit de leur chasse par des cochons sauvages, et la même chose a pu se produire dans un lointain passé entre les loups et les hommes[6].

Le naturaliste et écrivain Jared Diamond fait remarquer que les grands mammifères furent tous domestiqués entre 8000 et 2500 av. J.-C. Commençant avec le chien, la domestication continua avec le mouton, la chèvre et le cochon, pour finir avec le chameau d'Arabie et de Bactriane, et le buffle d'eau. Il pense également que depuis 2500 av. J.-C. il n'y eut pas d'autre domestication importante[7]. La question de savoir pourquoi n'a jamais reçu de réponse.

Bien que d'autres animaux aient été domestiqués – principalement le chat, le cheval, certains oiseaux, le lapin et les bovins –, aucun (sauvage, apprivoisé ou domestiqué) n'a autant d'importance pour l'homme que le chien. Nous éprouvons des sentiments très forts à l'égard d'animaux non domestiqués comme les loups, les éléphants et les dauphins (tous peuvent être apprivoisés, mais nous ne pouvons exercer qu'un contrôle restreint sur leur reproduction) ; pourtant, avec eux, nos interactions directes sont beaucoup plus limitées. En élevant tous ces animaux domestiqués depuis des siècles, nous avons modifié leurs caractères génétiques afin de les rendre conformes à nos désirs. Nous maîtrisons leurs fonctions reproductrices et les faisons se multiplier pour satisfaire nos besoins, tout comme nous exerçons un contrôle sur leurs territoires et leurs réserves de nourriture. Juliet Clutton-Brock, experte dans le domaine de la domestication, pense, comme Darwin, que seuls les hommes bénéficient de cette association. Citant Darwin, elle souligne le fait que « dans la mesure où la volonté de l'homme entre en jeu, nous pouvons comprendre comment il se fait que les animaux domestiques et les plantes cultivées présentent souvent un caractère anormal lorsqu'on les compare aux espèces naturelles ; ils ont été modifiés non dans leur intérêt, mais dans celui de l'homme[8] ».

Michael Fox, spécialiste des chiens et vice-président de la Humane Society (chargé de la bioéthique et de la protection des animaux de ferme), souligne que le développement accéléré, la résistance aux maladies, la fécondité élevée et la longévité – tout ce que nous favorisons chez les animaux domestiqués – provoqueraient dans la nature la prolifération de certaines espèces, ce qui aurait pour effet une modification de l'équilibre écologique (et peut-être l'extinction d'autres espèces)[9]. Même lorsqu'ils semblent être à moitié sauvages, nombre de ces animaux domestiqués sont dépendants des hommes et requièrent une attention considérable. Les robustes moutons qui vivent dans les collines ont eux-mêmes besoin d'être débarrassés de leurs parasites et de recevoir un complément de nourriture l'hiver.

Parmi tous les animaux domestiqués, le chien est peut-être la seule espèce à l'être totalement. Les chèvres sont domestiquées, parfois apprivoisées, mais deviennent rarement des amies intimes. Les cochons pourraient probablement l'être si on leur donnait une petite chance. H. Hediger, directeur du Parc zoologique de Zurich, écrit que le chien – en fait un loup domestiqué – fut la première créature avec laquelle l'homme noua des liens aussi étroits. Selon lui, cette union psychologique intime n'est possible avec aucun autre animal ; seul le chien semble pouvoir lire dans nos pensées et « réagir à nos moindres changements d'expression ou d'humeur[10] ». Pour exprimer le fait que les chiens sont capables de deviner nos états d'âme, les dresseurs allemands utilisent le mot *Gefühlsinn* (sensibilité aux émotions)[11].

Voltaire, qui n'ignorait rien des émotions des chiens, prit pour exemple l'un d'entre eux qui se serait perdu, afin de réfuter la thèse de Descartes selon laquelle ils ne seraient que des machines, incapables d'aucune sorte de souffrance. Il lui répondit dans son *Dictionnaire philosophique* :

> Porte donc le même jugement sur ce chien qui a perdu son maître, qui l'a cherché dans tous les chemins avec des cris douloureux, qui entre dans la maison agité, inquiet, qui descend, qui monte, qui va de chambre en chambre, qui trouve enfin dans son cabinet le maître qu'il aime, et qui lui témoigne sa joie par la douceur de ses cris, par ses sauts, par ses caresses.
> Des barbares saisissent ce chien, qui l'emporte si prodigieusement sur l'homme en amitié ; ils le clouent sur une table, et ils le dissèquent vivant pour te montrer les veines mésaraïques. Tu découvres dans lui tous les mêmes organes de sentiment qui sont dans toi. Réponds-moi, machiniste, la nature a-t-elle arrangé tous les ressorts du sentiment dans cet animal afin qu'il ne sente pas ? A-t-il des nerfs pour être impassible [12] ?

La raison pour laquelle les humains et les chiens ont des rapports aussi intenses réside dans leur aptitude mutuelle à comprendre leurs réactions émotionnelles réciproques. C'est là l'un des thèmes majeurs de cet ouvrage. La joie de vivre* d'un chien est peut-être plus grande que la nôtre, mais c'est un sentiment immédiatement reconnaissable que nous autres humains éprouvons également. L'intimité entre les chiens et les hommes est quelque chose de reconnu et d'extrêmement mystérieux à la fois. Je me sens évidemment très proche de mes chiennes, mais qui sont-elles ? Sima, Sasha et Rani, bien sûr, voilà au moins qui est simple et évident. Pourtant, tout en travaillant à ce livre, je les ai souvent regardées, allongées dans mon bureau, et j'ai eu parfaitement conscience de notre différence. Qui sont ces êtres si proches de moi et si lointains en même temps ? Elles sont faciles à comprendre, mais également insondables. Je les connais aussi bien que mon ami le plus intime, et pourtant je n'ai pas la moindre idée de qui elles sont.

Cette ambiguïté, qui comporte également une certaine

---

* En français dans le texte. (*N.d.T.*)

ambivalence, se retrouve dans nos discours, nos proverbes et les hommages que nous rendons aux chiens. Dans son épigramme *In Cineam*, écrite en 1594, Sir John Davies remarque :

Tu dis que tu es las comme un chien,
Enragé, malade et affamé comme un chien,
Ennuyeux et triste comme un chien,
Paresseux, somnolent et désœuvré comme un chien,
Mais pourquoi te compares-tu
A tout ce que les hommes méprisent chez le chien ?
Je préfère te comparer
A ce qu'il y a de meilleur chez le chien :
Tu es aussi loyal et beau qu'un chien
Tu es aussi fidèle et honnête qu'un chien,
Tu es aussi gentil et généreux qu'un chien,
Tu es aussi intelligent et courageux qu'un chien[13].

Depuis qu'au XVIIIe siècle Mme Roland a déclaré : « Plus je vois les hommes, plus j'admire les chiens* » tout ce qu'on a écrit à leur propos est plutôt positif ; parfois même magnifique comme la déclaration de William James : « Si merveilleuse que puisse être la faculté de mon chien de comprendre mes états d'âme, si indéfectibles que soient son affection et sa fidélité, son état mental demeure pour moi un mystère aussi insoluble qu'il l'était pour mes lointains ancêtres[14]. »

Ou charmant comme la définition d'Ambrose Bierce dans son *Dictionnaire du Diable* : « Chien, n. : Divinité supplémentaire ou subsidiaire destinée à recevoir le trop-plein et le surplus de l'adoration du monde[15]. »

Dans *Propos de table* (2 mai 1830), Samuel Coleridge fut l'un des premiers à noter que « le meilleur ami que l'homme ait au monde peut se retourner contre lui et devenir son ennemi. Son fils, sa fille... se révéleront peut-être ingrats. Ses proches, ceux qui lui sont le plus chers, peuvent trahir sa confiance...

---

* En français dans le texte. (*N.d.T.*)

Le seul ami totalement désintéressé que l'homme puisse avoir dans ce monde égoïste, le seul qui ne l'abandonnera jamais, ne se montrera jamais ingrat ou déloyal, c'est son chien ».

Lorsque dans les dictons ou le langage courant nous utilisons le mot *chien*, c'est souvent dans un sens négatif : quand nous parlons de quelque chose qui court à sa ruine, d'événements ou d'une vie qui tournent mal, nous disons en anglais que « tout va aux chiens ». Lorsque les hommes qualifient une femme de « chienne », cela n'a rien de flatteur ; et le même terme employé pour un homme suggère que celui-ci est méprisable. L'expression anglaise « Se donner des airs de chien » (*To put on the dog*) signifie poser, faire de l'« épate ». « Mourir comme un chien » indique une fin misérable et abominable [16]. Au XVIIIe siècle déjà, en Angleterre, avoir un « chien noir sur le dos » indiquait un état dépressif. En faisant la critique de notre société, nous autres anglophones parlons d'un monde où « les chiens se mangent entre eux* » bien que cette phrase puisse dériver de l'expression latine contraire : *Canis caninam non est*, « Un chien ne mange pas un autre chien** ». L'un de nos proverbes les plus évocateurs fut rapporté, en 1519, par John Lyly comme étant déjà très ancien : « Les chiens aboient ; la caravane passe [17]. »

J'emmène mes chiennes se promener cinq fois par jour. Les personnes qui nous connaissent disent d'elles qu'elles ont une vie de chien idéale. Peut-être devrions-nous réviser notre vocabulaire de façon à être heureux de mener une « vie de chien », et qu'« aller aux chiens » soit vraiment ce que nous ayons envie de faire.

Dans un article intitulé *Pet Ideas*, Joel Savishinsky relève l'ambiguïté de l'anglais en ce qui concerne les chiens :

---

* Cf. le dicton français : « L'homme est un loup pour l'homme », traduit du latin : *Homo homini lupus*. (*N.d.T.*)

** Cf. le dicton français : « Les loups ne se mangent pas entre eux. » (*N.d.T.*)

Un gagnant est un *top dog* [super-chien] ; un individu désavantagé ou sous-estimé, un *underdog* [littéralement : sous-chien = perdant]. Des êtres pitoyables « mènent des vies de chien » dans un monde où « les chiens se mangent entre eux ». Nous souffrons durant les *dog days* [jours de chien = la canicule] du mois d'août, et quand quelqu'un fait les choses en dépit du bon sens, nous disons que pour lui « la queue remue le chien ». Lorsqu'une personne accapare des ressources qu'elle est incapable d'utiliser, nous la décrivons comme « un chien dans une mangeoire ». Un livre corné a des « oreilles de chien », un mauvais poème est de la « poésie de chien », et dans un regard misérable nous voyons une expression de « chien pendu »*. D'un travailleur consciencieux mais qui manque d'inspiration, le mieux que nous puissions penser de lui est qu'il est *dogged* [opiniâtre][18].

Personne n'a mieux écrit sur ce sujet que James Thurber, et son texte mérite d'être cité in extenso :

Le chien est peut-être le meilleur ami de l'homme, mais en dépit de ses éternelles protestations d'affection et d'admiration, l'homme est souvent le critique le plus sévère du chien... Il fait vaguement remarquer que tel ou tel malheur ne devrait pas atteindre le chien, comme si la plupart des autres le devaient, et il désigne toutes les personnes qu'il ne peut supporter comme de sales chiens. Il invoque en vain le nom de la chienne et de ses rejetons mâles pour dénoncer les mauvaises manières de ceux de sa propre espèce. Sous ce dédain et ce mépris, on peut déceler une curieuse propension à l'envie, assez proche de ce que les psychiatres désignent comme une rivalité fraternelle. L'homme est troublé par ce que l'on pourrait appeler le « désir d'être un chien », une étrange et complexe compulsion qui le pousse à vouloir être aussi heureux et insouciant que lui[19].

* En français nous disons : un regard de chien battu. (*N.d.T.*)

Il n'est pas impossible que nous envions au chien sa liberté d'être exactement ce qu'il est censé être : un chien. J'ai vu souvent Sasha, Rani ou Sima se rouler dans l'herbe verte avec un plaisir si évident que j'ai pensé qu'elles faisaient précisément ce qu'un chien est supposé faire. Mais il est bien difficile d'en dire autant de nous, car personne ne sait vraiment comment un homme est censé se comporter.

Laissons de côté ce que nous croyons que sont les chiens, et interrogeons-nous sur ce que – ou qui – ils pensent que nous sommes ? Si nous savions comment ils nous imaginent dans leurs rêves (car ils rêvent sans doute de nous), nous aurions une réponse. Mais l'ignorant, nous devons faire appel à notre connaissance de la société canine afin d'extrapoler. L'idée la plus répandue a toujours été que les chiens forment une meute dont le chef est l'individu le plus fort, le plus expérimenté et le plus gros ; qu'un être humain parmi des chiens correspond parfaitement à cette description ; et que par conséquent nous pouvons tous être les chefs de n'importe quelle meute. Mais ce point de vue pose plusieurs problèmes. Tout d'abord, et quoi que nous pensions, nous ne savons pas grand-chose sur la hiérarchie existant au sein d'une meute. Nous partons du principe que la dominance est une question simple, ce qu'elle n'est pas, et nous n'avons aucune certitude quant aux facteurs qui entrent en jeu. Ensuite, les chiens ne sont pas stupides et savent certainement que nous ne sommes pas des chiens, ni même des super-chiens. Personnellement, je ne crois pas (au contraire de ce que disent certains vétérinaires) qu'ils pensent qu'un chat n'est qu'un chien de petite taille. J'ignore dans quelle catégorie ils le rangent, mais je suis certain qu'ils ne le confondent pas avec un congénère.

Pour Frances et Richard Lockridge, il semble évident qu'un chien aimerait être un homme, tout comme ce dernier se voudrait à l'image de Dieu. Dans leur livre intitulé *Cats and People*, ils écrivent que le but d'un chien bien élevé est avant tout de faire plaisir à son ami : « Il est expansif et démontre son affection comme peu de gens le font, et beaucoup d'entre nous souhaiteraient que leurs semblables adoptent le même comportement que lui à leur égard. Il ne nous laisse aucun doute sur la place que nous occupons à ses yeux, et lorsqu'il nous prouve son attachement, ce qu'il fait volontiers, il a tendance à se montrer excessif. Alors, pendant un moment, le plus insignifiant des hommes peut se voir pareil à un dieu dans le regard rayonnant de son chien [20]. »

Les chiens nous prennent-ils pour des dieux, des êtres omnipotents qu'il n'est pas facile de comprendre [21] ? Je ne le pense pas, car la conception que nous avons d'un « dieu » découle de la façon dont nous avons créé les dieux : à notre image, mais avec des pouvoirs plus étendus. Les dieux exaucent nos vœux et sont maîtres de notre sort. Il est vrai que les chiens dépendent entièrement de nous : nous décidons où aller, combien de temps rester, quand partir, ce qui leur est permis ou défendu de faire.

Certaines personnes comparent les chiens à des esclaves. Mais le fait que nous ayons créé chez eux une dépendance presque totale les rabaisse-t-il à ce rôle ? Il faut nous rappeler qu'ils n'ont pas le choix dans ce domaine. Le syndrome de Stockholm où les personnes kidnappées tombent amoureuses de leurs ravisseurs (parfois bien au-delà de leur séquestration) pourrait s'appliquer ici. Dans une certaine mesure, nous sommes les geôliers de nos chiens puisqu'ils doivent obtenir une certaine liberté de notre part à force de cajoleries. Cela est une bonne raison pour eux d'apprendre à nous connaître car, pour survivre, il leur faut coopérer jusqu'à un certain point avec nous. Ils doivent négocier leur liberté dans les limites que nous fixons, mais semblent accepter l'autorité que nous exerçons comme allant de soi. Nous qualifions ceux qui se rebellent de chiens à problèmes, mais peut-être ne sont-ils que des penseurs épris d'indépendance qui se demandent pourquoi ils devraient accepter ce statu quo.

Vu la fascination que la plupart des chiens ressentent pour

les jeunes enfants (fascination d'ailleurs réciproque) on peut se demander comment ils les considèrent. Se disent-ils : « Ah, voilà qui est mieux, ceux-là nous ressemblent » ? Comprennent-ils que les enfants sont sous notre dépendance ? Est-ce là ce qui crée une certaine similitude ? Ou bien est-ce la taille ? Ou seulement une part de néoténie ? Puisqu'ils sont pour nous comme des enfants, ont-ils le désir de se rapprocher d'« autres » enfants ?

L'une des raisons pour lesquelles les chiens bouleversent totalement bon nombre de nos théories tient au fait qu'ils n'éprouvent pas de sentiments envers *tous* les êtres humains, mais uniquement envers quelques-uns. Ainsi un chien peut se montrer extrêmement agressif à l'égard de certaines personnes et très doux avec d'autres. Son attitude protectrice bien connue témoigne des distinctions qu'il fait : étranger/ami ; maître/ennemi, etc. Nous ne devons pas oublier que le chien est véritablement un loup et, bien qu'il nous ait permis de faire partie de son univers, une part importante de son caractère et de son comportement demeure celle d'un animal sauvage. Aucun autre animal sauvage n'en a fait autant, même ceux qui semblent d'une certaine façon respecter les humains.

Pour les animaux sauvages, les humains sont habituellement des êtres dangereux qu'il leur faut éviter. Pas toujours cependant. Les orques, par exemple, paraissent éprouver un intérêt presque superstitieux envers nous : on ne connaît pas de cas où elles auraient tué un être humain sans provocation, et pourtant elles pourraient facilement le faire – elles mangent tout ce qui bouge dans l'océan, jusqu'aux ours blancs, alors pourquoi pas un homme ? Mais il semble exister une certaine affinité entre nous.

Cette affinité tient peut-être au fait que les orques sont des animaux sociaux qui, comme nous, vivent en groupes bien définis. En cela les chiens, les orques et les humains ont beaucoup de points communs – bien que les orques n'aient jamais manifesté le désir de passer plus de temps avec nous qu'avec leurs congénères. Il nous serait impossible de faire partie d'un groupe d'orques (c'est d'ailleurs pourquoi nous savons si peu de chose sur elles). En réalité, le chien est le seul animal qui ait jamais montré qu'il préférait la compagnie d'un homme à celle des membres de sa propre espèce. Alors que nous avons domestiqué plusieurs animaux, le chien est le seul à nous avoir domestiqués. Il nous a choisis, non parce qu'il s'est trompé sur notre identité ou qu'il a pensé que nous étions la merveille de la création, mais simplement parce qu'il nous aime. C'est un fait tellement étonnant (nous nous croyons si peu attachants) que presque personne ne parvient à l'accepter. Les chiens ne nous aiment pas uniquement parce que nous les nourrissons, les promenons, les toilettons ou les protégeons, mais parce qu'ils ont plaisir à être avec nous. C'est stupéfiant !

Bien que nous ne soyons pas des dieux, ils nous en donnent l'impression. Aldous Huxley disait que « pour son chien, chaque homme est Napoléon ; d'où leur constante popularité ». Voilà bien le problème : les humains ont tendance à considérer que l'amour et l'adoration leur sont dus. Nous nous croyons parfois autorisés à « posséder » un chien parce qu'il nous traite comme quelqu'un de véritablement supérieur. Tout au long de ce livre, j'ai évité d'utiliser le mot de *propriétaire* afin de ne pas rabaisser le chien au rang d'objet, de ne pas le considérer comme une chose que nous pouvons posséder et dont il est possible de disposer à volonté, le donnant, l'abandonnant ou même le faisant tuer parce que nous déménageons d'une ville à une autre. Ce que je souhaiterais, c'est une plus grande égalité. Il y a bien longtemps, Charles Darwin faisait remarquer que nous n'aimions guère considérer comme des égaux les animaux dont nous avions fait nos esclaves. Personne ne devrait être un esclave, pas même un chien. Il est bien plus intéressant d'avoir des relations avec des pairs, des amis, des égaux.

Depuis Darwin, les béhavioristes ont refusé l'idée d'une conscience animale. Donald Griffin, le scientifique qui a le plus œuvré pour modifier cette attitude, fait remarquer qu'à l'université les étudiants qui suivent des cours sur le comportement animal apprennent qu'il n'est pas conforme à l'esprit scientifique de s'interroger sur ce que les animaux pensent ou ressentent. Lorsque certains d'entre eux posent de telles questions, ils sont aussitôt ridiculisés et traités avec une animosité qui les dissuade de pousser plus avant leurs recherches[22]. Le professeur Griffin a indiqué à Roger Caras que « de nombreux psychologues comparatistes semblent littéralement pétrifiés par la seule notion de conscience animale[23] ».

Peut-être notre envie, non reconnue, d'une vie de chien découle-t-elle du fait que ceux qui s'intéressent aux émotions des animaux sont souvent accusés d'anthropomorphisme. Un scientifique peut en réduire un autre au silence en évoquant simplement ce spectre effrayant : « Pourquoi vous adonner à l'anthropomorphisme ? » L'anthropomorphisme est la tendance à attribuer des caractéristiques humaines – pensée, sentiment, conscience et motivation – à ce qui n'est pas humain. Au regard de beaucoup de scientifiques, l'idée même qu'un animal puisse éprouver de la douleur est une erreur anthropomorphique des plus grossières, et parler de profondes émotions en ce qui le concerne une faute grave, voire un péché. Il n'est pas rare d'entendre certains scientifiques parler de se rendre « coupable » d'anthropomorphisme. Le terme a d'abord été utilisé dans le domaine religieux pour qualifier le fait de concevoir la divinité à l'image de l'homme, d'où la connotation de péché. Dans un long article sur l'anthropomorphisme de l'*Encyclopaedia of Religion and Ethics* de 1908, l'auteur écrit : « La tendance à personnifier des objets – qu'il s'agisse d'objets des sens ou d'objets de la pensée – que l'on trouve chez les animaux et les enfants aussi bien que chez les sauvages est à l'origine de l'anthropomorphisme[24]. »

On dit que les hommes ont créé les dieux à leur image. La référence la plus ancienne à cette tendance nous vient de l'auteur grec Xénophane (fin du VIe siècle av. J.-C.) qui note que les Ethiopiens représentent les dieux comme des Noirs, les Thraciens les dépeignent avec des yeux bleus et des cheveux roux ; et il ajoute : « Si les bœufs et les chevaux... avaient des mains et pouvaient peindre », leurs dieux ressembleraient à des bœufs et des chevaux. Le philosophe Ludwig Feuerbach en concluait que Dieu n'est rien d'autre que la projection, sur un écran céleste, de l'essence de l'homme. Dans le domaine des sciences, le péché contre la hiérarchisation des espèces consiste à attribuer des caractéristiques humaines aux animaux. Tout comme les hommes ne peuvent être semblables à Dieu, les animaux ne peuvent être semblables aux hommes[25].

Accuser un scientifique d'anthropomorphisme constitue une critique très sévère, et pourtant attribuer à un animal des émotions comme la joie ou la tristesse ne peut être une erreur anthropomorphique que si l'on a la certitude que les animaux sont incapables d'éprouver de telles émotions. De nombreux scientifiques en ont cependant décidé ainsi sans que leur certitude soit étayée de preuves. En fait, il ne s'agit pas tant de nier l'émotion que de la considérer comme trop dangereuse pour faire partie du débat scientifique – elle représente un tel champ de mines bourrées de subjectivité qu'aucune recherche ne doit être entreprise. Il en résulte que seuls les scientifiques les plus éminents peuvent prendre le risque de compromettre leur réputation et leur crédibilité en s'aventurant sur ce terrain. De nombreux scientifiques pensent peut-être que les animaux éprouvent des émotions, mais ils refusent de l'admettre, et n'acceptent ni de se consacrer à cette étude, ni d'encourager leurs étudiants à poursuivre des recherches sur le sujet. Il leur arrive même de s'en prendre à d'autres scientifiques qui utilisent le langage des émotions en parlant des animaux. Quant aux non-scientifiques, il leur faut se montrer très prudents s'ils veulent conserver leur crédibilité [26].

Cependant, une certaine prudence peut être justifiée. Sur une autoroute proche de Los Angeles, un panneau publicitaire affiche : « S'il y a des embouteillages, c'est peut-être parce que les voitures aiment se retrouver ensemble ! » Bien que cette déclaration se veuille humoristique, elle est l'exemple même de l'anthropomorphisme qui peut facilement envahir notre langage. Les voitures n'éprouvent aucun désir. Si nous disons qu'une montre est fatiguée, qu'une bicyclette en a assez et que notre téléphone est en grève, nous nous adonnons à l'anthropomorphisme car ni les montres, ni les bicyclettes, ni les téléphones ne ressentent d'émotions. Ce sont des objets inanimés.

De la même façon, lorsque le célèbre naturaliste français Georges-Louis Leclerc, comte de Buffon, écrit que « de tous les quadrupèdes, le cochon paroît être l'animal le plus brut ; les imperfections de la forme semblent influer sur le naturel ; toutes ses habitudes sont grossières, tous ses goûts sont immondes, toutes ses sensations se réduisent à une luxure furieuse et à une gourmandise brutale, qui lui fait dévorer indistinctement tout ce qui se présente [27] », ce n'est que pur anthropomorphisme, une suite de préjugés humains et d'erreurs qui tiennent lieu d'observation.

Un exemple encore plus évident nous vient de Linné, le créateur de la classification du règne animal. Il écrivait des amphibiens (un terme beaucoup plus général au XVIIIe siècle qu'il ne l'est aujourd'hui) :

> Ces animaux, immondes et dégoûtants, se distinguent par un cœur ne possédant qu'un seul ventricule et une seule oreillette, des poumons à l'existence douteuse et un double pénis. La plupart des amphibiens sont répugnants à cause de leur corps froid, leur couleur pâle, leur squelette cartilagineux, leur peau gros-

sière, leur aspect féroce, leur regard calculateur, leur odeur repoussante, leur voix rauque, leur habitat minable et leur terrible venin ; et c'est pourquoi leur créateur ne s'est pas employé à en faire un grand nombre[28].

Cette description est scientifiquement, émotionnellement et psychologiquement erronée ; ce ne sont que des appréciations venimeuses qui en disent plus long sur Linné que sur les amphibiens, quoique à l'époque elles aient dû paraître basées sur des faits scientifiques.

Comment distinguer l'anthropomorphisme erroné d'une tentative valable pour pénétrer l'univers d'une autre créature ?

Sasha a une façon particulière de s'allonger sur le sol en croisant les pattes de devant. Elle paraît délicate et fragile, mais ce n'est presque certainement de ma part qu'une projection anthropomorphique : je veux simplement dire qu'elle *me* semble fragile, que *je* la trouve délicate parce que cette attitude pourrait passer pour telle chez un être humain. Je doute que Sasha pense : « Comme je dois avoir l'air fragile et délicate avec mes pattes croisées. » Non qu'un chien soit incapable d'avoir de pareilles pensées, mais elles sont improbables, car la délicatesse et la fragilité ne sont pas des catégories connues des chiens – autant que nous le sachions.

Voilà pour l'anthropomorphisme basé sur l'erreur et le préjugé. Par contre, si nous prétendons que notre chien s'ennuie, que notre chat est triste ou que l'oiseau se sent seul, ce n'est pas forcément de l'anthropomorphisme, car même si nous nous trompons, nous ne nous laissons pas emporter par notre imagination. Comme le sait tout non-scientifique ayant passé beaucoup de temps avec ces animaux, un chien *peut* s'ennuyer, les chats et les oiseaux *peuvent* se sentir seuls ou tristes, ou même profondément malheureux. Décréter avec force, comme certains le font, qu'un chien ou un chat ne peuvent pas ressentir d'émotions, c'est clore la discussion avant même qu'elle n'ait eu lieu. Si, lorsque nous entendons parler de la souffrance d'un chien, nous disons qu'il s'agit d'une projection, car celui-ci ne peut souffrir, alors nous nous débarrassons négligemment de la question que nous étions censés poser ; nous ne faisons pas preuve d'un esprit ouvert, mais nous exprimons simplement un préjugé. La question qui demande à être étudiée est la suivante : les chiens sont-ils susceptibles de souffrir ? S'ils le sont, ce n'est alors aucunement faire preuve d'anthropomorphisme que de l'affirmer chaque fois que le cas se présente. Nous n'avons pas le droit en cette matière de décider par avance. Invoquer le terme *anthropomorphisme* comme argument n'est souvent rien de plus qu'une tentative pour prévenir toute discussion, un refus de débattre de cette question primordiale : jusqu'à quel point les chiens sont-ils semblables à nous ?

De plus, de nombreux chercheurs avant moi ont relevé une contradiction fondamentale : il n'est pas cohérent de déclarer que les animaux ne ressentent ni douleur ni chagrin, et de vouloir par ailleurs vérifier des hypothèses concernant la souffrance et la dépression humaines en pratiquant des expériences sur ces mêmes animaux. Le philosophe britannique Mary Midgley exprime cela fort bien lorsqu'elle critique les expériences conduites par Harry Harlow sur des singes au cours desquelles les petits étaient séparés de leur mère et tombaient dans un état dépressif :

> L'existence d'une barrière entre les espèces ne laisse aux expérimentateurs comme Harlow que deux choix possibles :
> 1. Les émotions des êtres humains et des singes rhésus sont comparables. Dans ce cas ses résultats, quoique faibles, peuvent dans une certaine mesure être valables pour les êtres humains, mais il est coupable d'une cruauté si terrible qu'aucun progrès théorique ne saurait la justifier.
> 2. Les émotions des êtres humains et des singes rhésus n'ont rien de comparable. Dans ce cas, il peut être accusé de manquer de

cœur... mais il est coupable d'une grave confusion intellectuelle, et ses résultats sont nuls[29].

L'accusation d'anthropomorphisme est devenue une figure de rhétorique destinée à réduire un opposant au silence, une façon d'éviter toute véritable discussion. Il existe des raisons légitimes de se méfier du phénomène qui se dissimule derrière ce terme, mais ce ne sont pas celles que l'on invoque ordinairement. Lorsque nous refusons d'user de notre imagination, quand nous nous montrons intellectuellement paresseux et disons que le chien obéit simplement (ce mot est souvent un indice) à son instinct, ou qu'il fait seulement preuve d'un comportement typique, nous cédons à un nihilisme mental, préférant l'explication la plus simple à la plus exacte. Ou alors, comme l'a suggéré Thurber, nous envions le chien sans le reconnaître, et nous lui dénions mesquinement les dons et les pouvoirs – comme la perspicacité ou une vaste gamme d'émotions – attribués habituellement aux seuls humains.

2.

Pourquoi nous aimons les chiens

Il est impossible d'observer longtemps les chiens sans remarquer qu'ils éprouvent non seulement de véritables émotions, mais des émotions qui leur sont propres. Lorsque Sasha me suit d'une pièce à l'autre, elle semble exprimer un état émotionnel qui ne rappelle aucun de ceux que nous connaissons. Nous avons trop souvent tendance à expliquer un comportement qui nous laisse perplexes par des clichés béhavioristes. Sasha ne paraît pas être anxieuse ni avoir peur de me voir disparaître ; tirer de telles conclusions de son attitude serait faire preuve d'anthropomorphisme. Et même si nous prétendons que ce qu'elle ressent est purement instinctif, cela n'en diminue nullement la force. Une mère éprouve un amour instinctif pour ses enfants, mais ses sentiments n'en sont pas moins puissants pour autant. Dans le cas de Sasha, je suis convaincu qu'une émotion entre en jeu, mais il n'est pas évident de déterminer laquelle.

Les émotions d'un chien sont parfois aussi transparentes que du cristal. Je me suis rendu à Gilroy, la capitale mondiale de l'ail, pour y rencontrer une personne qui avait sauvé quelques greyhounds et transformé son ranch en sanctuaire à leur intention. Lorsqu'elle les avait adoptés, ces chiens étaient sur le point d'être supprimés parce qu'ils avaient perdu une course ou n'étaient pas suffisamment rapides. Bien des gens s'imaginent que les chiens de course sont bien traités parce qu'ils rapportent de l'argent à leurs propriétaires. En fait, hormis le temps de la course, ils sont confinés dans de petites cages, et comme ils ont besoin d'être agressifs pour gagner, on ne leur témoigne pas la moindre affection afin de ne pas diminuer leur agressivité. En course, les greyhounds peuvent atteindre la vitesse de soixante-quatre kilomètres à l'heure. Bien que doux, ils ne sont jamais socialisés et passent leur vie entière dans des cages. Après une brève carrière, n'étant plus rentables et étant difficiles à placer comme animaux de compagnie, ils sont tout simplement supprimés. Un sport qui permet cette ignominie est véritablement révoltant[1].

J'ai été frappé par l'extraordinaire indulgence de ces greyhounds. Ils avaient pardonné tous les sévices qu'on leur avait fait subir. Lorsque vous marchez par mégarde sur la patte d'un chien, il sait, d'une manière ou d'une autre, que vous ne l'avez pas fait intentionnellement. Il se réconcilie aussitôt avec vous, lèche votre main et vous fait savoir qu'il ne vous garde pas rancune. Le greyhound agit de la même façon quoique à un niveau plus élevé : « Oui, j'ai été battu, blessé, et j'ai souffert. Je me souviens mais je pardonne, et je veux que nous soyons amis. » J'ai tellement été impressionné par la douceur de ces chiens que j'aurais aimé en ramener un chez moi. Alors qu'on les sortait de leur enclos afin qu'ils viennent me voir, la confiance et la bienveillance que je lisais dans le regard de chacun d'eux étaient presque insupportables. Comment se pouvait-il que leur comportement amical ait survécu aux traumatismes qu'ils avaient subis ? Les greyhounds qui participent à des courses sont délaissés et maltraités, puis on s'en débarrasse comme d'objets sans valeur, et pourtant le sentiment qu'ils manifestent le plus clairement est l'indulgence.

Cette aptitude presque anormale à pardonner fut évoquée très tôt dans des textes concernant les chiens. En 1842, dans un curieux ouvrage intitulé *Animal Biography*, on relevait cette déchirante histoire extraite d'un journal français :

> Un jeune homme fit monter son chien dans une barque, rama jusqu'au milieu de la Seine et jeta l'animal par-dessus bord avec l'intention de le noyer. Le pauvre chien essaya à plusieurs reprises de grimper dans l'embarcation, et chaque fois son maître le repoussa jusqu'au moment où, perdant l'équilibre, il tomba lui-même à l'eau. Le chien fidèle s'éloigna aussitôt de la barque pour se porter au secours du jeune homme, et le maintint hors de l'eau jusqu'à l'arrivée des secours, lui sauvant ainsi la vie[2].

Fort heureusement, l'article ne précise pas si cet homme cruel trouva un moyen moins dangereux pour se débarrasser de son chien. Peut-être le comportement de cet animal réussit-il à toucher son cœur ?

On explique parfois l'attitude amicale des chiens comme un besoin d'appartenir à une meute ; quant à moi je pense qu'il s'agirait plutôt d'une émotion, peu développée chez l'être humain : le désir de se montrer bienveillant. Dans son ouvrage *Understanding Your Dog*, Eberhard Trumbler conclut en déclarant que le besoin inné de rapports amicaux fait partie de la véritable nature du chien. On serait presque autorisé à qualifier ce comportement amical d'instinct tant il est difficile à contrarier. Je suis toujours très étonné de voir mes trois chiennes se précipiter vers les gens pour leur manifester leur amitié, et insister même lorsqu'elles se font vivement rabrouer. Un peu comme si lors d'un cocktail nous abordions des personnes qui se mettraient à crier et à nous injurier, et que nous persistions à rechercher leur compagnie. Cela dépasse la simple peur de la solitude ou le désir de jouer qu'éprouvent souvent les chiens ; ce serait plutôt un mélange des deux auquel s'ajouterait une émotion supplémentaire. Une fois encore la comparaison avec les enfants est frappante : ceux qui sont maltraités recherchent souvent la protection des personnes mêmes qui les font souffrir.

L'aptitude d'un chien à se montrer amical est bien plus grande que la nôtre. Elle se manifeste tout d'abord envers les autres chiens, puis à l'égard des êtres humains, et parfois même vis-à-vis des chats. Dans *The Soul of a Dog*, Daniel Pinkwater raconte comment un chien, nommé Arnold, prenait soin d'un chaton de huit semaines. Arnold ne désirait qu'une chose : rester dans son coin et dormir. Pourtant, chaque fois que le chaton miaulait, il se levait, se traînait jusqu'à la cage où il était enfermé, et se couchait, la truffe entre les barreaux de façon que le petit chat puisse y planter ses minuscules griffes. Une fois qu'il était calmé, Arnold retournait dans son coin et s'effondrait, épuisé. Dès que le chaton recommençait à crier, Arnold retournait vers la cage [3].

Depuis mon enfance, je sais que les chiens se prennent d'amitié pour d'autres animaux, même les plus étranges (apparemment extasié, l'un de nos chiens restait assis pendant des heures devant la cage de mon hamster). A cette époque, j'ai commencé à interroger les personnes que je connaissais pour savoir si elles avaient été les témoins d'amitiés peu communes entre un chien et un autre animal, et j'ai recueilli ainsi d'innombrables histoires.

La plus étonnante était celle de l'amitié d'une chienne et d'un lion. Rick Glassey, qui pendant une vingtaine d'années dressa des félins pour le tournage de films (comme *Le Livre de la jungle*), reçut un jour un appel téléphonique de Lauri Marker. Celle-ci travaillait pour le Winston Wildlife Park, en Oregon, et avait un service à lui demander. Elle partait pour l'Afrique poursuivre ses travaux sur les guépards et aurait aimé confier l'un de ses animaux à Rick. « Bien sûr, aucun problème, répondit celui-ci, de quel animal s'agit-il ? » Seulement une chienne, un rhodesian ridgeback, âgée de un an et demi. Rick aimait les chiens et était heureux de rendre service. Les rhodesian ridgebacks sont originaires d'Afrique du

Sud où ils étaient autrefois élevés pour la chasse au lion. Ce sont des chiens grands et courageux, merveilleux avec les gens, mais de redoutables chasseurs. « Autre chose, ajouta Lauri, la chienne ne quitte jamais son seul ami, un lion nommé Wazoo. »

Depuis le jour de sa naissance, le lion avait vécu avec une famille de chiens : la mère, un rhodesian ridgeback, et ses quatre petits. Le père était probablement un border collie, et les chiots étaient moins grands que ne le sont ordinairement les rhodesian ridgebacks. Ils étaient plus âgés de quelques mois que le lion, et tous avaient grandi ensemble. L'un des chiots semblait être plus proche du lionceau que de ses frères et sœurs. C'était celui que Lauri désirait confier à la garde de Rick, en compagnie du lion. Le chiot était devenu une jolie chienne, pesant dans les vingt-cinq kilos. Le lion était également très beau, mais il était énorme et pesait plus de deux cent vingt-cinq kilos.

Rick accepta d'accueillir les deux animaux. Il emmena Janee, la chienne, et Wazoo, le lion, dans une réserve de Soledad Canyon, en Californie, au nord de Los Angeles. La réserve de Shambala a été créée et est actuellement dirigée par Tippi Hedren, l'actrice qui joua dans *Les Oiseaux*, le film de Hitchcock, et consacre à présent sa vie à aider les lions, tigres, léopards, et les autres gros félins abandonnés. Là, Janee (un mot africain qui signifie à la fois oui et non) et Wazoo disposèrent d'un enclos d'un demi-hectare traversé par une rivière.

Le lion et la chienne étaient d'inséparables amis. Wazoo pouvait passer des heures à lécher la face et les oreilles de Janee, et lorsqu'il avait fini, celle-ci toilettait à son tour l'énorme corps de son compagnon. La nuit, ils dormaient roulés en boule et étroitement serrés l'un contre l'autre. Comment des liens aussi hors du commun pouvaient-ils exister ? Rick m'expliqua que ce n'était pas simplement par amour qu'ils étaient inséparables et se sentaient si proches l'un de l'autre. Sans aucun doute possible, le lion aimait la chienne et la chienne aimait le lion mais, selon lui, il existait autre chose entre eux et Rick, étant l'un des meilleurs dresseurs de félins au monde, savait certainement de quoi il parlait.

Les rhodesian ridgebacks sont connus pour leur aptitude à bluffer. Les lions, eux, sont issus de groupes sociaux extrêmement soudés. La troupe se compose de quatre à douze femelles adultes apparentées, de leurs petits et d'un à six mâles adultes. Au sein de la troupe, la hiérarchie joue un rôle très important. Chaque animal a besoin de savoir quel est son rang, et il est très rare qu'il essaie d'en sortir. D'une façon ou d'une autre, Janee avait convaincu le lion qu'elle était son supérieur, qu'elle le dominait. Durant les premiers temps de leur vie commune, le lion accepta totalement cette dominance comme un fait incontournable. Il ne se posait aucune question, la chienne était le chef.

Par ailleurs, la chienne, plutôt petite, se savait en état d'infériorité physique face aux deux cent vingt-cinq kilos de muscles de son meilleur ami. Elle possédait néanmoins une force mentale qui lui permettait d'exiger qu'il s'inclinât devant sa volonté. Elle demandait à être respectée, et elle l'était. Wazoo était très facile à vivre et il lui arrivait rarement de faire quelque chose qui pût déplaire à la chienne. Si cela se produisait, Janee le rappelait vite à l'ordre : elle l'attaquait en aboyant furieusement, grondant et grognant, et allait parfois jusqu'à lui mordre l'oreille. Le lion s'éclipsait, s'excusant d'avoir indisposé son amie et maîtresse.

Sept années durant, les deux animaux s'ébattirent, jouèrent et éprouvèrent beaucoup de plaisir à vivre en compagnie l'un de l'autre. Est-il possible que la chienne se soit prise pour une lionne et le lion pour un chien, ou n'attachaient-ils l'un et l'autre aucune importance à la barrière qui sépare les espèces ? Ils mangeaient ensemble et Janee s'attribuait parfois la part du lion. Ils partageaient quelquefois une bouteille de lait, léchant tous les deux le liquide qui coulait. Si, pour une raison quelconque, la chienne quittait le vaste enclos, le lion marchait de long en large, manifestement inquiet. Il supportait très mal cette séparation et, sans aucun doute possible, Janee lui manquait. Lorsque son amie revenait, il l'accueillait comme si elle avait disparu pendant des années, accourant vers elle et la léchant de la tête aux pattes comme pour s'assurer que rien de fâcheux ne lui était arrivé. Ravie, Janee remuait la queue, heureuse elle aussi de retrouver son compagnon.

Un jour, après sept ans de bonheur, l'inévitable se produisit. En l'espace d'une semaine, Rick vit de profonds changements s'opérer en Wazoo. On pouvait remarquer quelque chose dans son regard, comme si le lion s'éveillait lentement, émergeant d'un long sommeil. Il semblait se dire : « Attends un peu ! Je ne suis pas un chien, je suis un lion, et ce petit animal insignifiant, lui, n'est pas un lion, mais un simple chien. » Un jour, alors que Janee voulait punir Wazoo pour un délit mineur, les yeux de celui-ci prirent une lueur dangereuse, il se retourna et poussa un profond rugissement qui, de toute évidence, était une menace à prendre très au sérieux. La chienne fut sidérée, et lorsqu'elle essaya d'imposer sa dominance, il fut bien clair que le lion ne l'accepterait plus. Wazoo se précipita sur Janee, et celle-ci, réalisant que le jeu était terminé, fit demi-tour et partit en courant vers l'eau. Heureusement, Rick arriva à temps pour la sortir, tremblante, de l'enclos. Selon lui, si elle y était restée une heure de plus, le lion l'aurait certainement tuée.

Que s'était-il passé ? Comment croire qu'entre ces deux animaux qui avaient vécu comme des amis intimes durant sept ans, tout puisse se terminer ainsi ? Il est impossible de dire ce qui avait traversé l'esprit du lion. La peur de Janee était évidente, les raisons du réveil de Wazoo beaucoup plus obscures.

Wazoo vit toujours, en solitaire, sur la réserve de Shambala, dormant paisiblement la plus grande partie de la journée comme le font ordinairement les lions. Janee, elle, vit avec le beau-père de Rick et habite à Ukiah, au nord de la Californie ; elle prend à présent plaisir à n'être qu'une chienne et est devenue la meilleure amie de son compagnon humain.

J'aimerais savoir si l'un ou l'autre de ces deux animaux éprouve parfois de la nostalgie. La chienne pense-t-elle avec regret à l'époque où son meilleur ami était un lion ? Et le lion se demande-t-il parfois pourquoi il a gâché une si belle amitié ?

La mémoire et les émotions semblent liées chez le chien comme elles le sont chez l'homme. Il est évident que les chiens aiment voir des personnes qu'ils reconnaissent. Je suis allé à Oakland, avec Sasha, au Home for Jewish Parents, pour rendre visite à Kucci, mon ex-belle-mère, une juive polonaise qui a survécu à l'holocauste du ghetto de Varsovie. Kucci, qui est âgée de quatre-vingt-six ans, a eu trois attaques et ne peut plus ni parler ni bouger. Bien qu'il soit difficile d'en être certain, je soupçonne qu'elle comprend beaucoup plus de choses qu'on ne le suppose ordinairement. L'une des animatrices a emmené Sasha voir chacun des pensionnaires qui se trouvaient dans la salle. Ces personnes ne pouvaient plus ni se nourrir elles-mêmes, ni communiquer entre elles. Sasha a prêté attention à chacune d'elles, comme si elle avait conscience qu'il lui fallait se montrer particulièrement amicale, mais lorsqu'elle a vu Kucci, elle a essayé de sauter sur sa chaise roulante pour lui lécher le visage. Kucci était aux anges ; je l'ai vue rire, vraiment rire, pour la première fois depuis une éternité. Sasha ne s'était comportée ainsi avec aucun autre pensionnaire ; il était évident qu'elle reconnaissait Kucci à qui nous avions rendu visite deux fois déjà. Hormis une étude allemande ancienne, je n'ai connaissance d'aucune recherche contemporaine sur la mémoire canine. Mais la plupart des personnes s'occupant de chiens avec lesquelles je me suis entretenu pensent qu'à cet égard, ils sont semblables à nous. Sasha éprouvait véritablement du plaisir à revoir Kucci, probablement celui de la reconnaître. Peut-être le fait de renouveler une expérience rassure-t-il les chiens, surtout s'ils en retirent des sensations agréables.

Sima, ma chienne golden-retriever croisée de colley, pousse des cris de joie perçants chaque fois qu'elle reconnaît quelqu'un. Elle ne manque jamais de se comporter de la sorte. Il est évident qu'elle se souvient, et ce simple fait semble lui procurer du plaisir car même lorsqu'il s'agit de personnes qu'elle connaît peu et a simplement vues auparavant, elle entame sa petite danse de joie. Elle s'éclipse invariablement pour revenir en tenant dans sa gueule l'un de ses jouets favoris, et l'apporte au visiteur comme une sorte d'offrande, tout en poussant ses petits cris et en produisant d'étranges et joyeux bruits de gorge.

La nostalgie procure aux humains un plaisir tout à fait particulier. En visitant la petite ville où nous avons grandi, en revoyant les maisons à présent habitées par d'autres locataires, nous ressentons des émotions très fortes, provoquées par des souvenirs qui peuvent même demeurer inconscients. Quand nous repensons à certains événements, ils nous semblent souvent empreints de charme et de mystère, alors qu'ils nous avaient paru banals à l'époque. Les chiens possèdent apparemment cette faculté de s'émerveiller des événements passés, à un degré plus élevé encore que le nôtre : pour eux, chaque souvenir est source de joie.

Certaines personnes se demandent si les chiens, à l'image des humains, peuvent éprouver des émotions dont ils n'ont pas conscience. La notion d'émotion inconsciente est un paradoxe connu : comment peut-on ressentir une émotion tout en l'ignorant ? la nature même d'une émotion n'est-elle pas d'être consciemment éprouvée ? Tout en reconnaissant qu'il y avait là un paradoxe, Freud a néanmoins soutenu qu'une des caractéristiques des humains était d'être souvent inconscients des sentiments qu'ils éprouvaient. La notion d'agressivité inconsciente – quelqu'un qui nous en veut sans le savoir – nous est à présent familière. De la même façon, il est possible d'être dans un état dépressif sans le reconnaître, voire en le niant.

Il est difficile d'imaginer que l'on puisse ressentir certains états émotionnels de façon inconsciente : l'amour par exemple. Freud a évoqué la possibilité pour un homme d'être amoureux d'une femme pendant six ans et de ne le découvrir que des années plus tard. Cela peut nous paraître très surprenant, mais ce n'est pas impossible. La jalousie est un sentiment qui est peut-être plus souvent inconscient que conscient. Nous savons tous reconnaître une personne jalouse qui refuse de l'admettre parce qu'elle n'a aucune conscience de l'être.

La notion d'émotion inconsciente comme celle, plus générale, d'inconscient, sont en relation avec un mécanisme particulier dont usent les humains pour éviter de souffrir : le refoulement. Lorsqu'une pensée, un souvenir ou un sentiment deviennent insupportables, nous les chassons de notre conscience, nous les refoulons. Les chiens ne jouissent pas de ce privilège. Je ne crois pas qu'ils soient capables de refoulement, qu'ils puissent se sentir tristes ou joyeux, et l'ignorer. Même s'ils le voulaient, ils ne semblent pas pouvoir cacher ce qu'ils ressentent. C'est en grande partie pourquoi nous apprécions leur compagnie. Comme me l'a dit Mike del Ross, de Guide Dogs for the Blind : « Les chiens ne mentent jamais quand il est question d'amour. » Cette opinion était également celle d'Anatole France : « Quelle charité obscure a jailli pour moi de ta pauvre petite âme ? Ta sympathie est un charmant mystère. Je ne la repousse point[4]. »

Les chiens ne mentent pas sur ce qu'ils éprouvent car ils sont incapables de tricher lorsqu'il s'agit de sentiments. Un chien peut en tromper un autre, mais uniquement sur des faits concrets (par exemple feindre de ne pas voir un os qu'un congénère a laissé momentanément sans surveillance), pas sur ses sentiments. Personne n'a jamais vu un chien triste avoir l'air gai, ou le contraire. Qu'un chien soit triste ou gai, ce sentiment s'empare de tout son être ; il devient tristesse pure, joie pure. Comme l'a écrit Roger Caras dans *A Dog Is Listening*: « Un chien est totalement sincère. Il ne sait pas simuler... Les gens profitent de vous tout en prétendant ne pas le faire, alors que les chiens le font en toute franchise parce qu'ils n'ont pas le choix, qu'il n'y a pas une once de duperie en eux et qu'ils n'éprouvent aucune gêne à agir de la sorte[5]. »

Les sentiments que les chiens semblent ne pas connaître constituent une facette intéressante de leur vie émotionnelle. Ils paraissent ignorer par exemple l'apitoiement sur soi-même. Un jour où je me promenais avec mes chiennes sur le campus de l'université de Californie, à Berkeley, j'ai vu un labrador noir courir après un frisbee jusqu'en bas de la colline. En le regardant dévaler la pente, j'ai eu un choc en m'apercevant que ses deux pattes postérieures traînaient derrière lui. Elles étaient en fait paralysées. Sa compagne, Victoria Pond, une étudiante de troisième cycle en anglais, m'a dit que Cinder ne semblait pas remarquer son infirmité, un peu comme le font les enfants. Une année plus tôt, alors qu'il n'était âgé que de dix mois, il avait été atteint par un mystérieux virus qui lui avait laissé l'arrière-train paralysé. Il portait des bottes spéciales qui lui protégeaient les pieds et les pattes, et les empêchaient d'être égratignés lorsqu'il les traînait derrière lui. En dépit de ce handicap, il était heureux – et mes chiennes ont été très contentes de jouer avec lui. Elles n'ont même pas remarqué son infirmité ou n'en ont tiré aucune conclusion.

Les chiens sont vraiment différents de nous. Bien des gens qui auraient à supporter un handicap moins important que celui-ci se lamenteraient et maudiraient le ciel : « Pourquoi moi ? Pourquoi dois-je endurer cela ? » Nous pleurons sur nous-mêmes, nous nous apitoyons sur notre sort. Pour ce chien, son infirmité n'était que quelque chose avec lequel il lui fallait vivre. Il ne semblait absolument pas avoir conscience d'être différent de ses congénères, et était bien déterminé à ne pas laisser son handicap limiter son aptitude à jouir de la vie. Il était si totalement inclus dans le présent qu'aucun événement passé n'était capable de perturber ses émotions.

Une étonnante histoire, illustrée de photos, est parue dans une revue scientifique allemande ; elle contait l'aventure d'un berger allemand nommé Rolf, qui, en 1929, vivait avec un garde-barrière et sa famille. Le chien accompagnait les enfants partout. Un jour qu'ils traversaient des voies, il fut heurté par un train (peut-être en essayant de protéger ses petits compagnons) et eut les deux pattes gauches sectionnées. Les enfants coururent chercher leur mère qui découvrit le chien, apparemment mort. Elle le tira jusqu'à un tas de bois, mais lorsque le garde-barrière alla le voir, le chien avait repris connaissance et s'était réfugié dans une grotte dont le sol était recouvert de paille. De façon tout à fait curieuse, il perdait moins de sang qu'on aurait pu le craindre. Pendant plusieurs jours, il lécha longuement ses blessures (preuve supplémentaire que la salive des chiens possède des propriétés cicatrisantes – une prétendue légende que je crois vraie) et parut aller mieux. Pourtant le moignon de sa patte de derrière était en très mauvais état et des esquilles d'os en dépassaient. Il les arracha lui-même de la plaie suppurante avec ses dents. Deux jours plus tard, au grand étonnement de toute la famille, il se présenta sur ses deux pattes devant la maison. Au bout de trois semaines à peine, les moignons étaient totalement cicatrisés, et Rolf était redevenu lui-même : il jouait avec les enfants, gardait la maison, et se montrait un chasseur de rats impressionnant. Il prit de nouveau plaisir à nager, se mit à courir de plus en plus vite, et même à sauter des fossés – tout cela sur deux pattes. Lorsqu'il rencontrait des terriers de lapins, il essayait de les creuser, mais tombait invariablement sur le côté. Ne s'avouant pas battu pour autant, il comprit très vite qu'il pouvait introduire toute sa tête dans le trou et ronger la terre. Son accident ne lui avait apparemment laissé aucune appréhension de la circulation ou des trains qu'il continuait à poursuivre comme auparavant. Son comportement et sa faculté d'adaptation étaient si extraordinaires qu'il fut confié, aux fins d'étude, à l'unité chargée de dresser les chiens de l'armée allemande.

Selon les militaires, l'animal souffrait peut-être d'amnésie, vu l'importance du choc qu'il avait subi après l'accident, et n'avait plus conscience de ce qui lui était arrivé. Il ne pouvait plus marcher, mais seulement galoper. Confronté à des tests permettant de voir comment il se comporterait dans diverses courses d'obstacles mises au point pour les chiens devant servir en temps de guerre, Rolf fut capable de s'accommoder de son handicap. Il apprit à monter des escaliers, et même une échelle, à traverser une passerelle étroite au-dessus d'un fossé profond et à s'introduire dans des caves plongées dans le noir[6].

Dans un texte ancien, Raphael dit à Hypatie : « Je tenais ma chienne pour mon professeur et lui obéissais car elle était plus sage que moi, et la pauvre bête, tel un envoyé de Dieu, un ange obéissant, me ramenait vers la nature humaine, la pitié, le dévouement, la foi, la vénération, l'amour pur et conjugal[7]. »

Je ne suis pas le seul à aimer les chiens : en 1994, trente-cinq pour cent des foyers américains accueillaient un chien, ce qui représente une population canine de plus de cinquante-deux millions d'individus[8]. Il est presque inutile de demander pourquoi nous aimons les chiens tant la réponse semble évidente à tous : nous les aimons parce qu'ils nous aiment inconditionnellement. Quelle que soit la façon dont nous les traitons, le peu d'attention que nous leur accordons, ils ne cherchent qu'à nous plaire, à être en notre compagnie. J'ai posé cette question à Craig Stark, un spécialiste des chiens qui appartient à une association basée à Los Angeles : Last

Chance for Animals (La Dernière Chance pour les animaux), et a beaucoup œuvré pour tenter d'arrêter le vol d'animaux familiers. Il m'a fait cette merveilleuse réponse : « C'est le seul amour que l'on puisse acheter [9]. » Les chiens sont prêts, tant ils nous aiment, à tout nous pardonner.

De nombreux écrivains ont remarqué que nous parlons aux chiens comme nous le faisons avec les enfants : le ton de notre voix devient plus aigu, nous nous penchons vers eux, les caressons, nous amusons à leur donner différents petits noms, à babiller, à chanter, et nous laissons entraîner dans un univers de candeur. Nous sommes surpris lorsqu'un enfant nous trouve ennuyeux. Nous ne nous attendons pas à être jugés – et un chien, à de rares exceptions près, ne le fera jamais [10]. Quand on leur demande pourquoi elles aiment leurs chiens, de nombreuses personnes invoquent cette raison. En réalité, le fait que quelqu'un ne nous juge pas est insuffisant pour que nous l'aimions. Un tel comportement chez un être humain peut passer pour de l'apathie ou de l'immoralité. Un chien, par contre, appartient en quelque sorte à un autre monde. Il est parfaitement capable de faire certaines distinctions, mais nous ignorons tout du regard qu'il porte sur nous. De plus, tout comme nous pouvons penser une chose et en éprouver une autre, aimer une personne et haïr la manière dont elle agit, les chiens n'ont peut-être que mépris pour la façon dont nous nous comportons, mais ils nous aiment malgré tout.

Dans *Pensées paresseuses d'un paresseux*, Jerome K. Jerome écrivait :

> Lorsque vous vous prenez la tête dans les mains en formant le vœu de n'être jamais né, ils ne restent pas assis à vous regarder bêtement. Ils s'approchent doucement et se frottent contre vos jambes... [Le chien] lève les yeux vers vous, de grands yeux sincères qui disent : « Je serai toujours là. Marchons ensemble dans ce monde et soyons toujours l'un près de l'autre, d'accord ? » [11]

Il existe peut-être une autre raison pour laquelle les gens aiment si passionnément les chiens. Les hommes qui deviennent peu à peu misanthropes expliquent leur répugnance des autres (un misanthrope s'inclut rarement parmi ces « autres ») par le fait que ceux-ci sont égoïstes, que bien des êtres humains semblent uniquement préoccupés par leurs propres problèmes, obsédés par des questions exclusivement personnelles. « Narcissisme » est devenu le maître mot lorsqu'il s'agit de jeter l'opprobre sur l'homme du XXe siècle. Ce qui est, je pense, en grande partie justifié. Certaines personnes ont une remarquable aptitude à être fascinées par les menus détails de leur vie, ce que d'autres trouvent totalement incompréhensible, d'autant qu'ils réservent cette fascination pour *leur* propre vie.

Les humains ont tendance à se perdre dans des préoccupations narcissiques, en oubliant le monde qui les entoure. Non seulement ils s'apitoient sur eux-mêmes, mais ils sont tourmentés par des soucis personnels de toutes sortes. L'une des raisons pour lesquelles nous aimons les chiens tient au fait qu'ils nous distraient de notre obsession de nous-mêmes. Lorsque nos pensées commencent à tourner en rond, que nous avons du mal à leur échapper, nous demandant quel sort horrible nous réserve l'avenir, les chiens nous offrent une petite ouverture sur le plaisir du moment présent. Se promener avec un chien, c'est entrer dans le monde de l'immédiat. Il regarde en haut d'un arbre, observant un écureuil ; il est là et nulle part ailleurs.

« A quoi les chiens s'intéressent-ils ? » Elizabeth Marshall Thomas s'est posé cette question, et la réponse lui a paru évidente : aux autres chiens. Mais pas uniquement. J'ai souvent observé l'expression profondément attentive de mes chiennes. Quoi qu'elles fassent, elles le font intensément. Même lorsqu'elles se retournent pour regarder la direction que je prends à un embranchement, elles se montrent très intriguées. Il est extraordinaire de voir à quel point elles sont capables de s'investir dans les actes les plus ordinaires. Je trouve leur comportement absolument humiliant pour nous. Cet intérêt intense, total et sans faille est exactement ce que chacun d'entre nous attend de son compagnon humain.

Rani ne cesse presque jamais de remuer la queue. Elle semble toujours heureuse, n'importe où, pourvu qu'elle soit au grand air. Nous autres humains sommes artificiellement confinés – et nous nous confinons nous-mêmes. Notre lumière est artificielle, comme le sont notre nourriture, nos vêtements et la majeure partie de nos conversations, de même que les objets qui nous entourent : voitures, montres, ordinateurs et machines à laver. Quand nous nous promenons avec nos chiens, nous laissons cet univers d'artifices derrière nous. Bien des personnes ont constaté qu'une promenade en compagnie de leur chien a sur elles des effets thérapeutiques ; c'est à la fois stimulant et apaisant.

Bien que je conteste l'affirmation selon laquelle les chiens ne possèdent pas la notion du temps, je reconnais que dans un sens, elle peut être exacte : les chiens n'accordent pas au temps la même valeur que nous ; ils ne divisent pas les jours en heures ou en minutes, ne pensent pas en termes de semaines, de mois ou d'années. Ils ne tremblent pas à l'idée de leur propre mort ; je doute qu'ils réfléchissent au temps où ils ne seront plus en vie. Ainsi, lorsque nous sommes avec un chien, nous entrons dans une sorte de monde intemporel où le futur n'existe plus.

Quand j'étais enfant, mes parents jugeaient souvent un endroit par rapport à un autre dont ils se souvenaient. Bien évidemment le présent ne pouvait jamais soutenir la comparaison avec le passé, surtout un passé idéalisé. J'ai, moi aussi, pris cette mauvaise habitude, et l'un de mes amis intimes a dû souvent me rappeler à l'ordre : « Pourquoi compares-tu cette plage avec une autre ? Tu es là, profites-en. » Je reçois la même leçon en observant mes chiennes : elles ne sont jamais tourmentées par le besoin de juger ou de comparer ;

jamais attristées à l'idée que cette promenade-ci n'est pas aussi agréable que celle de la veille ; que cette forêt n'est pas aussi attrayante que celle de la semaine précédente. Pour elles, chaque promenade est nouvelle, unique, et exceptionnellement intéressante, avec ses odeurs et ses plaisirs particuliers. Je cherche toujours à découvrir quelles sont les promenades préférées de mes chiennes, mais en réalité elles n'en ont pas ; moi seul en ai. Elles les apprécient toutes ; elles aiment se promener. La raison en est – et c'est une grande leçon pour nous – que les chiens sont parfaitement heureux d'être ce qu'ils sont, sans se poser de questions. Ils aiment être des chiens.

Marjorie Garber pense que les chiens nous permettent de fantasmer sur la spontanéité, la générosité de sentiments, la solidarité et l'amitié. Cela est vrai en partie parce que les chiens « ignorent le cynisme [12] ». Ils ne sont pas préoccupés par la façon dont les autres chiens les perçoivent. Ils n'ont pas à cacher leur *joie de vivre* par crainte de passer pour naïfs, ni besoin de feindre l'ennui de peur de paraître frustes. Ils ne traînent jamais dans des soirées, se demandant quoi dire, ni pourquoi ils sont venus, ni combien ils doivent avoir l'air minable à côté d'invités plus élégants, plus drôles ou plus importants qu'eux. Ils ne se donnent aucun mal pour être spirituels et vont droit au but. Pourtant ils réussissent à recueillir des informations plus importantes et plus justes sur leurs congénères que nous ne le faisons au cours de ces soirées. Que le sexe entre en jeu ou non, les informations qu'ils tentent d'obtenir sont toujours cruciales : « A quel genre de chien ai-je affaire ? Qui est celui qui se tient devant moi ? Où a-t-il été et qu'a-t-il fait là-bas ? » Ou même plus simplement : « Qui est-il vraiment ? »

Les chiens sont avant tout en quête de vérité, à la recherche des senteurs invisibles de l'authenticité qui se cache au cœur de chaque être.

3.

L'amour : l'émotion fondamentale chez le chien

On a écrit quantité d'ouvrages sur l'amour humain, et il me semble que la plupart d'entre eux sont bien moins convaincants qu'un simple témoignage d'affection. L'amour refuse-t-il de se laisser enfermer dans une théorie parce qu'il s'exprime mieux à travers des actes que des mots ? Perd-il de sa valeur lorsque l'on en parle trop ?

Les chiens n'ont nul besoin de grandes théories sur l'amour (ou sur autre chose d'ailleurs), ils se contentent de le montrer, encore et encore. Je suis toujours étonné par la faculté qu'ils ont d'aimer aussi inconditionnellement et sans la moindre ambivalence. En effet, nombreux sont ceux qui, à un moment ou à un autre, ont entendu parler d'un maître cruel ou négligent que son chien aime en dépit de la façon dont il est traité. Le potentiel d'amour des chiens est si important, si développé qu'il est presque comme un autre sens, un autre organe. On pourrait le qualifier d'hyper-amour, et il est accordé à toutes les personnes qui vivent en compagnie d'un chien.

En apprenant à connaître intimement quelqu'un, on éprouve souvent de l'antipathie à son égard, parfois même du mépris. Fréquemment, chez les humains, l'amour ne survit pas quand la relation se développe, alors que chez les chiens il semble au contraire grandir, devenir plus fort et plus profond. Même lorsqu'ils savent tout de notre faiblesse, de notre déloyauté et de notre méchanceté, les chiens paraissent nous aimer autant – et cet amour leur est rendu par la plupart de leurs compagnons humains. Plus nous les découvrons, plus nous les aimons nous aussi, les liens qui nous lient devenant plus forts.

Il est difficile de déterminer si l'amour qu'un chien porte à un être humain diffère de celui qu'il ressent pour l'un de ses congénères. Le lien qui unit deux chiens peut être très profond, et pour le définir certains auteurs n'hésitent pas à employer une expression telle que « tomber amoureux ». Elizabeth Marshall Thomas le rapproche d'une sorte de « mariage ». Évidemment, il ne s'agit là que d'une analogie, mais la fidélité, la durée et l'intensité qui le caractérisent sont en fait très similaires à certains aspects du mariage humain.

Comment leur amour pour nous naît-il ? On pense souvent que l'attachement des chiots et des chiens vient essentiellement du fait que nous les nourrissons (on a avancé une théorie similaire en ce qui concerne les liens unissant un enfant à sa mère). Une série d'expériences menées en 1954 par A. J. Brodbeck[1] a montré que le fait de nourrir n'était pas nécessaire au développement du lien social. Au cours d'une de ces expériences, un groupe de chiots était alimenté automatiquement par une machine et un autre par une personne. En voyant l'expérimentateur, les chiots nourris à la main donnaient de la voix plus que les autres, mais c'était la seule différence existant entre les deux groupes. L'amour que nous porte le chien ne semble donc pas simplement provoqué par le fait qu'il voit en nous une source de nourriture. Il n'aime pas le robot qui lui fournit sa pitance, mais il peut donner son amour à des personnes qui ne le nourrissent jamais.

Les marques d'amour que nous manifestent les chiens sont évidentes, bien qu'elles diffèrent légèrement selon les individus. Lorsque Sasha accueille une personne qu'elle reconnaît, elle pousse un hurlement mêlé d'un gémissement prolongé qui accompagne toutes ses autres démonstrations de joie : les oreilles couchées, les yeux brillants, elle se lèche les babines et se frotte contre le visiteur. Elle est indubitablement heureuse, et il est bien difficile d'imaginer qu'elle éprouve à ce moment-là un autre sentiment (à moins qu'il ne porte un nom différent dans le langage des chiens, ce qui est toujours possible). Rani, elle, a une tout autre expression, et quand elle remue la queue, son corps entier s'agite en même temps. Elle vous regarde avec ce qui pourrait passer pour de la timidité, mais il est impossible de se méprendre sur le plaisir qu'elle a de vous voir. Sima, quant à elle, n'arrête pas de pousser des cris aigus et de tourner en rond. Lorsque la personne est accompagnée d'un chien, elle ne cesse de courir entre les deux, poussant son museau dans la gueule de l'un et se précipitant sur l'autre en émettant des sons insistants. Tous ces témoignages de joie sont autant de démonstrations d'amour – ou de ce que nous, humains, appellerions de la sorte si nous ressentions un tel plaisir à revoir une personne. Malheureusement, nous avons tendance à prendre ces démonstrations de la part des chiens pour de la soumission.

Si un humain montrait une affection aveugle envers toutes les personnes qu'il rencontrerait, nous trouverions son comportement provocant. En parlant des gens, nous disons qu'ils sont aimables, ouverts ou attachants, mais aucun de ces adjectifs ne décrit totalement l'attitude bienveillante des chiens à notre égard. Ils manifestent leur amour à presque toutes les personnes qui se montrent amicales envers eux[2]. Voilà pourquoi certains (dont je fais partie) prétendent que le chien *est* amour. Ma réponse favorite à ceux qui affirment qu'il est incapable d'aimer est tirée d'un texte de Roger Caras, à propos de deux chiens :

> Je pense que Luke aime Chloe Sweetpea et que cette dernière l'aime également. Puisqu'il m'est impossible de définir ce qu'est

> l'amour pour ceux de ma propre espèce (je crois que c'est plus qu'un simple dérèglement glandulaire ou qu'une opportunité de faire une déclaration de revenus commune), je n'essayerai pas de définir ce qu'il est pour les chiens. Mais tout comme je suis certain d'aimer celle qui est ma femme depuis trente-sept ans et convaincu que de son côté elle n'est pas seulement habituée à moi, je pense que ces deux chiens [...] s'aiment eux aussi [3].

Il existe quantité d'histoires d'amour, parfaitement authentiques, entre des représentants de nos deux espèces – des chiens qui pleurent la mort de leur compagnon humain, qui ont de la peine au point de mettre leur propre vie en danger ou même de se laisser mourir de faim. Prenons par exemple le cas de Hachi-Ko, cet akita* de Tokyo qui pendant dix ans guetta dans une gare le retour de son ami mort (nous en reparlerons au chapitre 4) : espérait-il le revoir ou était-ce un rituel, une façon personnelle de pleurer sa disparition ? Un fantasme trop humain lui laissait-il espérer qu'ils se retrouveraient un jour dans un autre lieu ? Quels étaient également les pensées et les sentiments de Bobby de Greyfriars (dont il sera question au chapitre 15) qui, pendant quatorze ans, veilla sur la tombe de son ami ? Hélas, aussi familières que puissent nous paraître les émotions d'un chien, elles appartiennent pourtant à un univers qui nous est étranger. Nous ne posséderons jamais la clé qui nous ouvrirait le monde des émotions canines car, bien qu'apparentés, nous faisons partie de deux espèces distinctes. Toutefois, seuls les humains et les chiens semblent capables d'un grand amour qui brise la barrière des espèces. Aucun autre animal ne pleure la disparition d'un ami humain comme le font les chiens. Il n'est pas impossible que – comme nous – ils reconnaissent cette similitude, cette

* Originaire de la région du même nom, il est le plus grand et le plus puissant des chiens japonais. (*N.d.T.*)

faculté que nous avons en commun d'aimer un individu d'une espèce différente.

Les humains confondent souvent amour et désir. Les chiens n'en éprouvent aucun pour nous. Ceux qui s'agrippent à notre jambe ne font pas preuve de désir, mais ressentent plutôt un besoin de dominance. Ils aiment avec leur corps, leur cœur, mais probablement pas avec leur esprit. Ils en ont un, évidemment, et s'en servent pour bien des choses, mais ils sont incapables de spéculer sur l'avantage qu'ils auraient à nous aimer (la flatterie passagère étant une autre question), pas plus qu'ils ne sont arrêtés par les désavantages éventuels. Et ainsi, ils ne commettent pas les mêmes erreurs que nous à propos de l'amour, bien qu'ils s'attachent souvent à des personnes qui ne leur apportent que de la souffrance. Chez les humains, le cerveau est l'organe sexuel principal, ce qui n'est pas le cas chez les chiens. Ils ne sont pas impressionnés par la beauté, la richesse, le pouvoir ou les prouesses physiques, toutes choses qui peuvent nous rendre amoureux. Eux ne « tombent pas amoureux », ils aiment tout simplement.

Pourquoi les chiens nous suivent-ils d'une pièce à l'autre ? J'ai tout d'abord cru qu'ils étaient poussés par un sentiment d'insécurité, la peur d'être abandonnés, puis j'ai pensé qu'en réalité, ils craignaient de passer à côté d'une aventure, appréhendaient que nous puissions aller dans un endroit intéressant sans les emmener. Rien n'est pire pour un chien que de s'entendre dire qu'il ne peut pas venir avec nous ; on le voit alors pencher la tête avec incrédulité. Mais peut-être nous suivent-ils partout dans la maison simplement parce qu'ils ont envie d'être en notre compagnie.

Pourquoi aiment-ils se trouver à nos côtés et frotter leur corps au nôtre ? Je trouve merveilleux de sentir, la nuit, le corps d'une de mes chiennes s'étirer contre le mien, de constater la confiance qu'elle me montre. Cette confiance mutuelle est l'une des choses les plus touchantes qui existent dans une relation entre deux espèces différentes. Ma chienne semble me dire : « Je sais que rien ne pourra m'arriver si je suis auprès de toi. Je peux me détendre et être sûre que tu ne me feras pas de mal pendant mon sommeil. » Un dauphin ne vous quittera jamais de l'œil, mais un chien ou un chat s'en remettent totalement à vous.

L'amour est-il une émotion fondamentale ? Je sais que ma faculté à éprouver ce genre d'émotion est accrue lorsque je suis dehors, que je peux admirer la beauté qui m'entoure. Un jour de mai, j'ai emmené mes chiennes dans un nouveau parc situé près de l'aéroport d'Oakland. Il y avait des spermophiles partout, et de grands lièvres couraient dans les prés. Nous nous trouvions en bordure d'un marais, et il était permis de détacher les chiens. Quand je les ai laissées sortir toutes les trois de la voiture, elles sont parties en courant, et lorsqu'elles sont revenues une minute plus tard, on pouvait lire une certaine excitation dans leurs yeux. Elles me regardaient avec gratitude comme pour me dire : « C'est exactement le genre d'endroit que nous aimons. Merci, merci de nous avoir amenées là. » (Bien sûr, il ne s'agissait que de mes propres pensées car les chiens sont incapables de comparer, enracinés comme ils le sont dans le moment présent.) Tandis que nous suivions le bord de l'eau, le bruissement des feuilles dans le vent léger, les odeurs du marais, la vue des fleurs sauvages poussant dans les prés ont fait naître en moi des émotions difficiles à exprimer. Elles étaient en relation avec l'amour, l'amour de ce paradis pour chien. Il me semblait que mes chiennes le ressentaient aussi. Elles étaient « souriantes », ravies d'être là. Leur aptitude à éprouver de profondes émotions, à aimer, peut donc dépendre également du fait de se trouver dans un endroit qui les rend heureuses.

L'univers affectif des chiens est plein de naïveté, de pureté et de clairvoyance, autant de qualités qu'ils partagent avec les enfants. Les uns comme les autres possèdent une certaine candeur, une absence de fourberie et une vulnérabilité commune. Les chiens nous rappellent nos enfants. Nous éprouvons face à eux la même irrésistible envie d'user d'un langage enfantin ; nous leur donnons des surnoms ; nous faisons des mimiques, et les gens qui n'ont ni chiens ni enfants nous prennent pour des fous.

Nous avons tendance à penser qu'un chien adulte ressemble psychologiquement à un jeune enfant. Cette idée a été confortée par le résultat de recherches sérieuses (menées principalement par Michael Fox de la Humane Society of the United States) montrant que, placés dans certaines conditions, un chien et un enfant peuvent présenter des troubles similaires du comportement. « Ceux-ci vont de l'épilepsie psychogène à des symptômes rappelant ceux de l'asthme, en passant par la boulimie, une boiterie simulée, des spasmes intestinaux accompagnés de gastro-entérite hémorragique, ou de colites ulcératives, sans parler de la rivalité entre frères et sœurs, d'une jalousie extrême, d'agressivité, de dépression et d'un refus de s'alimenter (anorexie nerveuse) [4]. »

De leur côté les chiens semblent considérer les humains comme leurs parents. Selon plusieurs chercheurs, ils ne sont que des loups infantilisés, bloqués à un stade primitif de développement ; des chiots qui ne deviendront jamais matures. Ainsi, pour nos chiens, *nous tenons lieu de parents.* C'est la raison pour laquelle, en 1949, E. Dechambre a parlé d'un phénomène de « fœtalisation [5] » pour expliquer notre volonté de sélectionner des chiens doux et amicaux ; et, en 1963, dans *The History of Domesticated Animals,* F.E. Zeuner a développé l'idée de néoténie – la persistance de caractères juvéniles à l'âge adulte. Des signes d'immaturité – comme les oreilles tombantes, les canines plus petites, la tête moins grosse – se sont développés au cours d'une sélection naturelle, rendant les chiens dépendants des humains comme un louveteau l'est de ses parents. Konrad Lorenz [6], le fondateur de l'éthologie (l'étude du comportement animal) moderne, souligne la forme particulière de l'attachement du chien domestique : « La vive affection dont les jeunes canidés sauvages font preuve envers leur mère, et qui disparaît complètement dès qu'ils ont atteint leur maturité, demeure comme un trait mental permanent chez tous les chiens fortement domestiqués. Ce qui était, à l'origine, un amour pour la mère se transforme en un amour pour le maître humain[7]. » Nous valorisons, récompensons et sélectionnons ces caractères néoténiques chez nos chiens. A cet égard, ils sont très différents des loups. A l'inverse du chien domestiqué, un loup adulte est un être totalement indépendant, et ce contraste est remarquablement souligné dans un texte d'Erich Klinghammer et Patricia Ann Goodman :

> Les chiens entrent dans notre monde, et il est possible de leur apprendre, en grande partie, à se comporter selon nos règles. En travaillant avec des loups socialisés, les humains entrent dans le monde des loups et doivent se comporter selon leurs règles sociales. Il est généralement admis que les chiens ont acquis des caractères néoténiques au cours de leur domestication. Ils conservent de nombreuses particularités infantiles, et il est relativement facile de leur imposer notre volonté. Le loup est une sorte de canidé totalement adulte[8].

Si l'animal dominant d'une bande de loups n'a rien de commun avec un chien, les individus subordonnés, par contre, ressemblent davantage aux chiens domestiques. L'idée selon laquelle nous autres humains nous comportons comme des chefs de meute, tous les autres membres nous étant subordonnés, ne peut être exacte, en termes de psychologie canine, que dans la mesure où les chiens nous considèrent comme des parents de substitution.

Si la néoténie explique certains traits du comportement canin, les chiens savent pourtant parfaitement que nous ne sommes pas leurs vrais parents. Lorsque Sima quémande de la nourriture à Sasha, qui pourrait aisément être sa mère, elle agit d'une manière tout à fait particulière : elle fourre son museau dans sa gueule et lui lèche les dents. Un louveteau se comporte de la même façon afin que sa mère régurgite de la nourriture. Sima sait qu'elle n'obtiendra rien de Sasha, mais une sorte d'instinct la pousse à agir ainsi, à la flatter. Cependant, elle ne cherche jamais à se conduire de la même façon avec moi. Elle doit faire entre nous une importante distinction qui a certainement quelque chose à voir avec le fait que nous appartenons à deux espèces différentes, ce que les chiens, j'en suis convaincu, n'ignorent pas.

Les dresseurs disent souvent que nous devons dominer notre chien, devenir le *top dog* dans toutes les relations que nous pouvons avoir. Néanmoins, nos compagnons savent que nous ne sommes pas leurs congénères. Même lorsque je joue avec elles, mes chiennes ne se comportent pas envers moi comme elles le font entre elles. Ce qui est un peu humiliant car, quel que soit le plaisir que je leur procure en les emmenant dans des endroits intéressants, quand vient le moment de jouer elles choisissent de le faire entre elles plutôt qu'avec moi. Elles s'amusent avec moi d'une manière presque condescendante comme le fait un adulte agacé avec un enfant qui le harcèle.

Un jour de juin, j'ai emmené mes chiennes dans un parc où elles étaient autorisées à se promener en liberté. La porte s'est ouverte et un minuscule chiot ressemblant à une belette est entré à toute vitesse et a couru dans tous les sens, s'arrêtant pour saluer tous les chiens et toutes les personnes qu'il rencontrait. Chaque fois il roulait sur le dos, puis rampait rapidement sur le ventre. Les chiens semblaient ravis et les gens souriaient. J'avais devant moi l'adorable chiot type, totalement irrésistible. Mais je me trompais. Ce n'était pas un chiot mais un animal adulte, et seul son comportement était celui d'un jeune chien. C'est précisément cette façon d'agir qui plaît tant aux humains et leur donne envie de protéger les chiots et de prendre soin d'eux. Quand un tel comportement persiste à l'âge adulte, les scientifiques appellent cela de la néoténie. Nous avons favorisé ce comportement chez les chiens parce que nous en faisons grand cas.

Dans un célèbre article intitulé « Mickey Mouse rencontre Konrad Lorenz » (sous-titré « Les béhavioristes et Walt Disney ont fait les mêmes découvertes à propos de nos réponses »), Stephen Jay Gould soutient que les animaux des bandes dessinées et des dessins animés provoquent notre affection parce qu'on leur a donné des traits juvéniles ; ce qui dans le langage sec de Konrad Lorenz devient un « mécanisme inné de déclenchement » qui pousse à choyer. Selon Gould, lorsque nous voyons un être avec des caractères infantiles, nous ressentons une poussée immédiate de tendresse. Gould explique que les humains sont néoténiques (ce mot signifiant littéralement « qui se cramponnent à la jeunesse »), c'est-à-dire qu'ils ont évolué en conservant à l'âge adulte les caractères juvéniles de leurs ancêtres[9].

La néoténie est donc l'explication première invoquée pour expliquer notre amour « inné » de certains animaux, tout spécialement des chiens. Pour moi, cependant, cette explication est insuffisante. Il ne fait aucun doute que tout jeune individu de n'importe quelle espèce provoque en nous une réaction particulière, car qui peut ne pas éprouver d'affection pour un être qui vient de naître ? Lorsque je me promène avec mes chiennes et que nous rencontrons des chiots, j'observe que rares sont ceux qui les croisent sans remarquer combien ils sont mignons, adorables, sans avoir envie de les toucher, de les caresser, de les tenir contre eux.

Une partie de cette fascination pour les chiots vient d'une habitude qu'ils ont et à laquelle nous sommes très sensibles : ils nous suivent. Aucune autre espèce, ou presque, domestiquée ou sauvage, ne le fait à la manière des chiens. Quand Konrad Lorenz découvrit ce qu'il nomma l'« empreinte[10] », et que son oie cendrée le suivit dans la rue, il recueillit de la part des passants les mêmes commentaires admiratifs que ceux entendus par la personne qui promène un chiot. Les oies avaient l'impression, plaisante mais fausse, que Lorenz était leur mère. Pour elles, l'empreinte est génétique ; elles n'ont vraiment pas le choix. De surcroît, la période cruciale de socialisation peut ne durer que quelques heures[11]. Un chiot ne s'imagine pas à tort que l'un d'entre nous est sa mère. Il nous suit parce qu'il en a envie. Il conserve ce trait juvénile et d'autres lorsqu'il est adulte et, en fait, se comporte souvent comme un enfant sa vie durant, son compagnon humain *lui tenant lieu de parent.* Certains éléphanteaux et baleineaux femelles suivent également leur mère toute leur vie. Une fois la relation établie, elle se maintient d'elle-même. C'est peut-être ce qui se passe entre les chiens et les humains. Nous devenons la famille proche d'un chien adulte. Mais alors que pour un loup aucune substitution n'est acceptable, qu'elle est même traumatisante, un chiot, et même un chien adulte, s'adapte généralement bien à un changement de foyer, parfois cependant après une période très difficile, comme me l'ont fait remarquer des amis vétérinaires.

Les chiens ne semblent pas avoir besoin de la même constance que les animaux sauvages. Quand nous nous promenons dans un parc et que mes chiennes rencontrent un représentant particulièrement fascinant de la même espèce qu'elles, leur joie ne connaît pas de bornes, et ils paraissent destinés à devenir les meilleurs amis du monde. Pourtant lorsque je les appelle, elles me suivent, sans presque un regard d'adieu pour leur nouvel ami. Nous sommes pour nos chiens des parents plus proches qu'aucun de leurs congénères ne semble pouvoir l'être. Quand ils sont accidentellement séparés de nous, leur regard de panique n'est pas feint, car rien n'est pire pour eux. Ils sont alors comme des chiots qui ont perdu leur mère.

La néoténie paraît s'atténuer quand le chien vieillit. Comment ne pas remarquer la dignité d'un individu plus âgé, son allure presque royale, sa tolérance pour les gambades des plus jeunes ? Il n'est plus un chiot désormais, ni notre enfant ; il devient davantage un égal. Pourtant l'amour et l'affection que nous ressentons pour lui – et qu'il éprouve pour nous – ne diminuent pas. Si, comme l'a suggéré Konrad Lorenz, nous étions simplement conditionnés pour aimer les caractéristiques juvéniles des animaux, nous abandonnerions nos vieux chiens. Ce qui nous attache à eux, et les lie à nous aux derniers stades de leur existence, est plus profond et plus complexe qu'une pulsion biologique. Reconnaissons-nous par là qu'ils sont capables d'éprouver comme nous des sentiments forts et profonds ? A moins que nous n'admettions que leur capacité émotionnelle est supérieure à la nôtre.

Quelle est la raison de la passion de Sasha pour les très jeunes enfants ? J'ai eu tout d'abord beaucoup de mal à croire que ce penchant fût sincère ; il semblait tellement destiné à me faire plaisir. Je sais à présent que Sasha adore véritablement les enfants. Dès qu'elle en aperçoit un, elle se précipite vers lui et lui plaque immédiatement un gros baiser humide sur le visage. (Bruce Max Feldman, mon ami vétérinaire, me dit que cela est tout à fait contraire à l'hygiène car la salive des chiens peut transmettre la salmonellose, et est porteuse d'autres agents pathogènes – mais je m'inscris en faux contre cela.) Étrangement, cela ne déplaît à aucun enfant. Ils sourient tous et s'empressent d'annoncer à leurs parents : « Ce chien m'a embrassé ! » Et c'est en effet ce qu'a fait Sasha. C'est de sa part une véritable démonstration d'affection. Elle aime tous les adultes, mais elle ne leur réserve pas cette passion sans retenue. Elle ne se comporte pas non plus de la même façon avec un autre chien. Je serais donc curieux de savoir ce que les enfants représentent pour elle. Comment les voit-elle ? Je suis peut-être la personne que Sasha aime le plus, mais elle ne m'accueille jamais avec un baiser sur le visage ; seuls les enfants ont droit à ce traitement de faveur. Existerait-il une similitude cachée entre les jeunes enfants et les chiens que je n'aurais pas encore découverte ? Une relation qui n'aurait pas échappé à Sasha ? Reconnaît-elle les enfants comme ses frères et sœurs ? Peut-être existe-t-il entre eux une affinité émotionnelle plus forte que l'appartenance à l'espèce ?

Sasha aime lever la tête et embrasser quiconque la caresse. Cela semble accréditer la théorie de la néoténie qui veut qu'elle se comporte envers toute personne comme si celle-ci était sa mère. Pourtant elle sait parfaitement qu'il n'en est rien et que ladite personne n'est pas non plus un chien. Elle paraît tout simplement l'aimer. Le néoténiste soutiendrait pourtant qu'il s'agit bien là d'amour pour la mère.

Nous nous trouvons donc confrontés à un débat qui tourne en rond : parce qu'elle lui embrasse le visage, nous savons que Sasha réagit envers la personne qu'elle rencontre comme si celle-ci était sa mère ; les louveteaux en font autant avec la leur parce qu'ils espèrent qu'elle régurgitera de la nourriture ; si les louveteaux n'obtenaient jamais ce qu'ils souhaitaient, ils cesseraient vite de se comporter de la sorte. Par contre, Sasha sait que cette personne ne va pas se pencher et rendre de la nourriture à son intention. Ce qu'elle obtient d'elle est précisément ce qu'elle lui donne : de l'amour.

Cela ne ressemble-t-il pas exactement à un témoignage d'affection entre deux êtres humains ?

4.

Loyauté et héroïsme chez le chien

Sur un monument, à l'extérieur d'un tribunal du Missouri, est inscrit l'un des plaidoyers les plus émouvants qui soient à propos de l'amour fidèle d'un chien. Il fut prononcé au XIXe siècle par George Graham Vest, avant que celui-ci ne devienne sénateur. Vest défendait alors un voisin dont le chien avait été tué par un autre homme. Son client poursuivait l'accusé en dommages-intérêts et lui réclamait la somme de deux cents dollars. Lorsque Vest eut achevé son plaidoyer, les jurés ne tergiversèrent pas : il ne leur fallut que deux minutes pour rendre leur verdict. Le plaignant obtenait cinq cents dollars de dommages-intérêts, mais il ne fut pas possible au juge de satisfaire leur souhait de voir le tueur de chien jeté en prison car la loi ne prévoyait pas un tel châtiment pour ce délit. Voici le plaidoyer que prononça le sénateur Vest :

> Messieurs les jurés, le meilleur ami qu'un homme ait au monde peut se retourner contre lui et devenir son ennemi. Son fils et sa fille, qu'il a élevés avec amour, peuvent se montrer ingrats. Les êtres qui nous sont les plus proches et les plus chers, ceux dont dépendent notre bonheur et notre renom, peuvent trahir notre confiance. Un homme peut perdre tout l'argent qu'il possède au moment où il en aurait le plus besoin. Sa réputation peut être ruinée en un instant par un acte jugé malhonnête. Ceux qui se

mettent à genoux et nous honorent lorsque le succès nous sourit seront probablement les premiers à nous jeter la pierre quand les nuages noirs de l'échec s'amasseront au-dessus de notre tête. Le seul ami totalement désintéressé qu'un homme puisse avoir dans ce monde égoïste, celui qui ne l'abandonnera jamais, qui ne se montrera ni ingrat ni déloyal envers lui, c'est son chien. Un chien reste aux côtés de son maître, que celui-ci soit riche ou pauvre, en bonne santé ou malade. Pourvu qu'il soit auprès de lui, il dormira sur le sol froid quand les vents glacials souffleront et que la neige tombera avec force. Il embrassera la main qui n'a pas de nourriture à lui offrir, léchera les plaies et les blessures causées par la rudesse de ce monde. Il veillera sur le sommeil d'un pauvre comme si ce dernier était un prince. Quand tous les amis font défaut, le chien reste fidèle. Lorsque la richesse s'envole et que la réputation s'effrite, son amour demeure aussi immuable que la trajectoire du soleil à travers le ciel. Si le sort fait de son maître un proscrit en ce monde, sans amis ni maison, il ne demande pas de plus grand privilège que celui de l'accompagner pour le protéger et se battre contre ses ennemis. Et quand vient le dernier moment, que la mort étreint son maître et que le corps de celui-ci est abandonné dans la terre froide, peu importe si tous les amis poursuivent leur route ; on trouvera le noble chien là, sur la tombe, la tête entre les pattes, les yeux tristes mais vigilants, fidèle et loyal jusque dans la mort[1].

Le *Oxford English Dictionary* définit ainsi l'adjectif loyal : « Fidèle aux obligations du devoir, de l'amour, etc. » La loyauté dans son sens profond me semble plus intimement liée à l'amour qu'au devoir. Le chien est fidèle et loyal (pour moi ces deux mots sont synonymes) non parce qu'il se sent obligé de l'être, mais simplement parce qu'il ressent de l'amour. Il est loyal envers ses congénères, c'est-à-dire envers sa propre famille, sa meute. Cette loyauté peut atteindre des degrés difficilement imaginables bien que réels.

Dans *Animal Psychology*, R.H. Smythe l'illustre par une histoire survenue à l'un de ses amis, habitant le comté de Cornouailles, dont le chien, un bâtard de terrier, se perdit. En chassant les lapins, un grand nombre de chiens tombaient dans les puits de mines désaffectés, situés dans les environs. L'ami pensa donc que la même chose était arrivée à son terrier. Il le chercha partout mais sans succès. Smythe écrit :

> Le chien avait une amie, un fox-terrier à poils lisses, et tous les deux partaient souvent chasser ensemble. Nous avons remarqué que la chienne s'éloignait fréquemment de chez elle et se dirigeait toujours dans la même direction. En la suivant, nous sommes arrivés jusqu'à un vieux puits d'où nous sont parvenus des aboiements. Une équipe de secours est descendue dans le puits jusqu'à une profondeur d'une douzaine de mètres et a découvert le chien sur une saillie, indemne. Il y avait à côté de lui plusieurs croûtes de pain ainsi qu'un os frais que le propriétaire de la chienne a reconnu comme provenant d'un gigot qu'il avait mangé le dimanche précédent. Comme personne ne s'était approché du puits, ce ne pouvait être que la chienne qui les avait apportés jusque-là avant de les laisser tomber par l'ouverture [2].

Publié en 1686, *The Gentleman's Recreation*, de Richard Blome, l'un des premiers livres écrits sur les chiens, témoignait déjà de cette loyauté : « Les épagneuls sont très affectueux par nature, surpassant en cela toutes les autres créatures, car dans la chaleur ou dans le froid, par temps humide ou par temps sec, de jour comme de nuit, ils n'abandonnent jamais leur maître. Il existe plusieurs récits prodigieux, rapportés par des auteurs sérieux et dignes de foi, sur les affections étranges que des chiens ont éprouvées pour leurs maîtres tant morts que vivants [3]. »

Pour des raisons qui demeurent difficiles à comprendre, les humains se sont trouvés inclus dans l'univers de la meute canine, et cela explique pourquoi les chiens se montrent loyaux envers nous. Les personnes n'ayant aucune expérience directe de cette loyauté ont tendance à la rejeter et à l'expliquer comme une mentalité de groupe ou un comportement instinctif, affirmant qu'elle ne ressemble en rien à la loyauté dont les humains font preuve entre eux.

Si cette loyauté des chiens était purement mécanique, un simple instinct les poussant à aimer quiconque les protège, ils accepteraient facilement de changer de compagnon humain. Pourtant il faut longtemps pour qu'un chien reporte cette loyauté d'un individu sur un autre, et parfois cela ne se produit jamais. Certains récits nous parlent de chiens qui ont tenté de se suicider tant ils restaient fidèles à la famille qu'ils avaient connue [4].

Dans un livre merveilleux sur les chiens, datant du XIXe siècle, on peut lire l'histoire d'un garde-chasse du château de Holstein, au Danemark. Cet homme, rentrant un soir d'une longue et fatigante partie de chasse, déposa le gibier dans son cellier et y enferma par mégarde son chien. Obligé de partir à l'improviste tout de suite après, il ne revint que cinq jours plus tard. Quand il se rendit dans le cellier pour y récupérer son gibier, il trouva le chien raide mort, allongé près de la porte. « Le garde-chasse en fut extrêmement peiné, mais quelle ne fut pas son émotion lorsqu'il vit sur la table onze paires de perdrix et cinq lagopèdes intacts. Quand il découvrit que le pauvre chien avait souffert de la faim plutôt que de faillir à son devoir, son admiration augmenta encore son chagrin [5]. »

Dans son *Colloque des chiens,* écrit en 1599, l'écrivain espagnol Cervantès fait dire à Berganza : « Je sais bien qu'il y a eu des chiens si fidèles qu'ils se sont jetés avec le corps défunt de leur maître dans la même sépulture. D'autres sont demeurés dessus la sépulture sans s'en vouloir éloigner ni manger jusques à perdre la vie [6]. »

Dans un récit plus récent on peut lire : « En Californie, il y a de cela plusieurs années, Allen Ransome, un éleveur, reçut un appel téléphonique au sujet d'un terre-neuve dont les maîtres avaient divorcé. La femme ayant obtenu la garde des enfants, le mari, furieux, avait insisté pour avoir celle du chien, mais peu de temps après il l'avait abandonné au Newf Rescue, une association s'occupant de placer des terre-neuve dans de nouvelles familles. Le chien avait voulu mourir. Il ne bougeait plus et ne levait même pas la tête pour se nourrir[7]. »

Le 20 octobre 1991, un violent incendie dévasta les collines au-dessus de Berkeley et d'Oakland, en Californie, tuant trente-six personnes, détruisant trois mille maisons et laissant cinq mille animaux domestiques morts ou déplacés. Dudley, un ancien chien errant, âgé de douze ans, appartenant à Virginia Smith, refusa de quitter le corps de son amie lorsque celle-ci mourut, asphyxiée par la fumée. Les sauveteurs essayèrent de l'emmener avec eux, mais il resta « raide comme une statue, enraciné dans le sol. Ils le tirèrent, le poussèrent, le cajolèrent, mais Dudley ne bougea pas[8] ». Leur vie étant en danger, ils avaient peu de temps à perdre et finirent par traîner le chien au-dehors. Son poil était roussi et les coussinets de ses pattes sévèrement brûlés. On le conduisit aussitôt à l'hôpital pour chiens et chats de Berkeley. Il survécut, mais sombra dans une profonde dépression tant son amie lui manquait.

Linda Peterson raconte le sauvetage de Touch, un greyhound, coureur de grande classe, qui devait être abattu parce qu'il s'était blessé pendant une course. Il avait vécu six ans dans un chenil, et durant cette période, n'avait jamais monté d'escaliers. Elle dut le porter jusqu'au deuxième étage et, une fois arrivé là, il se coucha aussitôt en rond sur le canapé. C'était la première fois qu'il pouvait ne plus se comporter comme une machine à courir. Linda Peterson pense que l'extrême loyauté des greyhounds provient de leurs souffrances passées, et qu'ils sont véritablement reconnaissants d'être en vie[9].

Les personnes qui ont été malades disent que leurs chiens n'ignoraient rien de leur état. On pouvait lire de l'inquiétude dans leur regard, et ils ne les quittaient pas. Elizabeth Barrett

Browning exprime cela dans un poème intitulé « A Flush, mon chien » :

Mais de toi il faudrait dire :
Ce chien a veillé auprès d'un lit,
Inlassablement, jour et nuit.
Il a veillé dans une chambre aux rideaux tirés
Où pas un rayon de soleil ne venait briser
L'obscurité enveloppant la triste malade.

Des roses réunies en bouquet
Dans cette chambre se sont vite fanées,
Car l'air et la clarté manquaient ;
Ce chien seul a patienté
Sachant que quand la lumière s'en est allée
L'amour peut encore briller.

Leila et moi avons emmené Sima, Sasha et Rani dans la ville de Californie la plus accueillante pour les chiens : Carmel-by-the-Sea. Nous avons fait une longue promenade au cours de laquelle toutes les personnes que nous avons rencontrées accordaient beaucoup d'attention aux chiens. L'une d'elles, Mary Silvermann, de Caroline du Nord, partageait sa maison avec six chiens et seize chats ! Nous avons visité l'hôtel dont la propriétaire est Doris Day et où les chiens sont les bienvenus, et nous avons appris que l'un des premiers héros de cette ville était un chien célébré par plusieurs artistes du coin. Mais nous avons surtout découvert que les chiens étaient autorisés à courir en toute liberté sur la merveilleuse plage de sable blanc située à la sortie de la ville.

C'était un dimanche, il faisait chaud et il y avait beaucoup de monde. En regagnant la voiture, nous avons constaté que Sasha manquait à l'appel. En me retournant vers la plage, je l'ai vue quitter à regret un chien avec lequel elle jouait pour venir en courant dans notre direction. Soudain, elle s'est arrêtée ; elle ne savait plus où nous étions et pensait être perdue.

L'expression qu'elle eut à ce moment-là est difficile à décrire mais impossible à oublier. C'était un mélange d'inquiétude, de panique et de désespoir. « Oh mon Dieu ! semblait-elle se dire, qu'est-ce que je vais faire maintenant ? » Nous l'avons appelée, mais elle ne nous a pas entendus. Rani, qui savait où se trouvait Sasha, est partie vers elle en bondissant. Lorsqu'elle l'a vue, Sasha a aussitôt paru soulagée. Il était clair que son anxiété avait un rapport avec sa loyauté contrariée envers son groupe, sa meute. En ce sens, la loyauté est intimement liée au foyer, à l'intimité et à l'amour. C'est un domaine de plus où le chien ressemble à l'enfant : le comportement d'un enfant perdu est très proche de celui de Sasha, et on peut penser que les émotions qu'ils ressentent l'un et l'autre sont identiques.

Il existe des histoires extraordinaires sur des chiens perdus qui sont rentrés chez eux après avoir parcouru de longues distances, grâce à ce l'on appelle l'instinct de retour. Le récit le plus étonnant que je connaisse est rapporté dans *The Mind of the Dog* de R.H. Smythe, qui était examinateur pour le diplôme de fin d'études du Royal College of Veterinary Surgeons de Londres :

> Dinah [un setter irlandais qui était sur le point de mettre bas] fut envoyée par train de Cookstown à Lurgan, ce qui représentait une distance d'environ quarante kilomètres. Peu après son arrivée, elle donna naissance à cinq chiots, puis disparut très vite de son nouveau foyer avec ses petits. Dix jours plus tard on la retrouva à Cookstown, dans son ancienne maison, endormie avec ses cinq chiots blottis contre elle, vivants et en bonne santé. Ses pattes écorchées saignaient, et elle était d'une maigreur effrayante. Elle avait de toute évidence fait le chemin à pied et transporté ses cinq petits par courtes étapes. Il était donc impossible de savoir combien de fois elle avait réellement parcouru la distance séparant Lurgan de Cookstown. A Mahery Ferry, elle avait dû traverser à la nage, avec toute sa famille, la Blackwater River qui, à cet endroit, est large de plus de quatre-vingts mètres

et très profonde. Elle avait fait cette traversée un certain nombre de fois, laissant l'un de ses chiots sur le bord de la rivière avant d'aller en chercher un autre sur la rive opposée. Dinah se rétablit, éleva tous ses petits et demeura une habitante de Cookstown pour le restant de ses jours[10].

On a remarqué que lorsque les chiens voulaient retrouver le chemin de leur maison, ils préféraient emprunter des routes. Goran Bergman, un scientifique finlandais, pense que cela pourrait venir du fait qu'ils en suivent souvent en accompagnant leur maître. Il cite le cas de chiens qui ont pris le train ou le bateau pour rentrer chez eux : « Mes teckels seraient tout à fait capables de savoir où prendre le bus, mais ils ne sauraient choisir ni la bonne ligne ni l'arrêt où descendre[11]. » C'est certainement ce que j'aurais pensé moi-même si je n'avais vécu une expérience étonnante à Poona.

En 1968, lorsque j'habitais Poona, près de Bombay, j'avais adopté un petit chien perdu qui vivait avec moi dans une maison de Koregaon Park, à environ sept kilomètres de l'université où je travaillais à ma thèse. Quand j'ai dû me préparer à quitter l'Inde, il m'a fallu trouver un autre foyer pour lui et j'ai pu le confier à des amis qui vivaient à une trentaine de kilomètres au bord de la route que suivait le bus conduisant à l'université de Poona. Quelques jours plus tard, très tôt le matin, alors que je travaillais avec mon pandit (un homme érudit, instruit à la manière traditionnelle), dans son bureau, à l'université, nous avons entendu frapper à la porte. Surpris de voir quelqu'un se présenter de si bonne heure, j'ai ouvert, et je n'ai vu personne d'autre que mon fidèle petit ami. Il ne m'avait jamais accompagné à l'université. Mon pandit était choqué (les brahmanes orthodoxes considèrent les chiens comme des êtres particulièrement impurs) mais lorsqu'il a su comment ce chien avait été confié à des amis et m'avait retrouvé, il a aussitôt composé un poème en sanskrit évoquant le fait que j'étais lié à ce petit compagnon par des liens karmiques et que je ne devais plus jamais l'abandonner.

Comment mon chien m'avait-il retrouvé ? J'ai interrogé plusieurs personnes, et on m'a dit que quelqu'un l'avait vu monter dans un bus passant devant l'université. Mais comment avait-il fait pour descendre au bon arrêt ? Je n'arrive toujours pas à le comprendre.

Michael Fox raconte l'histoire d'un colley, nommé Bobbie, qui s'était perdu en Indiana, et toute la famille avait dû rentrer à Silverton, Oregon, sans lui. D'une manière ou d'une autre, Bobbie avait été capable de retrouver le chemin de sa maison, parcourant plus de deux mille kilomètres, en plein hiver. Fox écrit que l'exploit de « ce chien bénéficia d'une telle publicité que les gens qui l'avaient nourri ou lui avaient offert un abri au cours de son long voyage se firent connaître, et qu'il fut ainsi possible de reconstituer approximativement la route qu'il avait suivie [12] ».

Presque tout le monde connaît une histoire de ce genre et pourtant, curieusement, très peu de recherches ont été faites sur ce sujet [13]. Les vétérinaires n'ont aucune idée des sens qui peuvent intervenir dans cet instinct de retour. L'odorat et la vue jouent certainement un rôle important, mais ne pourrait-il pas exister un sixième sens qui nous serait totalement inconnu et entrerait en jeu dans ce cas-là ? Pourquoi certains chiens sont-ils capables de retrouver leur chemin en dépit de très grandes distances alors que d'autres se perdent à quelques dizaines de mètres de chez eux ? Voilà un domaine où il serait possible de mener certaines recherches sans pour autant traumatiser les chiens, par exemple en faisant de ce test un jeu.

Dans les années trente, en Allemagne, Bastian Schmid conduisit certaines expériences très poussées sur l'aptitude des chiens à retrouver leur chemin. Il en conclut que ni l'odorat ni la vue n'étaient concernés et qu'il se sentait obligé de parler d'un facteur inconnu qu'il faudrait peut-être bien nommer un véritable sens de l'orientation [14]. A la lecture de tous ces témoignages, il paraît donc évident que les chiens possèdent certaines aptitudes extraordinaires qui leur permettent de retrouver leur chemin. Ce qui les guide – comme la littérature populaire le reconnaît elle-même (par exemple *L'Incroyable Voyage*, le roman de Sheila Burnford) –, c'est l'amour. Le compte rendu des recherches allemandes que j'ai pu lire parle de *Heimweh*, c'est-à-dire le mal du pays [15].

Ce qui m'intrigue le plus dans cette extraordinaire capacité des chiens perdus à retrouver leur chemin, ce sont les sentiments qu'ils peuvent éprouver pendant qu'ils s'efforcent de rentrer chez eux. Ils semblent utiliser quelque chose de plus profond qu'un simple instinct. Comme l'a souligné Smythe, l'instinct de retour des chiens est très différent de l'instinct migrateur des oiseaux : « La plupart des oiseaux volent sud-est ou sud-ouest en septembre et reprennent la même route en avril ou mai. Quel que soit l'instinct qui les guide, il est inhérent à tous les oiseaux, inclus dans leur mentalité et extrêmement fiable. Dans le cas des chiens, ce n'est que la nostalgie qui les pousse à rentrer chez eux [16]. »

Ce que l'on appelle la « loyauté à la meute » est également un sens de l'endroit où l'on devrait se trouver, de l'amour pour ses amis et du désir de retourner vers des lieux où l'on a été heureux. La nostalgie et le mal du pays sont des émotions que les humains connaissent bien. Et il est probablement plus facile de les comprendre à travers des textes littéraires qu'en consultant les quelques études expérimentales ou scientifiques existantes.

Le fait que tant de chiens perdus ne retrouvent pas le chemin qui les ramènerait chez eux constitue un mystère presque aussi grand qui témoigne contre l'existence d'un instinct de retour [17]. A l'opposé du chien qui parcourt une très longue distance pour rentrer chez lui, nous pouvons citer le cas fascinant de ce colley qui retourna à l'état sauvage. Cette histoire m'a tout d'abord été racontée par le Dr Kathy Houpt qui me conseilla de prendre contact avec sa collègue, le Dr Julia Blue du département de pathologie du College of Veterinary Medecine de l'université Cornell. Celle-ci me raconta ce qui était arrivé à Dolly, son colley, âgée de quatre ans.

A l'origine, Dolly était destinée aux expositions canines et à la reproduction, mais à l'âge de neuf mois, on l'amena à Cornell car elle souffrait d'un problème cardiaque rare. Le Dr Blue l'emmena chez elle où elle devint un chien normal, aimant son foyer. En 1991, par une froide nuit de février, on la laissa sortir avec les deux autres chiens de la maison, dans un grand jardin de près d'un hectare. Peu après, lorsque le Dr Blue rappela ses chiens, Dolly avait disparu. La famille Blue vivait à la périphérie d'une petite ville proche d'Ithaca, entourée de bois, de forêts et de hautes collines. Tout le monde chercha Dolly, la nuit entière, mais elle demeura introuvable.

Lorsque le Dr Blue fit paraître un avis de disparition dans le journal local, quelqu'un l'appela pour lui dire que Dolly était dans son jardin, derrière la maison. Toute la famille se rendit aussitôt sur les lieux. Leur chienne était bien là mais, à leur grande stupéfaction, elle ne parut pas les reconnaître quand ils l'appelèrent, et se sauva dans les bois.

Durant les trois semaines qui suivirent, plusieurs personnes téléphonèrent pour dire qu'elles avaient vu Dolly mais qu'il était impossible de l'approcher. Elle descendait des collines la nuit et entre neuf heures du matin et trois heures de l'après-midi, quand les enfants étaient à l'école et que tout paraissait calme. Dès qu'elle apercevait un être humain, elle s'enfuyait à toute vitesse. *Elle était devenue totalement sauvage.* Un jour, un appel parvint d'une maison située assez haut dans les bois : Dolly était là. On installa un piège, sans danger pour elle, et le jour suivant on réussit à la capturer. Dès que le Dr Blue et sa famille arrivèrent, Dolly devint folle, mais de bonheur cette fois. Elle était ravie de les voir et pouvait difficilement contenir sa joie. A partir de ce moment, elle devint une chienne « pot de colle » et refusa de perdre quiconque de vue, même un moment.

Dolly n'était certainement pas un chien sauvage et pourtant il ne lui avait fallu que quelques minutes pour le devenir. Le Dr Blue pense qu'elle avait été surprise et effrayée par deux labradors noirs perdus qui erraient dans le voisinage. En se sauvant, elle s'était soudain retrouvée en territoire inconnu, et avait été incapable de revenir chez elle. Elle avait ainsi fui pendant des semaines, vivant au jour le jour. Dans un certain sens, elle s'était laissé prendre aux pièges de la vie sauvage. Une fois capturée et dans l'impossibilité de fuir, elle était redevenue elle-même après un simple regard à sa famille.

Cette intrigante histoire nous rappelle que les chiens sont des créatures mystérieuses que nous sommes encore loin de comprendre totalement. Rupert Sheldrake, ancien directeur de la cellule de recherche en biologie et biochimie de l'université de Cambridge et membre de la Royal Society, a présenté, en septembre 1996, devant la Society of Companion Animal Studies, à l'école vétérinaire de l'université de Cambridge, une communication dans laquelle il faisait référence à des tests où des chiens avaient été filmés chez eux, par une caméra vidéo, alors que leurs maîtres se préparaient à quitter leur travail. Jusqu'à quarante-six pour cent des chiens savaient une heure avant son arrivée que leur maître allait rentrer. Selon le Dr Sheldrake, le lien qui unit un chien à son maître est une sorte d'« élastique invisible capable de se tendre à volonté [18] ».

Pour les chiens, la loyauté consiste à vouloir être en compagnie de celui qu'ils aiment, *à être là où il est.* Le fait divers suivant s'est déroulé le 18 mars 1996 : « Samedi, à Marblehead, une chienne fidèle a veillé silencieusement une nuit entière près du trou par lequel son maître était passé à travers la glace fine avant de se noyer dans l'eau d'un étang. » Décrivant la réaction impuissante de cette chienne, Marion Keating, un policier de Marblehead, a confié à un journaliste du

Boston Herald : « Elle n'a pas émis un seul gémissement, elle est simplement restée assise là, sans bouger, et a regardé. » Jasmine, la golden-retriever âgée de trois ans, « observait très attentivement tout ce que nous faisions », a déclaré le lieutenant Robert Coyne[19].

Bien des personnes connaissent l'histoire du chien d'un professeur de l'université de Tokyo, un akita nommé Hachi-Ko (devenu récemment le personnage d'un film japonais très populaire, et dont nous avons parlé précédemment) et qui fait à présent figure de héros national. Tous les soirs, Hachi-Ko avait l'habitude d'aller chercher son maître à la gare. Un jour glacial de 1925, le chien attendit en vain. Il ne pouvait pas savoir que son maître venait de mourir sur le lieu de son travail et ne prendrait plus jamais le train. Les amis du professeur trouvèrent un nouveau foyer pour Hachi-Ko, mais pendant dix ans, le chien fidèle s'éclipsa chaque soir pour se rendre à la gare de Shibuya et attendre son maître qui ne revint jamais. A la gare, on érigea une statue en son honneur et, lorsqu'il mourut, à l'âge de douze ans, une journée de deuil national fut décrétée, et la race déclarée « monument vivant ». Depuis, on apprend son histoire aux écoliers pour les inciter à se montrer loyaux[20].

L'attitude protectrice des chiens est également une forme de loyauté, de fidélité et d'amour. Jean Kundert, de Castro Valley, en Californie, m'a écrit cette lettre : « Mon petit-fils est âgé de cinq mois. L'autre jour, je le tenais sur mes genoux et je jouais avec lui quand mon mari s'est avancé vers nous. Il a dit : "Salut, Daak !" d'une voix un peu trop forte. Notre chien, un bâtard de berger allemand et de chow-chow, est venu vers nous, a mis sa tête entre le bébé et mon mari, et a regardé ce dernier en poussant un léger grognement. Le petit Daak est le dernier-né de la meute[21]. »

En 1995, le lauréat du concours « Le héros de l'année », organisé par la firme Ken-L Ration, fut Bailey, un chien de trois ans, bâtard de chesapeake-bay retriever* et de labrador chocolat. Un taureau furieux avait coincé Chester Jenkins contre une barrière, et il lui piétinait le dos quand le chien lui sauta dessus. Il lui mordit les naseaux et les oreilles, permettant à l'homme, gravement blessé, de se glisser sous la clôture. S'appuyant sur Bailey, celui-ci réussit à regagner sa maison. Après des soins intensifs et une longue convalescence, il finit par se rétablir, mais il ne fait aucun doute que le courage de son chien lui avait sauvé la vie.

Parmi les autres lauréats de ce concours co-sponsorisé par l'American Veterinary Medical Association, on trouve Boo, un terre-neuve de Bakersfield, Californie, âgé de deux ans, qui, en août dernier, tira Link Hill des eaux furieuses du bras nord de la Yuba River, près d'Indian Valley. Hill est un sourd-muet. Il avait perdu l'équilibre en glissant sur les rochers mouillés et se débattait dans le courant quand le chien plongea, l'attrapa par le poignet et le ramena vers la rive [22]. De toute évidence, seule la vue avait permis à Boo d'évaluer le danger.

Il arrive souvent que des terre-neuve remorquent des embarcations en difficulté jusqu'au rivage. Ils sont capables de tirer des poids de près d'une tonne et demie. Ils paraissent toujours très fiers après un pareil exploit comme s'ils avaient parfaitement conscience de ce qu'ils viennent d'accomplir. Sont-ils fiers d'avoir sauvé une vie ou seulement de s'être bien comportés ? Personne ne peut le savoir avec certitude, mais dans la mesure où les chiens se montrent héroïques dans des situations très différentes et qui requièrent ce que nous appelons de la « perspicacité », nous pouvons être sûrs que leurs actes ne sont pas la conséquence d'un simple « dressage ». Nous possédons des informations sur des chiens ayant sauvé d'autres chiens, mais nous ignorons si les loups et les chiens sauvages se comportent de la même façon.

Cette faculté de se montrer loyal est tellement enracinée

* Terre-neuve croisé avec un irish water-spaniel. (*N.d.T.*)

dans le chien qu'on pourrait la croire générale. Pourtant, tout nous pousse à penser que la loyauté d'un chien ne s'adresse qu'à une seule personne : son ami humain. Et elle est si profonde qu'il est impossible qu'elle ne soit qu'un désir instinctif.

Il semble évident que le chien éprouve un amour intense et une irrésistible envie d'être loyal envers une personne particulière (vous), et non envers un quelconque « membre de la meute » ou un « être humain supérieur » ou un « maître ». Les chiens nous aiment, se montrent fidèles et loyaux à notre égard parce qu'ils sont capables de ressentir ces émotions. Les chats nous aiment bien. Ils peuvent prendre grand plaisir à notre compagnie, mais j'ai du mal à croire que mes chats risqueraient leur vie pour sauver la mienne, alors que je peux parfaitement imaginer que mes chiennes le feraient sans la moindre hésitation.

5.

Les chiens sentent ce que nous ne pouvons pas voir

Lorsque j'avais environ neuf ans et que ma famille vivait à Los Angeles, nous avions l'habitude de nous rendre le week-end à Palm Spring. J'ai gardé un souvenir viscéral des plaisirs que me procuraient ces deux à trois heures de route, tout particulièrement la dernière, quand nous abordions le désert. Taffy, ma chienne, un gentil cocker-spaniel que j'aimais beaucoup, nous accompagnait ; j'étais si heureux de la voir passer la tête par la portière, les oreilles flottant au vent, les yeux à moitié fermés pour se protéger de l'air. Mais je m'amusais surtout à l'observer lorsque nous approchions du désert : son nez commençait alors à bouger, et il était visible qu'elle sentait des choses dont nous n'avions absolument pas conscience. A l'extérieur de la voiture existait certainement tout un monde d'odeurs dont l'accès nous était refusé, alors que Taffy et ses amis chiens en possédaient la clé. Il leur suffisait de pointer le nez dans la bonne direction pour que leur soit offert un bouquet de senteurs puissant et inépuisable.

Le romancier canadien Mazo de la Roche trace le portrait d'un chien ressemblant à Taffy, un fidèle scottish-terrier, une femelle totalement aveugle qui

> avait toujours aimé les promenades en voiture, mais dont le plaisir avait augmenté avec la cécité. Elle avait été un très bon chas-

> seur et, selon moi, elle retrouvait un peu de l'ivresse de la chasse dans le mouvement rapide des voitures qui roulaient... Elle ne s'asseyait jamais, mais se tenait debout, arc-boutée, le corps tendu faisant face au vent. De temps à autre, elle tournait la tête vers moi, l'air désolé, comme pour me dire : « Je n'ai pas oublié que tu étais là, mais il existe certains plaisirs que je ne peux pas partager avec toi. » Son nez était constamment agité par un léger tremblement[1].

J'emmène tous les jours mes chiennes se promener au même endroit, et chaque fois je suis étonné de les voir réagir comme si elles découvraient un territoire nouveau et magique. Le nez collé au sol, elles pénètrent dans un monde bien à elles, pleinement heureuses, « flairant la vie » selon les mots d'un amoureux des chiens. Pour elles, tout est nouveau car les odeurs sont nouvelles, ou plus exactement si nuancées qu'elles leur semblent telles. L'odorat si fin d'un chien ne se lasse pas, et lorsque celui-ci court à travers la campagne, il ne paraît jamais s'ennuyer – d'ailleurs il ne s'ennuie jamais. Le chien est bien plus apte que nous à redécouvrir le monde à chaque instant.

Le nez du chien est un organe extrêmement sensible. Alors que les cellules ethmoïdales (olfactives) sont au nombre de cinq millions chez l'homme, elles atteignent le chiffre de deux cents millions chez le berger allemand. Les expériences olfactives d'un chien sont donc bien plus riches que nous ne pouvons l'imaginer, plus proches par leur nature d'une émotion que d'une simple expérience sensorielle. Une odeur peut nous amener à nous remémorer une émotion, mais pour un chien, le plaisir de sentir est en lui-même si intense que, selon moi, sa mémoire ne joue aucun rôle dans l'émotion immédiate qu'il ressent. Pour les chiens, sentir c'est éprouver une émotion.

Les chiens ne connaissent pas seulement des émotions élémentaires (par exemple la tristesse), mais ils vivent dans un univers d'émotions. On pourrait même dire que le chien *est* émotion. Si les hommes sont définis par ce qu'ils pensent, les chiens peuvent l'être par ce qu'ils ressentent. Sa petite tête penchée par la portière, humant l'air du désert, Taffy était pure émotion. Lorsque Sasha, Sima et Rani courent joyeusement, le nez au sol, elles sont l'essence même d'une pure émotion. Si cette dernière comporte un élément cognitif, il nous échappe pour le moment. Il n'est pas tout à fait certain que les humains puissent à la fois penser et ressentir. Les personnes très en colère réfléchissent rarement raisonnablement. Des artistes ont expliqué que certaines de leurs « pensées » les plus créatrices naissaient alors qu'ils étaient perdus dans un univers émotionnel et que leur esprit ne travaillait plus de façon rationnelle. Quand nous éprouvons de l'amour pour un être cher, nous calculons rarement dans le même temps les bénéfices de cet amour. Et si nous nous livrons à de telles spéculations, ce n'est certainement pas l'amour qui nous motive. Pour les chiens, sentir est une expérience tellement intense que cela peut très bien exclure toute autre forme de pensée dont ils sont capables de faire preuve par ailleurs.

Jusqu'à quel point l'odorat des chiens est-il exceptionnellement développé ? A cette question, fréquemment posée, il n'existe pas de réponse. Cela dépend de ce que le chien sent, car il est bien plus intéressé par certaines odeurs que par d'autres. Un amateur de vin ou un « nez », dont le travail consiste à créer des parfums, sentent probablement des odeurs pour lesquelles le chien n'a ni motivation ni aptitude (ou plus exactement ni intérêt). Quand des chiens entrent dans une roseraie, ils ne tombent pas en extase[2]. Mais lorsqu'ils ont besoin ou envie de sentir quelque chose, ils le font bien mieux que nous.

A quel point l'odorat des chiens est-il supérieur à celui des humains ? Les estimations varient. Dans l'ouvrage de Fernand Méry *Le Chien, son mystère,* on peut lire :

Une des odeurs déclenchées par la transpiration – humaine ou animale – est l'acide butyrique dont un gramme contient sept milliards de fois un million de molécules : un chiffre inimaginable !... Imaginons qu'on laisse cet acide se répandre à la même minute dans toutes les salles d'un gratte-ciel de dix étages. Un homme n'en sentirait l'odeur qu'en humant l'air à sa fenêtre, et juste à cet instant précis. Mais si ce même gramme d'odeur se diluait dans l'air au-dessus d'une ville comme Hambourg, le chien pourrait, lui, la percevoir jusqu'à cent mètres d'altitude [3] !

Walter Neuhaus, scientifique allemand spécialiste des chiens, a mené les expériences que l'on considère comme les plus poussées sur l'aptitude sensorielle du nez du chien, et les résultats ont été publiés dans les années cinquante sous forme d'une série d'articles. Avec une ingéniosité et une précision peut-être un peu excessive, il a construit un olfactomètre. La conclusion de son article le plus important est la suivante : « La sensibilité olfactive du chien est d'un à cent millions de fois supérieure à celle d'un être humain [4]. » Là se trouve probablement l'origine de la réflexion que l'on entend souvent selon laquelle un chien pourrait sentir cent millions de fois mieux qu'un homme. Dans son ouvrage *Le Chien révélé*, l'éthologiste Desmond Morris a nuancé cette affirmation en la restreignant à certaines substances chimiques que les chiens percevraient « un million de fois mieux » que les humains.

Aucune machine construite par l'homme n'a encore réussi à égaler l'acuité de l'odorat canin, et c'est pourquoi on préfère utiliser des chiens dans les aéroports pour rechercher la drogue cachée dans les bagages des passagers. On a prétendu que les chiens pouvaient détecter certaines odeurs dont le degré de concentration ne dépassait pas un pour un milliard. Selon Roger Caras, un limier aurait suivi la piste d'une odeur sur une distance de cent quatre-vingts kilomètres [5]. On a même émis l'hypothèse selon laquelle le chien aurait une mémoire des odeurs qui fonctionnerait comme notre mémoire visuelle.

Notre mémoire olfactive est pauvre. Si nous nous concentrons et essayons de nous souvenir d'autant d'odeurs que nous le pouvons, nous ne parviendrons qu'à un nombre limité, alors qu'un chien est probablement capable de se rappeler de milliers d'entre elles. C'est sans doute cette faculté de se souvenir d'odeurs particulières qui aide un chien perdu à retrouver le chemin de sa maison.

Même lorsqu'un chien dort, son odorat reste en éveil. Sapir Weiss, un dresseur israélien, m'a dit que si l'on jouait de la musique très fort, un chien pouvait tout de même dormir, mais que si l'on mettait un hamburger sous son nez, il se réveillerait aussitôt. (Comme je me montrais sceptique, Sapir Weiss m'a conseillé de tenter une expérience très simple sur mes chiennes en leur mettant quelque chose sous le nez pour voir si elles se réveilleraient. Il avait raison.) Cela est également vrai pour les loups. Sapir Weiss explique ainsi les rites plutôt mystérieux qu'un chien observe quand, avant de se coucher, il tourne en rond, décrivant des cercles de plus en plus étroits. Le chien, comme le loup avant lui, cherche à rester sous le vent. Un loup endormi peut flairer la présence d'un intrus à plus de deux kilomètres de distance et il prendra alors les dispositions qui s'imposent – l'affrontement ou la fuite par exemple. Eberhard Trumler, de son côté, pense que lorsqu'ils tournent ainsi en rond, les chiens tentent simplement de trouver une position confortable pour leur colonne vertébrale, et il fait remarquer que les expériences menées sur des chacals, des loups ou des renards prouvent qu'il en est bien ainsi [6].

George Romanes, l'illustre ami de Darwin, note que « pour ces animaux, le monde extérieur doit paraître bien différent de ce qu'il est pour nous, la façon dont ils le perçoivent étant largement basée sur ce qui est presque un nouveau sens, et non simplement le même sens que le nôtre, considérablement amplifié[7] ».

Les humains ont tendance à écarter ce qu'ils ont du mal à imaginer. Mais comme Elizabeth Marshall Thomas nous le fait remarquer dans son nouveau livre *Certain Poor Shepherds*, « des sons trop aigus ou trop graves pour notre oreille demeurent malgré tout des sons ; des odeurs trop légères ou trop pures pour nos narines restent néanmoins des odeurs[8] ». Nous pouvons difficilement imaginer la vie dans un monde où nous sentirions cent millions ou seulement un million de fois mieux que nous le faisons à présent. A quoi ce monde ressemblerait-il ? Serions-nous plus heureux ou plus agressés ? Bien des gens ont déjà la sensation d'être assaillis par les odeurs ; leur odorat les gêne, leur donne l'impression d'être trop semblables à des animaux. Nous avons honte de nos propres odeurs corporelles, et celles des autres nous répugnent, alors que les chiens se délectent visiblement des leurs, et plus encore de celles de leurs congénères. Pour eux, plus l'odeur est forte, meilleure elle est. Ils flairent toujours les zones urogénitales et anales des autres chiens avec plaisir, parfois même avec une délectation proche du ravissement humain. Ils en tirent non seulement des informations importantes – le genre, l'état sexuel (rut, chaleurs), les dernières activités – mais paraissent également apprécier ces odeurs[9]. Tout le monde a vu, parfois avec horreur, un chien se rouler avec désinvolture dans quelque chose de particulièrement nauséabond, souvent une carcasse pourrissante. Au cours de nos promenades, Rani ne manque jamais de le faire quand elle tombe sur des fientes d'oiseaux. Et tandis qu'elle se vautre dedans, sa gueule se fend en ce qui équivaut pour un chien à un immense sourire. Peut-être agit-elle de la sorte pour se camoufler (ainsi les oiseaux ne la remarqueront pas lorsqu'elle s'approchera d'eux), mais ce n'est qu'une régression atavique : pour elle, quelle que soit la source de l'odeur, c'est un pur plaisir.

La référence la plus longue que Sigmund Freud fasse aux chiens, se trouve dans le célèbre passage de son livre *Malaise dans la civilisation*, écrit en 1929 :

> Le facteur social, lequel se charge d'infliger à l'érotique anale de nouvelles transformations, se traduit dans ce fait qu'en dépit de tous les progrès accomplis par l'homme au cours de son développement, l'odeur de ses propres excréments ne le choque guère, alors que seule le choque celle des excréments d'autrui. L'individu malpropre, c'est-à-dire celui qui ne se cache pas de ses excréments, offense donc autrui, lui refuse tout égard ; cette même signification s'applique d'ailleurs aux injures les plus courantes et les plus grossières. De même cet usage injurieux du nom du plus fidèle ami de l'homme parmi les animaux serait incompréhensible si deux particularités ne faisaient encourir au chien le mépris de l'humanité : qu'il soit tout d'abord un « animal olfactif » ne craignant pas les excréments ; qu'il n'ait point honte ensuite de ses fonctions sexuelles[10].

Manifestement, Freud pense que les chiens flairent des excréments parce que cette odeur leur plaît. En fait, puisqu'en le faisant ils recueillent des informations, il serait plus exact de dire qu'ils s'adonnent à une recherche. Dans son charmant livre *Ma chienne Tulip*, J.R. Ackerly décrit comment sa chienne déchiffre les traces laissées par ses congénères « et le soin avec lequel elle les étudie, si méticuleusement qu'elle donne en fait l'impression d'identifier ses connaissances et ses amis ».

Mes trois chiennes ont subi une ovariectomie, et il ne semble pas qu'elles soient préoccupées par des problèmes sexuels. J'aimerais pouvoir dire que ce qu'elles n'ont jamais connu ne leur manque pas, mais bien évidemment, je n'en suis pas absolument sûr. Aujourd'hui, la plupart des chiens sont stérilisés*. Il est intéressant de constater que nous ne pensons

* Aux États-Unis. (*N.d.T.*)

pas que cela affecte profondément leur personnalité alors que nous croyons qu'un homme ou une femme ne serait plus une personne à part entière sans vie sexuelle. Il est possible que j'aie sous-estimé l'importance de la sexualité dans la personnalité du chien, mais il se peut également que nous ayons surévalué son importance dans notre vie émotionnelle. Personnellement, je crois que c'est l'intensité d'une expérience émotionnelle qui donne à l'existence toute sa valeur et qu'elle est un ingrédient essentiel d'une vie épanouie. Leur nez permet en grande partie aux chiens de connaître une vie émotionnelle intense. Ce qui ne les empêche pas de nouer des liens avec leurs congénères (et avec les humains) même lorsque leur odorat n'entre pas en jeu. Je ne pense pas que nous puissions sentir tout ce qui intéresse les chiens, mais ils paraissent néanmoins nous aimer. Et nous les aimons, parfois profondément, bien que nous n'ayons pas de relations sexuelles avec eux. Pouvoir ressentir comme une profonde expérience émotionnelle la puissance du monde qui nous entoure alors qu'elle pénètre nos esprits, nos corps et nos sens, voilà ce qui importe pour eux comme pour nous.

6.

Soumission, dominance et gratitude

Les chercheurs qui étudient les loups emploient parfois les termes de « loup alpha » (dominant) et « loup oméga » (subordonné) bien que le sens de ces mots ne soit pas tout à fait clair. En parlant de leurs chiens, certaines personnes utilisent ces mêmes termes. Signifient-ils vraiment ce qu'ils semblent vouloir dire et ont-ils seulement quelque chose à voir avec les chiens ?

Supérieur, inférieur, soumission, dominance, hiérarchie : ces mots sont lourds de sens et ont des connotations politiques. Il est peut-être hasardeux de les appliquer au comportement des chiens car ceux-ci ne sont pas des militaires dont on peut déterminer le grade d'après les uniformes.

Il nous est sans doute facile de comprendre le concept de rang, mais penser que les chiens puissent accorder la même attention que nous à des signes extérieurs (la taille par exemple) relève davantage d'une projection que du résultat d'une observation. Les chiens reconnaissent l'autorité mais pour d'autres raisons que les nôtres, et à des degrés différents. Lorsque nous abordons les concepts qui définissent un comportement, nous supposons qu'il existe entre nos deux espèces une identité, ou au moins une similarité, parce que les chiens sont, tout comme nous, des êtres extrêmement sociaux et sociables, et que nous croyons parfois comprendre la façon dont ils agissent. La dominance et la hiérarchie sont deux de ces concepts.

Quand une personne me dit de sa chienne : « C'est une femelle dominante », elle emploie un mot qui peut être éloquent pour des humains, mais beaucoup moins pour des chiens. En quoi la dominance consiste-t-elle chez un chien ? La taille et la force entrent certainement en jeu, probablement pour intimider les autres ; l'empressement à se battre est peut-être moins important car il augmente les risques de blessures ; l'âge, associé à la ruse et à l'intelligence, y contribue parce qu'il confère une certaine maturité ; et la sagesse elle-même a peut-être un rôle à jouer (comme c'est le cas pour les vieux éléphants qui connaissent les points d'eau en période de sécheresse). Pourtant un chiot sommeille souvent dans un vieux chien.

En tant que membre le plus jeune de notre petite meute, Sima fait preuve d'un comportement que nous prenons pour de la soumission ou que nous cataloguons comme telle. En fait, elle adore indéniablement se montrer soumise. Quand elle rencontre certains chiens, elle entame une petite danse en leur léchant le museau, poussant des cris perçants, regardant au loin et se roulant enfin sur le dos avec servilité – tous les signes classiques de ce que l'on a appelé la « soumission active ». Elle termine son approche par une soumission passive adoptant une posture définie comme « pleine de confiance, de dévotion et d'impuissance manifeste[1] ».

La plupart des humains trouvent ce comportement « mignon », et je l'ai déjà décrit comme néoténique. La soumission est une manière de signaler son côté enfantin et son absence d'agressivité. Rudolph Schenkel, un chercheur allemand, éminent spécialiste des loups, parle d'une « offre débordante d'affection amicale ». En quémandant ainsi, l'animal soumis espère être accepté ou du moins toléré. Ces témoignages de soumission sont des offrandes de paix, un peu comme notre poignée de mains. Schenkel appelle cela le

« comportement symbolisé et ritualisé du jeune animal ». Peut-être le louveteau ou le chiot veut-il rappeler à l'adulte le temps où il était lui-même petit ; à moins qu'il ne fasse appel à ses instincts maternels ou paternels. Un adulte dominant repousse rarement de telles offres de soumission.

Il nous arrive parfois de ne pas reconnaître ces signes car nous cherchons à observer quelque chose qui serait plus proche de nos propres concepts que de ceux d'un chien. Rani, par exemple, n'est qu'amitié. Les relations amicales sont très importantes dans sa vie et, curieusement, elle est la seule des trois à adopter un comportement que de nombreuses personnes ont pu constater chez leurs chiens et qui a pour but de réduire les risques de se faire attaquer : chaque fois qu'elle trouve des substances nauséabondes, elle se roule dedans avec une jubilation évidente, puis se précipite fièrement vers Sasha et Sima ; et les deux chiennes lui font alors plaisir en inspirant une longue bouffée.

Les spécialistes m'ont donné plus d'une explication de cet étrange comportement. Michael Fox, l'un des experts reconnus dans le domaine des chiens et des canidés qui leur sont apparentés [2], postule que les chiens qui reviennent imprégnés d'une étrange odeur auront droit à un examen plus social de la part de certains membres de la meute qui, sans cela, affirmeraient leur dominance de façon agressive. En d'autres termes, Rani cherche simplement à se rendre intéressante aux yeux de ses amies. Tout en étant d'accord sur cette idée que le chien se comporte ainsi pour attirer l'attention des autres membres de la meute, Desmond Morris croit qu'il pourrait également s'agir d'une invite à la chasse [3]. Cependant, au cours d'expériences faites en laboratoire, des chiens se sont roulés dans des substances introuvables en pleine nature – écorce de citron, parfums, tabac, ordures pourrissantes par exemple –, ce qui affaiblit la théorie de l'invite à la chasse et toute idée de camouflage [4].

Au cours de n'importe quelle promenade avec des chiens,

on peut observer ce que les scientifiques appellent la présentation, par un animal soumis, de la région inguinale, présentation destinée à faciliter l'investigation génitale – la ronde des chiens se tournant autour et qui dure jusqu'à ce que le subordonné autorise l'autre à examiner ses régions anales et génitales. Alors qu'il s'approche d'un chien plus gros que lui en baissant son arrière-train et en arquant le dos (pour paraître aussi petit et inoffensif que possible), le subordonné tire la langue pour signifier son intention de lécher. Le fait de fixer l'autre étant un prélude au combat, les chiens regarderont au loin pour indiquer qu'ils ne désirent pas se battre et sont venus avec des intentions pacifiques.

Par moments, Sima veut absolument lécher la commissure des lèvres de Sasha et, si cette dernière le lui permet, elle fourre sa petite tête pointue sous son large cou en poussant des cris perçants et en sautillant de joie. Sasha se montre très tolérante à son égard, mais pas au point de se soumettre au rituel que l'on attend d'elle : régurgiter de la nourriture. Les louveteaux agissent ainsi avec leur mère quand celle-ci revient de la chasse. En entrant dans la tanière, rassasiée, elle régurgite de la viande pour ses petits. Les chiens ne se comportent pas de la même façon avec leurs chiots, et lorsque Sima agit de la sorte pour accueillir et témoigner son affection à Sasha, elle fait preuve de ce que l'on appelle un « comportement social ritualisé et phylogénétiquement émancipé » comme lorsque nous nous serrons la main – une main ouverte ne dissimulant aucune arme. A ma connaissance, les lycaons sont la seule espèce qui sollicite encore, et régurgite, de la nourriture à l'âge adulte. Plutôt que l'établissement d'une hiérarchie, cela représente pour eux le maintien d'une cohésion sociale basée sur une aide mutuelle et un réconfort.

Les chiens savent indiquer de bien des façons leur intention de se montrer amicaux : ils évitent tout contact visuel, regardent au loin et se lèchent les babines, signifiant ainsi l'absence de menace et le désir de lécher l'autre chien. Presque toutes les parties de leur corps transmettent un message, mais surtout la queue et les oreilles. Nous savons tous que la queue d'un chien est subtilement et merveilleusement éloquente, mais lorsque j'ai adopté mes chiennes, je n'étais pas préparé à la complexité d'expression de leurs oreilles. Dans ce domaine, Sasha se révèle particulièrement étonnante ; elle peut exprimer avec elles autant de choses que nous avec notre bouche. Elle a une façon toute personnelle de s'approcher d'un enfant et de le surprendre en lui donnant un petit coup de langue sur les lèvres. Ses oreilles sont alors couchées vers l'arrière, et elle semble vouloir ainsi indiquer à tous qu'elle est la personnification même de la gentillesse. A cet instant précis, son regard brille indubitablement d'une immense amitié. Je ne sais toujours pas comment ses yeux et ses oreilles parviennent à exprimer des sentiments aussi profonds, mais c'est le cas et tout le monde le reconnaît aussitôt.

Plus que tout attribut physique ou même mental, le plus important est ce que l'homme fait pour les encourager ou les décourager. Les chiens sont « contaminés » par les humains. Je veux dire par là qu'à leur contact, ils prennent une certaine coloration émotionnelle. Il est donc impossible de savoir comment ils se comporteraient s'ils ne vivaient pas dans des communautés humaines. On sait que les loups et les chiens sauvages sont extrêmement difficiles à étudier de près (au contraire des gorilles, des chimpanzés et même des éléphants, ils ne tolèrent pas d'être observés par des humains), et il n'existe en fait aucun compte rendu détaillé de leur comportement – sans parler de leurs éventuelles émotions – dans la nature sauvage, un point souvent souligné par des spécialistes comme L. David Mech.

Pour tenter de comprendre les relations humaines, on invoque souvent la dominance et la subordination, mais en ce qui concerne les chiens sauvages et les loups, la seule idée d'un « fait » devient discutable parce que difficile à observer.

En donner une image fidèle demanderait des années, voire des siècles. En ce qui concerne les hommes, de nouvelles biographies de personnages historiques sont écrites chaque décennie, donnant souvent une évaluation très différente de la « grandeur », ou de la petitesse, de gens éminents. La relation d'un chien avec un autre est susceptible de changer avec le temps. De plus, ce que nous décrivons comme une relation dominante peut très bien avoir des inconvénients que nous ne prenons pas en considération. Nous pouvons par exemple remarquer que dans la même maison un gros chien mange avant le plus petit, en conclure qu'il est l'animal dominant et en tire avantage, mais une dynamique beaucoup plus complexe peut nous échapper. Le gros chien souffre peut-être de la tension provoquée justement par sa position dominante. Il risque d'être épuisé de devoir se montrer constamment vigilant pour conserver son statut, et cela peut à la longue nuire à sa santé, sans parler de son bonheur immédiat [5].

Je n'insinue pas que nous appliquons au chien des présupposés qui ne seraient valables que pour l'homme. Ces mêmes présupposés nous empêchent également de bien comprendre les humains. Notre besoin de simplifier, de classer par catégories et par rangs, d'objectiver, de prétendre avoir saisi quelque chose, est aussi pernicieux pour nos relations humaines que néfaste pour notre aptitude à comprendre une autre espèce.

Dans un article écrit en 1975 et qui fait autorité, R. Lockwood nous rappelle que « bien que nous puissions arriver à une certaine généralisation en ce qui concerne le comportement social des loups, nous devons nous souvenir que chaque loup, comme chaque être humain, est un individu intelligent, changeant et, sous bien des rapports, unique [6] ».

Que signifie pour un homme être supérieur ou dominant ? En 1817, Shelley écrivait éloquemment à propos de la folie dominatrice des hommes :

Mon nom est Ozymandias, roi des rois.
Regarde mon œuvre, Dieu tout-puissant, et désole-toi.
Il ne reste plus rien
Autour de la pourriture de cette colossale épave ;
Infini et nu
Le désert solitaire et plat s'étend au loin.

A la faveur d'un examen plus poussé, ou avec le recul que donne l'éloignement dans le temps, certaines réussites, particulièrement celles qui impliquent l'assujettissement d'un lieu ou d'une personne, apparaissent sous un éclairage très différent. Ce n'est qu'au vu de l'existence entière d'un chien qu'il est possible de constater ce qui a découlé de la position qu'il semble avoir occupé, que cela lui ait été favorable ou non. Il peut avoir payé très cher (par une mort prématurée par exemple) cette dominance qui ne lui aura apporté que peu de chose.

Souvent, les dresseurs nous mettent en garde : « Ne vous laissez pas dominer par votre chien. » Nous connaissons tous certains cas où cela est arrivé. Nous avons entendu des histoires de chiens qui préféraient leurs congénères aux humains ou le contraire. En France, on dit souvent : « Il ne lui manque que la parole*. » Lorsqu'une personne est fière de dire de son chien : « Il se prend pour un humain ! » j'ai tendance à ne pas écarter cette possibilité. Un chien ne commet pas d'« erreur d'espèce » comme les philosophes commettent des erreurs de catégorie, mais il peut se croire plus semblable à son ami humain qu'à un autre chien.

Sasha qui sait qu'elle peut, ou pourrait, dominer un enfant d'un an, adore tous ceux qui ont cet âge : elle se précipite sur eux pour les embrasser, non pas avec obséquiosité mais avec joie. Son comportement fait preuve du plus grand mépris pour la hiérarchie.

---

* En français dans le texte. (*N.d.T.*)

Quand les chiens paraissent rechercher un supérieur, canin ou humain, quelqu'un envers qui se montrer subordonnés, ils essaient peut-être simplement de mettre un peu d'excitation dans leur vie. Nous prenons probablement pour de la soumission quelque chose de très agréable pour eux. Dans *Tous les chiens de ma vie*, l'écrivain anglais Elizabeth von Arnim raconte comment elle rencontra son second mari, Francis Russell, comte de Bedford et frère de Bertrand Russell qu'elle appelle Doom. Son chien, un grand bouvier suisse, souhaitait voir un homme dans la maison avec lequel il pourrait jouer et faire de longues promenades. Il décida donc qu'il était temps pour elle de se marier. La première fois où le comte leur rendit visite, le chien se précipita « pour accueillir le nouveau venu avec tous les honneurs dus à son rang. Les débordements de Coco ne connaissaient pas de limite. Il gambadait, agitait la queue, léchait les mains de l'arrivant et jappait gaiement en semblant vouloir dire : “Entrez... Oh je vous en prie, entrez ! Voici notre maison, prenez-la, elle est à vous, avec tout ce qu'elle contient !”[7] »

La dominance chez les chiens ne ressemble en rien à la hiérarchie existant dans les conseils d'administration de nos entreprises ou même à l'université. Il s'agit plutôt d'une façon d'établir des relations sociales, de créer une ambiance amicale, de paix et de plaisir[8]. Elle fait partie d'un jeu et de la recherche d'un monde d'émotions positives, d'amitié et surtout d'amour, la véritable raison d'être* d'un chien.

La gratitude pourrait très bien être l'antidote le plus efficace contre les excès de hiérarchie. Montrer de la gratitude est une façon de favoriser l'égalité et de minimiser la dominance. Quand nous faisons preuve de gratitude envers quelqu'un, nous reconnaissons une humanité partagée avec

* En français dans le texte. (*N.d.T.*)

cette personne, nous admettons des limites et des liens sociaux renforcés.

A l'époque où j'étudiais le sanskrit, je fus frappé par le nombre de textes anciens – en particulier le *Mahabharata*, le grand récit épique indien – qui donnaient la gratitude comme le plus précieux et le plus estimable de tous les sentiments humains. Tout le monde pouvait éprouver de la gratitude, mais en exprimer était le fait d'un grand homme, une sorte de hiérarchie inversée. Je trouvais alors cela stupide ; à présent que j'ai vieilli, je comprends mieux. Quand nous nous montrons très gentils envers une personne et qu'elle ne le remarque pas, nous sommes blessés. Nous aimons bien être reconnus, recevoir des témoignages de gratitude. Nous attendons cela des autres, et tout spécialement de nos amis.

Les chiens éprouvent-ils de la gratitude ? Et si oui, espérons-nous qu'ils nous la manifestent ? Je pense qu'il ne faut pas oublier qu'un chien ressent rarement quelque chose sans l'exprimer. Nous pouvons passer à côté d'un signe ou ne pas savoir lire une expression, mais il est presque contradictoire de dire qu'un chien éprouve un sentiment mais ne le montre pas. Ce qu'un chien ressent, il le manifeste et, inversement, ce qu'il manifeste, il le ressent vraiment.

Toutes les personnes qui sont venues chez moi m'ont dit combien mes chiennes avaient de la chance. Je les emmène faire une longue promenade cinq fois par jour, je les nourris bien, je leur parle, je joue avec elles, et je reste souvent simplement assis en leur compagnie. L'autre jour, Leila m'a demandé : « Penses-tu qu'elles te soient reconnaissantes ? » Je me suis posé la question, m'interrogeant sur le mécanisme de ce sentiment. Je suis sûr que mes chiennes sont heureuses lorsque je les promène, mais sont-elles capables de comparer leur sort avec celui des autres chiens, de réaliser à quel point elles ont de la chance et, par conséquent, d'éprouver de la gratitude à mon égard ? Cela me semble très improbable car je suis convaincu que les chiens ne ressentent pas de gratitude dans l'abstrait, mais peuvent tout à fait en éprouver, et l'exprimer, pour quelque chose de concret.

Lorsque nous avons rendu visite à mes parents qui habitent le sud de la Californie, juste au nord de San Diego, dans les Laguna Hills, les chiennes nous ont accompagnés. C'est un long voyage de huit heures, mais elles aiment bien être installées sur leur futon, à l'arrière de ma Toyota Camry, entourées de jouets et de petits cadeaux, du moment que nous nous arrêtons toutes les heures ou deux pour une courte promenade. Sur le chemin du retour, nous nous sommes donc promenés dans le désert, et Sima s'est enfoncé une épine dans la patte. Elle s'est assise et a essayé de l'enlever avec ses dents. N'y parvenant pas, elle est venue vers moi en boitillant, m'a tendu sa patte et m'a regardé d'un air suppliant, en gémissant. Quand j'ai ôté l'épine, elle a paru soulagée et m'a léché la main. J'ai aussitôt pensé qu'elle m'était reconnaissante. Un moment plus tard, Sasha s'est à son tour enfoncé une épine dans la patte. Elle boitait, mais elle n'a pas sollicité mon aide. Je lui ai enlevé son épine, et j'ai attendu sa réaction. Elle n'a montré ni soulagement ni gratitude. Elle ne m'a même pas regardé.

Sa réaction étant tellement différente de celle de Sima, je me suis demandé : Croit-elle que tout ce qui lui arrive lui est dû ? Est-elle courageuse, joue-t-elle la comédie ou est-elle totalement indifférente ? Peut-être lui suffisait-il que quelque chose l'ait blessée, puis que la douleur ait disparu, sans qu'elle cherche à en connaître la cause ? Quelques semaines plus tard, j'ai découvert que j'avais tort, et que Sasha pouvait éprouver de la gratitude.

Assis dans le jardin, je lisais. Comme toujours, Sima et Rani se disputaient un bâton. Soudain j'ai entendu Sasha émettre un son étrange, ressemblant à celui de quelqu'un qui s'étrangle. Les deux autres chiennes ont couru vers elle. Quand je suis arrivé, Sasha avait un regard terrorisé mais ne faisait plus aucun bruit ; sa tête était dans une curieuse position, et elle paraissait suffoquer. Je ne sais trop comment, son collier s'était pris dans les rainures d'une grande table en chêne, et elle se trouvait prisonnière, incapable de bouger d'un centimètre. J'ai très vite défait son collier, et je l'ai libérée. Elle m'a lancé un regard, le premier de cette sorte qu'elle ait jamais eu, empli d'une profonde gratitude. Sima et Rani ont commencé à la lécher. Elles avaient senti le danger et semblaient penser : « Oh ! C'est sérieux ! » Peut-être Sasha était-elle capable d'éprouver (et d'exprimer) de la gratitude sous l'impulsion d'un sentiment plus fort encore : la terreur. J'avais eu très peur moi aussi.

Qu'en est-il si la douleur n'est pas réelle ? Récemment, Rani est venue vers moi en boitant très fort, et elle m'a tendu sa patte pour que je l'examine. Je l'ai fait, puis je l'ai frictionnée et réchauffée. J'ai ensuite caressé Rani, je l'ai encouragée, lui disant que maintenant tout allait bien, et je l'ai renvoyée courir. Et en effet elle ne boitait plus. Avait-elle seulement prétendu être blessée en venant vers moi ou feignait-elle d'aller mieux en repartant ? Était-ce un fantasme de maladie ou une illusion de bonne santé ? Ma chienne Misha, un caniche, avait l'habitude de faire la même chose, s'approchant de moi en boitillant chaque fois qu'elle avait peur que je la gronde pour une bêtise qu'elle avait faite. Les parents remarquent que leurs enfants se comportent parfois de la même façon : il s'agit là d'un désir d'attirer l'attention. Dans *L'Intelligence des animaux*, George Romanes, l'ami de Darwin, souligne cette aptitude des chiens et la catalogue comme une supercherie : « Ayant remarqué qu'à la suite d'une blessure qu'il s'était faite à la patte, on lui avait témoigné une sympathie toute particulière tant qu'il était demeuré boiteux, il n'imagina rien de mieux pendant plusieurs mois que de se mettre à boiter péniblement chaque fois qu'on le grondait[9]. »

Nous n'éprouvons pas de gratitude envers des personnes dont nous attendons quelque chose. Nous ne sommes pas, par exemple, reconnaissants à un professeur de ce qu'il nous apprend, ni à un garagiste de réparer notre voiture, ni à un dentiste de soigner nos dents. Mais si je tombe en panne sur l'autoroute, que la voiture qui me suit s'arrête et que la conductrice m'aide à résoudre mon problème, je lui suis reconnaissant. Lorsque sa patte la faisait souffrir, Sasha ne m'a pas regardé avec reproche comme pour me dire : « Cela ne devrait pas m'arriver quand tu es avec moi, arrange vite ça mon vieux ! » Elle semblait plutôt penser : « Bon, je me suis fourré dans ce pétrin toute seule, à moi de m'en sortir ! »

Sasha est intervenue plusieurs fois quand un gros chien intimidait la petite Sima. Tout de suite après, celle-ci courait vers elle et lui léchait la commissure des lèvres. Cela ressemblait à de la gratitude, équivalait à un « merci ».

Nous sommes reconnaissants aux chiens d'exister, et j'aime à penser qu'ils ressentent la même chose à notre égard. Nous avons bien des raisons de nous montrer mutuellement notre gratitude car c'est l'un des grands miracles de la nature que nous éprouvions de l'amour et de l'amitié les uns pour les autres, comme cela ne s'était jamais produit entre deux espèces.

7.

La solitude et l’abandon : les grandes peurs du chien

Alors que j'étais enfant et que je visitais un zoo, je me souviens d'avoir pensé que les animaux, dont plusieurs étaient isolés dans des cages, semblaient souffrir de la solitude. Je suis sûr à présent que j'avais raison. Les gardiens de zoo admettent que leurs pensionnaires n'aiment pas être tenus à l'écart, isolés de leurs compagnons ou des animaux avec lesquels ils vivent dans leur milieu naturel. Même lorsque des loups, qui vont habituellement en bande, sont regroupés dans un enclos, ils n'ont pas l'air heureux. Sortis de leur environnement naturel, ils paraissent s'ennuyer car il ne leur est pas permis de se comporter comme ils le feraient dans la nature.

De quoi les animaux ont-ils besoin pour ne pas s'ennuyer ? Les loups aiment se déplacer ; il n'est pas extraordinaire de voir des bandes parcourir des milliers de kilomètres et plus. Ils ont peut-être également envie d'écouter les oiseaux chanter et de voir des fleurs, des arbres, le ciel, des rivières, des montagnes et des vallées. Peut-être la compagnie des autres habitants de la forêt leur manque-t-elle ? Et comment savoir si les loups ne regrettent pas leurs jeux avec les corbeaux ? Dans *The Wolves of Minong*, Durward Allen constate que les loups ne s'en prennent jamais à ces oiseaux alors qu'ils pourraient facilement le faire. Durant les dix-huit années où il a passé ses hivers à observer les loups, il n'a relevé qu'un seul cas où l'un d'entre eux avait violemment attaqué un corbeau [1]. L. David Mech, le spécialiste des loups, a quelquefois vu des corbeaux plonger sur la tête ou la queue d'un loup qui les évitait avant de bondir sur eux :

> Une fois, un corbeau s'est approché en se dandinant d'un loup qui se reposait, lui a donné un coup de bec sur la queue puis a sauté de côté alors que le loup essayait de le mordre. Lorsque celui-ci a riposté en courant après lui, l'oiseau l'a laissé s'approcher à quelques dizaines de centimètres avant de s'envoler. Il s'est ensuite posé tout près, derrière le loup, et a repris son manège... Le loup et le corbeau étaient apparemment parvenus à un certain équilibre dans leurs relations ; ils avaient parfaitement conscience de leurs capacités réciproques, et chacun tirait en quelque sorte avantage de la présence de l'autre. Les loups et les corbeaux sont des animaux extrêmement sociaux et doivent donc posséder le mécanisme psychologique nécessaire pour que se crée un attachement social. Des individus de chaque espèce ont peut-être inclus des membres de l'autre espèce dans leur groupe, et des liens se sont ainsi noués entre eux, comme c'est le cas entre les loups élevés par des humains et ces derniers [2].

Suffit-il aux loups d'avoir le ventre plein ou ont-ils envie de chasser, de poursuivre leur proie, de se déplacer ? La vue, les bruits et les odeurs de leur environnement naturel leur manquent-ils ? Même s'ils sont nés en captivité, ils éprouvent peut-être un désir inné d'une existence plus proche de la nature que celle qui leur est imposée dans les zoos les plus modernes, ceux qui ont été conçus avec les meilleures intentions du monde. Ils ont besoin de vivre dans leur milieu naturel.

Tout comme un être humain éprouve un sentiment de solitude en prison ou en exil, il semble que la captivité produise les mêmes effets sur les animaux sauvages. Peut-être les chiens eux-mêmes, la plus domestiquée de toutes les espèces domestiques, regrettent-ils leur liberté originelle, semblable à celle du loup ? Il leur arrive parfois de hurler comme si un souvenir génétique courant dans leurs veines leur rappelait qu'ils étaient autrefois libres. Peut-être vous êtes-vous un jour réveillé à quatre heures du matin avec une étrange impression, un sentiment inquiétant, le désir d'un autre genre de vie ? S'agirait-il également du souvenir atavique d'avoir autrefois vécu dans des collines, des jungles et des forêts, entouré d'autres créatures libres ? Peut-être le regrettons-nous comme le font nos cousins dans les zoos et les parcs d'attractions ?

Dans son introduction à un livre sur la socialisation, John Paul Scott souligne que les chiens sont le prototype d'une espèce hautement sociale dont les jeunes naissent à un stade immature. A l'inverse des moutons qui ne peuvent être amenés à s'attacher à des humains que s'ils ont été isolés des parents de leur espèce, les chiens nouent des liens sociaux aussi bien avec leurs congénères qu'avec les hommes[3].

Si vous ou moi étions confinés toute la journée dans une petite pièce, sans rien qui puisse éveiller notre intérêt, nous nous ennuierions très vite, nous sentirions seuls, et cela influerait certainement sur notre comportement. On a publié d'innombrables ouvrages sur les « problèmes » des chiens[4], et l'un des meilleurs, écrit par Carol Lea Benjamin sur le dressage, explique que les chiens sont des animaux faits pour vivre en meute, et lorsqu'on les oblige à passer la plus grande partie de leur temps seuls, ils en souffrent et deviennent anxieux[5].

Dans *Le Chien révélé,* Desmond Morris écrit que ce dernier est un être social qui aime beaucoup partir à la découverte. S'il est privé de compagnons – tant humains que canins – ou tenu dans un environnement contraignant ou monotone, il le supporte très mal. Etre seul et confiné dans un lieu réduit, où rien ne se passe, est pour lui la pire des punitions[6].

Dans *Domestic Animal Behavior for Veterinarians and Animal Scientists,* les auteurs citent le cas d'une femelle berger allemand, adulte et stérilisée, que son propriétaire laissait dans un sous-sol quand il partait travailler :

> La chienne commença par déchirer le tapis des escaliers avant de s'attaquer au bois lui-même... Ni les tranquillisants ni les antispasmodiques ne réussirent à changer son comportement... Pendant des semaines, le propriétaire tenta de corriger ses mauvaises habitudes mais, n'obtenant aucune amélioration, la chienne fut euthanasiée. Après un examen, tant superficiel que microscopique, des tissus et du système nerveux central, on ne découvrit aucune anomalie.

Est-il réellement étonnant que le fait de cantonner un chien dans un environnement aussi restreint qu'un sous-sol puisse provoquer chez lui une angoisse qui s'exprime par une volonté de destruction ? Les auteurs eux-mêmes écrivent :

> Dire que les chiens s'ennuient pourrait passer pour de l'anthropomorphisme, mais les animaux semblent avoir besoin d'un environnement stimulant tout comme les humains. Des chiens réussiront à en voir d'autres en poussant un panneau avec leur museau ; certains rechercheront la lumière pour avoir accès à un environnement différent ou obtenir une stimulation cérébrale. Par conséquent, des chiens peuvent trouver moins ennuyeux de mâchouiller et de gratter que de rester simplement couchés là. En des termes plus scientifiques, ils trouvent cette activité gratifiante[7].

Tuer une chienne parce qu'elle recherche désespérément de la compagnie est une preuve d'ignorance et de cruauté. Tout comme nous, les chiens ont besoin d'amis, de soleil, de jeu et d'amour.

Peut-être prenons-nous pour un sentiment de solitude ce que les chiens ressentent comme un abandon. Tout le monde a remarqué l'air particulièrement inquiet, si caractéristique d'un chien perdu. Il est évident que les émotions qu'il éprouve à ce moment-là sont profondes et ressemblent à celles d'un enfant qui a été séparé de ses parents. L'accueil exubérant, parfois même hystérique, que notre chien nous réserve alors que nous l'avons quitté quelques instants plus tôt, signifie soit qu'il a un sens du temps différent du nôtre (ce qui est apparemment vrai) soit qu'il se croyait abandonné. (Bien sûr, il se peut qu'il exprime simplement sa joie de nous revoir.) Peu importe le nombre de fois où il a assisté à notre retour, il nous accueille toujours de la même façon et semble dire : « Je pensais que tu ne reviendrais jamais ! » Lorsque nous sortons, il penche la tête et, l'air perplexe, paraît nous demander : « Pars-tu pour toujours ? » C'est l'une des raisons pour lesquelles bien des gens se sentent coupables de laisser leur chien seul une journée entière.

De nombreux spécialistes donnent parfois des conseils comme : « Il est indispensable qu'avant votre départ vous n'accordiez que peu ou pas d'attention à votre chien, et que vous réfréniez ses démonstrations de joie lors de votre retour[8]. » Pourtant, cela semble contraire à l'intuition. Essayons plutôt de les rassurer, de les persuader que nous reviendrons, et montrons-leur alors combien nous sommes heureux de les revoir. Laissons-les également nous accueillir avec exubérance, comme le font les loups avec les membres de la bande qui rentrent de la chasse.

Le sentiment de solitude qu'éprouve un chien lorsqu'un compagnon bien-aimé – humain, canin ou même félin – vient à disparaître est absolument identique à celui que nous ressentons dans les mêmes circonstances, et il y a peu de choses que nous puissions faire pour remédier à cette situation naturelle. Pleurer la disparition de quelqu'un présente des aspects bénéfiques, et nous ne sommes peut-être pas bien placés pour définir arbitrairement ce que constitue une période de deuil convenable pour un humain comme pour un chien.

La plupart des problèmes que connaissent les chiens sont le résultat d'injustices dont ils ont eu à souffrir. Les humains qui ont connu des situations extrêmement difficiles réagissent souvent par des actes de violence ou d'autodestruction. Les chiens y répondent de la même manière. Le fait de retirer un chien de sa meute sans lui en procurer une de remplacement le plonge dans un grand désarroi. Placé dans ces conditions, il exprimera son désespoir en s'attaquant aux meubles et aux autres objets de la maison, en creusant, en s'enfuyant ou même en s'automutilant, un acte qui lui procure au moins une sorte de distraction. (Chez les humains, l'automutilation est souvent le fait de personnes qui ont été maltraitées dans leur petite enfance, à une période de leur vie où les cicatrices constituaient les preuves que quelque chose de réel, quelque chose d'indéniable s'était véritablement produit ; mais lorsque des enfants ont été isolés pendant de longues périodes, la psychologie de l'automutilation est la même que celle que l'on observe chez les chiens, c'est-à-dire une façon d'obtenir une stimulation venue du monde extérieur.)

De tous les actes destinés à montrer son désespoir, l'aboiement – l'aboiement incessant – et l'agression sont habituellement ceux qui attirent l'attention d'un spécialiste sur le comportement anormal d'un chien. Personne ne sait réellement pourquoi le chien aboie. Charles Darwin remarqua que cette habitude se perdait chez les chiens dès qu'ils retournaient à l'état sauvage et s'acquérait de nouveau quand ils redevenaient domestiqués. Les loups émettent un petit « wouf » mais n'aboient pas, tout comme les autres canidés sauvages [9]. Seul le chien aboie de façon systématique. On a émis l'hypothèse qu'en agissant ainsi, il essayait d'imiter la parole humaine afin de communiquer avec nous [10]. La première impulsion d'un chien que l'on laisse seul est d'aboyer furieusement. Il cherche visiblement à attirer l'attention de quelqu'un : « Aidez-moi, je suis ici, et très malheureux ! » Un chien que l'on promène beaucoup et qui a droit à l'attention et à l'affection des humains est probablement moins enclin à aboyer continuellement. Les chiens qui sont attachés dans des arrière-cours aboient sans cesse. Ils demandent peut-être simplement à être libérés.

Il est très facile de savoir quand un chien souffre de la solitude même s'il ne fait pas preuve d'un comportement inhabituel. Un chien se sent seul lorsqu'il est seul, et dans cet isolement il s'ennuie. Mais s'il fait régulièrement de longues promenades, rencontre d'autres chiens et passe chaque jour un moment avec eux, il échappera facilement à cet ennui. Toutefois, l'idéal pour lui serait de vivre dans une famille, en compagnie d'autres chiens – ou d'autres animaux. Ils pourraient se promener ensemble plusieurs fois par jour dans des endroits où ils retrouveraient beaucoup de chiens et d'humains. Un chien a besoin d'aimer d'autres chiens et d'autres gens ; et lorsque sa vie est remplie d'amour – donné et reçu – il ne souffre ni de la solitude ni de l'ennui.

8.

La compassion : l’essence même de la vie intérieure du chien

Ces dernières années, nous avons assisté à une explosion d'intérêt pour des sujets comme la compassion et l'altruisme chez les animaux [1]. Jusqu'alors, on croyait volontiers qu'aucun autre animal, hormis l'homme, ne pouvait faire preuve de compassion envers un individu de sa propre espèce, sans parler d'un membre d'une espèce différente. Pourtant il existe de nombreux récits tout à fait convaincants. Dans *Le Livre de l'Amour*, Diane Ackerman raconte qu'un jeune couple, se trouvant sur l'île de Jersey, avait emmené son fils visiter le zoo. Le petit garçon tomba du haut d'un mur au milieu de l'enclos réservé aux gorilles. Un énorme dos argenté – le mâle dominant – se précipita vers l'enfant et s'assit entre lui et les autres gorilles. Protecteur, il ne bougea pas jusqu'à ce que l'on puisse appeler un gardien [2]. Récemment, un fait divers enregistré en vidéo fit frémir le monde entier : au Brookfield Zoo de Chicago, un enfant de trois ans fit une chute de près de six mètres et atterrit sur le sol en béton d'un enclos occupé par des gorilles. Binti, une femelle âgée de sept ans, qui portait son bébé sur le dos, ramassa l'enfant, le berça dans ses bras et alla le déposer près d'une porte où les gardiens vinrent le chercher. Le petit garçon survécut et ne garda aucune trace apparente de son accident.

Sur un film extraordinaire que j'ai eu le privilège de voir, un petit impala, une antilope d'Afrique, fuyant devant une meute de chiens sauvages, se jeta dans une rivière où il fut aussitôt happé par un gros crocodile. Soudain, un hippopotame se précipita au secours de l'antilope tout étourdie. Le crocodile relâcha sa proie et l'hippopotame poussa alors le petit animal jusque sur la rive et le suivit pendant quelques mètres. Lorsque le petit impala tomba, épuisé, l'hippopotame, au lieu de s'éloigner, l'aida à se remettre sur ses pattes puis, ouvrant tout grand sa gueule, souffla sur lui de l'air chaud. Il refit cela cinq fois de suite avant de retourner dans la forêt. Il est difficile de penser que ce comportement étonnant ait pu être motivé par autre chose que de la compassion.

Le primatologue Frans de Waal rapporte un fait curieux qui se passa au Wisconsin Primate Center : les membres adultes d'une troupe de macaques bruns devinrent très protecteurs à l'égard de Wolf, une vieille femelle presque aveugle. Chaque fois que l'on essayait de faire passer les singes de la partie couverte à la partie découverte de leur enclos, les mâles montaient la garde près de la porte séparant les deux sections et la tenaient parfois ouverte jusqu'à ce que Wolf fût passée [3].

En décembre 1995, à Wildlife Images, un centre de réadaptation à la vie sauvage de Grants Pass, Oregon, un chat domestique, devenu sauvage, se faufila par le trou d'une barrière délimitant l'enclos d'un ours de plus de deux cent cinquante kilos. Celui-ci était occupé à manger dans un grand seau de vingt litres. Le chat était tellement affamé qu'il s'avança vers lui et mendia de la nourriture. Dave Siddon, le fondateur du centre, pensa que l'ours allait tuer le chat, mais il le vit tirer un morceau de poulet du seau, le laisser tomber à côté de sa patte et regarder le chat s'approcher et manger. Après cela, devenus les meilleurs amis du monde, l'ours et le chat ne se quittèrent plus – mangeant, dormant et jouant dans l'enclos [4].

Les sceptiques peuvent hésiter à voir dans ces récits des exemples de compassion. Le dos argenté était peut-être curieux, diront-ils ; il se pourrait qu'un primatologue, même aussi éminent que Frans de Waal, s'embourbât dans l'anthropomorphisme et projetât ses propres émotions sur les macaques mâles ; l'ours se sentait probablement seul et fut heureux d'accepter un compagnon. Lorsqu'il s'agit d'interpréter le comportement d'un animal, certains scientifiques semblent appliquer systématiquement la règle de Morgan [5] : ne jamais avoir recours à une explication d'un niveau élevé si une explication plus simple peut suffire. Ce qui aboutit souvent à donner une interprétation bien moins noble que le comportement ne le mériterait.

Pourtant, d'un point de vue évolutionniste, il paraît tout à fait sensé d'éprouver de la compassion et de se livrer à des actes compatissants. Les animaux solitaires – les chats par exemple – n'ont aucun besoin de faire preuve de compassion pour survivre, et des exemples de cet ordre sont rares chez les félins. Par contre, les humains et les chiens sont des animaux sociaux, et en tant que tels, ils doivent apprendre à s'entendre les uns avec les autres. Comme l'a écrit Auden : « Nous devons nous aimer les uns les autres, ou mourir. »

Les animaux vivant en communauté apprennent la valeur de l'entraide. Les rats se montrent réticents à appuyer sur une manette pour obtenir de la nourriture si, en le faisant, ils déclenchent du même coup une décharge électrique qui atteint un compagnon. S'ils ont le choix, ils préféreront invariablement appuyer sur une manette qui ne provoque pas de décharge, et certains renonceront même à toute nourriture plutôt que de courir le risque de blesser l'un des leurs [6]. C'est peut-être la raison pour laquelle les rats font de très bons compagnons pour les enfants, et que le *Rattus norvegicus* (le surmulot) peut se montrer si affectueux à leur égard. Cependant, les scientifiques ont tendance à rechercher chez eux des traits de caractère moins nobles, comme l'agressivité, qu'il est plus facile de tester et de mesurer en laboratoire.

L'éminent éthologiste Irenäus Eibl-Eibesfeldt éleva un blaireau sauvage, mais il ne réussit jamais à lui interdire la moindre chose. « Si je le grondais quand il ouvrait un placard et en sortait tout mon linge, le mieux qu'il pouvait faire était de me regarder fixement ; et si je lui donnais une tape sur le nez, il m'attaquait. Il refusait de se soumettre. Un chien apprend plus vite à obéir[7]. »

L'observation est bonne, mais la remarque n'est pas très juste. Cette obéissance, dont bien des auteurs sous-entendent qu'elle ne serait rien d'autre que de la soumission à un individu d'un rang plus élevé, est peut-être davantage qu'un simple instinct poussant à obéir, une peur d'être puni ou un respect pour un supérieur. (Eibl-Eibesfeldt souligne qu'en allemand « respect » se dit *Ehr-furcht*, une combinaison de deux mots : « honneur » et « peur ».) L'obéissance peut très bien s'apparenter à l'amour, à la compassion, et à un désir d'être aimé.

La définition que les dictionnaires donnent du mot *compassion* inclut la notion de pitié, de peine, de sympathie pour le malheur des autres – sentiments que l'on pense être propres aux humains. Je suis convaincu que les chiens ressentent de la pitié et du chagrin, mais je ne suis pas certain qu'ils puissent éprouver de la sympathie pour leurs congénères malheureux, ou du moins je crois qu'ils le manifestent d'une façon que nous ne savons pas toujours reconnaître. Récemment, je promenais mes trois chiennes tard le soir quand Rani a disparu, et j'ai passé une heure à la chercher. Elle s'était apparemment perdue. Sasha et Sima ne paraissaient absolument pas inquiètes, mais quand nous l'avons retrouvée, qu'elle est venue vers nous en bondissant, elles ne l'ont pas accueillie comme une amie que l'on n'a pas vue depuis une heure. Leur comportement indiquait qu'elles la savaient particulièrement heureuse d'être de retour. J'ai le sentiment qu'elles comprenaient que Rani, vu sa réaction, s'était réellement trouvée dans l'embarras. Je dirais qu'elles ont éprouvé de la sympathie pour elle.

Chez les chiens, la compassion me semble étroitement liée

à des sentiments voisins de l'amour, comme la camaraderie et l'amitié, à la nostalgie de choses que l'on a faites ensemble, au souvenir de s'être montré accommodant et bienveillant à l'égard d'un individu de sa propre espèce ou d'une espèce différente.

Rick McIntyre raconte l'histoire d'un loup alpha tout blanc, blessé et boiteux, qui suivait sa meute tant bien que mal. Il pouvait courir sur trois pattes et rattraper momentanément son retard, mais il se faisait ensuite devancer de plusieurs centaines de mètres. Les autres membres de la bande s'arrêtaient alors pour attendre patiemment qu'il les ait rejoints[8]. Cette façon d'agir semble bien illustrer le sentiment complexe que nous appelons compassion. Pour moi, le fait d'attendre cet animal handicapé est la marque d'une compassion qui s'apparente à celle que nous observons chez les humains. Nous pouvons rejeter cela et dire que les membres de la meute avaient besoin de leur chef et l'attendaient simplement parce qu'ils avaient intérêt à le faire. Pourtant, une pareille explication ne tient aucun compte de l'élément émotionnel de cet acte. Quoi que les loups aient éprouvé ou pensé en attendant leur compagnon, il ne s'agissait probablement ni d'un calcul mathématique du rapport coût-avantage, ni d'un sentiment béat d'autosatisfaction.

Mike Tomkies vivait avec Moobli, un « gentil géant » de chien, dans les Highlands d'Écosse, où ils parcouraient régulièrement une région montagneuse et sauvage de près de huit cents kilomètres carrés. Ce berger allemand traitait avec beaucoup d'attention les nombreux animaux blessés qui venaient chercher de l'aide auprès de son maître et de lui. L'histoire est très joliment racontée dans *Moobli*, le livre de Tomkies, et illustrée de photos du chien secourant des cerfs blessés[9]. Il existe quelque chose de profondément émouvant dans la compassion entre espèces.

Lorsque l'une de mes trois chiennes s'éloigne un peu trop des deux autres et que, ne le remarquant pas, je continue mon chemin, ces dernières s'arrêtent pour attendre le retour de leur compagne. Elles me regardent comme pour me faire comprendre que c'est exactement la chose à faire, et qu'il me faut patienter moi aussi. Et elles refusent de repartir avant que la meute ne soit au complet. Ce comportement indique certainement de la compassion, comme dans le cas des loups. Évidemment, nous pouvons toujours trouver une autre explication à la compassion des humains comme à celle des animaux : il peut s'agir en réalité d'un intérêt personnel, par exemple, ou d'égoïsme déguisé, avec l'espoir de recevoir une récompense en retour. Mais, même si ces explications comportent une part de vérité, elles n'éliminent pas l'élément découlant de l'amour et de la compassion car elles ne fournissent pas de renseignements satisfaisants sur les sentiments qui accompagnent de tels agissements.

Presque chaque jour, les journaux et la télévision relatent des histoires de chiens ayant sauvé la vie d'êtres humains. En mars 1996, on pouvait lire à la une du *St. Louis Post Dispatch* l'aventure extraordinaire de deux chiens errants, un teckel et un berger australien ou kelpie, qui avaient réussi à maintenir en vie, durant trois jours glacials, Josh Carlisle, un enfant handicapé mental qui s'était perdu dans les bois. La mère de l'enfant qualifia ces chiens d'« anges du ciel » quand son petit garçon trisomique fut retrouvé, par un sauveteur à cheval, dans le lit à sec d'un ruisseau du Montana. Par des températures voisines de – 18 °C, les chiens avaient joué avec lui et, la nuit, s'étaient blottis contre lui pour le réchauffer. Pendant sa disparition, Josh n'avait rien mangé, mais les chiens avaient dû le conduire jusqu'à un point d'eau car il n'était pas totalement déshydraté. Une fine couche de poudreuse recouvrant le sol la première nuit, il avait de légères gelures aux dix orteils. Quand on l'emmena jusqu'à l'ambulance, le teckel le suivit et se mit ensuite à sauter pour tenter de l'apercevoir par la vitre de la voiture. « Je n'oublierai jamais l'expression de ce chien », déclara Dana Kammerlohr, l'un des sauveteurs.

Les deux chiens trouvèrent un nouveau foyer auprès de la famille de l'enfant, et la mère confia aux journalistes : « Ils sont tombés amoureux de mon fils au cours de ces trois jours[10]. »

Ces chiens n'avaient nullement besoin de dormir auprès de ce petit garçon pour se tenir chaud. L'explication la plus simple est qu'ils savaient ou sentaient que l'enfant mourrait s'ils ne le réchauffaient pas. Pour moi, ils ont agi par compassion.

Un sceptique pourrait soutenir qu'un tel comportement n'est qu'une manifestation de soumission. Cette explication impliquerait que les chiens se montrent toujours soumis envers les humains, et que le fait de se coucher contre cet enfant n'était qu'une façon d'exprimer cette soumission. Barry Lopez a noté : « Les loups se soumettent aux chiens avec lesquels ils ont été élevés, aussi petits que soient ces derniers. J'ai vu un loup adulte apprivoisé se montrer soumis devant un cairn pesant à peine quatre kilos[11]. » Mais les deux chiens errants n'avaient aucune raison d'être soumis à un enfant handicapé. Ils ne le connaissaient pas, ne se souvenaient pas de lui, et de plus les chiens sont souvent effarouchés par un comportement humain dont ils ont l'intuition qu'il n'est pas « normal ». Même dans le cas que cite Lopez, le mot *soumission* semble impropre. Toutes les interactions entre des humains et d'autres espèces ne sont pas forcément de nature hiérarchique. Nous avons tendance à expliquer ainsi un comportement parce que nous pensons souvent en termes de hiérarchie. Mais cela peut s'avérer particulièrement malencontreux tant pour les animaux que pour nous-mêmes. La soumission n'est peut-être simplement qu'une autre forme de l'amour.

On enseigne leur travail aux chiens de sauvetage comme s'il s'agissait d'un jeu, mais ils se montrent si fiers de ce qu'ils accomplissent que de nombreux dresseurs pensent qu'ils ont parfaitement conscience de bien se comporter et non simplement de se divertir. Nous pouvons donc dire qu'ils se conduisent ainsi, mus par un sentiment de compassion [12].

Les chiens sont également capables de faire preuve de compassion envers les chats. Ginny, un petit corniaud, s'est, lui, montré extraordinairement compatissant à l'égard de tous les chats, « les chats perdus, les chats affamés, les chats malades, et particulièrement les chats handicapés [13] ». Le premier que Ginny sauva était sourd, le deuxième avait perdu un œil, et un autre n'avait plus de pattes de derrière.

Roger Caras a été témoin du comportement étonnant d'une chienne bâtarde nommée Sheba, qui fait preuve d'une extraordinaire compassion, et apporte une aide inestimable à son amie Angie. A la suite d'un fort accès de fièvre alors qu'elle était enfant, Angie a gardé des séquelles d'ordre neurologique qui la rendent susceptible d'être victime de treize sortes d'affections caractérisées par des crises convulsives, dont l'épilepsie. Elle peut avoir jusqu'à douze crises en vingt-quatre heures. Durant certaines d'entre elles, Angie cesse de respirer et, faute de soins immédiats, elle risque de mourir. Il lui est impossible de rester seule, pas même pour aller aux toilettes. Tous les membres de sa famille ont appris à lui administrer les soins d'urgence indispensables. Ses parents avaient fait une demande pour obtenir un chien auprès d'un organisme spécialisé où ils sont dressés pour venir en aide aux personnes ayant des problèmes particuliers. Mais aucun chien ne s'étant révélé capable d'apporter à Angie l'aide spécifique dont elle avait besoin, on a pensé qu'un simple chien de compagnie pourrait lui être bénéfique sur le plan émotionnel.

Pourtant, miraculeusement, Sheba a très vite appris à contrôler les problèmes d'Angie. Elle ne la laisse jamais seule et sait discerner le moment où une crise est sur le point de se déclarer. Elle se met alors à aboyer, prend dans sa gueule la main d'Angie et tire celle-ci jusqu'à un lit ou un divan afin de lui éviter de tomber sur le sol. Sheba ne se contente pas d'alerter la famille, mais elle aboie d'une façon particulière quand Angie a des difficultés à respirer.

Comment un chien est-il capable de faire cela ? La vue, l'ouïe, l'odorat ou même la détection de radiations infrarouges peuvent jouer un rôle – une personne sur le point d'avoir une crise a une soudaine poussée de fièvre, et elle peut exhaler une odeur différente. Tout cela se passe en quelques secondes, mais Sheba ne s'est jamais trompée, et la vie d'Angie a changé. Elle peut à présent se promener et jouer dehors tant que Sheba est avec elle.

Non seulement Caras a vu Sheba à l'œuvre au cours de l'une des crises d'Angie, mais il a pu la filmer et ce document a été présenté à l'émission télévisée d'ABC *World News Tonight.* Il affirme qu'il n'aurait jamais cru cela possible s'il n'en avait été lui-même témoin [14].

9.

Dignité, humiliation et déception

La dignité d'un chien semble mal s'accommoder de certaines situations. Nous en avons presque tous vu un refuser de prendre part aux jeux puérils de compagnons plus jeunes. Regarder des chiens adultes se comporter avec des chiots est une extraordinaire expérience. Ils font preuve de patience, mais paraissent un peu gênés. Si les chiens ont de la dignité, et toutes les personnes vivant à leur contact en sont convaincues, cette dignité peut-elle être mise à mal ? Et peuvent-ils par la suite en ressentir de l'humiliation ?

En quoi la dignité d'un chien consiste-t-elle exactement ? A-t-il conscience d'être observé et cherche-t-il à se conformer à une norme de conduite ? Par exemple, lorsque je vais à la banque avec mes trois chiennes et que je les attache devant l'entrée, les deux plus jeunes commencent à jouer et à faire les clowns. C'est alors que Sasha adopte une attitude destinée à indiquer à chaque passant qu'elle ne fait pas partie de cette meute et ne s'abaisserait jamais à des bouffonneries aussi puériles. Elle regarde dans la direction opposée et se concentre sur un objet quelconque, prétendant ignorer le bruit et les ébats des deux autres chiennes. Elle paraît – et des passants en ont même fait la remarque – très digne.

Par contre, quand Sasha fait quelque chose de mal – comme se précipiter sur un autre chien avec l'intention de le terroriser (ce qui, hélas, est la caractéristique de sa race, tout comme le léger entêtement de Rani est celle des ridgebacks) – elle jette toujours un regard dans ma direction, prévoyant ma réprobation, car elle sait parfaitement que je n'apprécie pas son comportement. Puis elle couche les oreilles, vient tourner autour de moi, courbe l'échine et tente de m'amadouer. Si j'accepte ses excuses, elle est heureuse, mais si je les refuse – si je suis toujours en colère contre elle – elle prend l'air penaud et humilié. Elle sait parfaitement que je n'aime pas qu'elle agisse ainsi, mais c'est plus fort qu'elle.

Plusieurs philosophes, et même certaines personnes proches des chiens, hésitent à reconnaître que ces derniers peuvent éprouver un sentiment aussi complexe que l'humiliation. Ainsi, en dépit de son génie, le philosophe Ludwig Wittgenstein fait preuve d'une certaine insensibilité lorsqu'il en vient à évoquer les émotions des chiens : « Pourquoi un chien peut-il ressentir de la peur mais non du remords ? se demande-t-il. Serait-il exact de répondre : "Parce qu'il est incapable de parler"[1] ? » Il semble suggérer que des émotions « primitives » comme la peur et la colère n'ont aucun besoin de la parole pour s'exprimer, au contraire d'émotions « élevées » tels l'amour et le remords. Selon lui, un chien ne peut pas ressentir de remords puisqu'il n'a pas accès à la parole. Je pense que Wittgenstein a tort. Chez les humains, le fait de se sentir humilié conduit souvent au remords, et je crois qu'il en va de même pour les chiens.

En mars 1996, j'ai rendu visite à l'unité canine du service de police d'Oakland, et l'un des dresseurs m'a raconté que son chien l'avait mordu par erreur. Quand il a réalisé ce qu'il venait de faire, l'animal a paru profondément humilié et s'est aplati au fond de la voiture. Image vivante du remords, il semblait marmonner : « Je suis désolé, je suis vraiment désolé ! Oh, mon Dieu, qu'est-ce que j'ai fait là ! »

J'ai demandé au dresseur s'il lui avait pardonné.

« Oh, immédiatement, m'a-t-il répondu. C'était de ma

faute, je n'avais pas à mettre la main à l'intérieur de la voiture sans prévenir.

– Et qu'a-t-il fait alors ?

– Il s'est aussitôt redressé, et l'incident a vite été oublié. »

Les chiens aiment que nous leur pardonnions. Ils ne nous gardent jamais rancune et sont heureux quand ils constatent que nous ne leur en voulons pas non plus.

Plusieurs personnes m'ont raconté que quand leurs chiens les avaient blessées accidentellement, ils avaient paru en éprouver du remords ou au moins en être honteux. Cela n'a pas été le cas pour moi. Quelques mois après les avoir adoptées, j'ai emmené mes chiennes se promener de nuit dans un parc situé à quatre rues de la maison. Tournant en rond de plus en plus vite, Sasha courait après Rani. Soudain, j'ai eu l'impression qu'on m'avait tiré dans le dos : arrivant à toute vitesse, Sasha m'avait heurté de plein fouet, par-derrière. En tombant, j'ai ressenti une douleur fulgurante. Tout mon poids (soixante-dix kilos) s'était porté sur mon pied droit. J'ai essayé de me relever, mais je suis aussitôt retombé. La douleur était intolérable. Alors que j'étais sur le point de perdre connaissance, j'ai pensé que Sasha aurait fait un bien mauvais chien-guide d'aveugles, et j'ai compris pourquoi ses éducateurs y avaient renoncé. Heureusement Leila m'accompagnait ; elle est partie en courant chercher la voiture et nous sommes rentrés à la maison. Je ne pouvais absolument pas marcher. Je suis allé me coucher en espérant que tout irait mieux le lendemain matin, mais pendant la nuit la douleur a empiré et mon pied s'est mis à enfler. J'ai dû attendre six semaines avant de pouvoir remarcher, et avec une forte claudication.

Il m'a été très difficile de déterminer les sentiments qui intervenaient dans une situation de ce genre, capable de provoquer une vive émotion chez un être humain, mais pas nécessairement chez un chien. Alors que j'étais étendu sur le sol, me tordant de douleur, Sasha ne semblait pas du tout concernée et ne paraissait éprouver ni remords ni culpabilité. Elle continuait à jouer avec les deux autres chiennes qui ne s'intéressaient pas davantage à l'humanoïde gémissant, allongé par terre. Sasha était-elle indifférente ou n'avait-elle aucune conscience de ce qui s'était passé ? Il est difficile de croire qu'elle ignorait ce qu'elle avait fait. Par ailleurs, c'est ainsi que les chiens jouent, et un tel accident ne se produit presque jamais avec eux.

Quelle que soit la culpabilité que j'aurais pu faire naître chez Sasha en exprimant ma pensée sur ce qu'elle venait de me faire, cela aurait été bien artificiel : elle ne l'aurait ressentie que parce que je l'exigeais. De plus, même si sa culpabilité avait été sincère, elle aurait été de courte durée. Ma souffrance, ma gêne et mon mécontentement à l'égard de Sasha auraient duré six semaines et plus, mais je ne pouvais guère espérer la voir, le dixième jour, me regarder et se souvenir de sa maladresse. J'aurais senti de sa part une certaine impatience comme pour me dire : « Quelle mauviette tu fais, Masson, ça suffit maintenant ! »

En d'autres termes, j'aurais pu provoquer sa culpabilité ou son humiliation, mais la raison de ces sentiments lui aurait échappé.

Certains animaux détestent que l'on rie d'eux, et parmi ceux-ci les grands singes, les éléphants et les chats domestiques. Les chiens ne sont généralement pas inclus dans cette liste, mais les personnes qui les connaissent bien ne doutent pas un instant que la dignité des chiens puisse être blessée ni qu'ils puissent se sentir humiliés. Dans *The Mind of the Dog*, R.H. Smythe raconte :

> Tous les chiens sont extrêmement sensibles au ridicule. Ils aiment rire pourvu qu'il y ait quelqu'un pour le faire avec eux, mais ils se montrent très embarrassés et mécontents s'ils viennent à suspecter que l'on se moque d'eux, en d'autres termes que l'on rit *d'eux*. Je possédais à une époque un chien courant, un bâtard à l'allure très étrange. Il avait une tête et un corps massifs, et les

pattes courtes et tordues d'un basset hound. J'aimais vraiment beaucoup ce chien et je m'efforçais toujours de ménager sa susceptibilité. Mais chaque fois que j'apparaissais avec Richard sur mes talons, pour participer à une journée de chasse au lapin, les hommes présents partaient d'un gros éclat de rire. Richard en connaissait parfaitement la cause et essayait de se cacher. Il a finalement disparu, et on ne l'a jamais revu[2].

Un peu plus loin dans son livre, Smythe note que lorsqu'ils ont honte, se sentent coupables ou savent qu'ils vont se faire gronder, certains chiens, particulièrement les plus gros, remuent la queue de haut en bas ; et tandis qu'ils s'accroupissent, celle-ci frappe le sol. Le chien qui adopte cette attitude anticipe une punition, et il restera couché par terre en signe d'humilité. Quand j'entre dans ma chambre, que je vois Rani s'aplatir sur place, demeurer immobile, la queue battant le sol, et qu'elle me regarde en me montrant le blanc de ses yeux, je sais qu'elle a trouvé un de mes vêtements et l'a déjà mis en pièces.

Dans son livre *L'Intelligence des animaux*, George Romanes raconte l'anecdote suivante :

Ce terrier aimait beaucoup à attraper les mouches contre les vitres des fenêtres, mais cela l'agaçait qu'on se moquât de lui quand il manquait son coup. Un jour, pour voir ce qu'il ferait, je fis exprès de rire d'une façon exagérée à chaque insuccès et, mon hilarité aidant, il se montra particulièrement maladroit. A la fin, son chagrin devint tel qu'en désespoir de cause il se mit à simuler une capture par des mouvements appropriés de sa langue et de ses lèvres et en frottant son cou sur le sol comme pour écraser sa victime, après quoi il me regarda d'un air de triomphe. Il avait si bien joué sa petite comédie qu'il m'en aurait certainement fait accroire si je ne m'étais aperçu que la mouche était toujours sur la fenêtre. J'attirai son attention sur ce fait, ainsi que sur l'absence de tout cadavre à terre, et lorsqu'il vit que son hypocrisie était dévoilée, il se retira tout honteux sous un meuble[3].

Il est difficile de ne pas se montrer sceptique quant à ce regard triomphant. Romanes a peut-être transféré un peu de sa sournoiserie sur le chien. Celui-ci peut également avoir agi de la sorte par jeu, bien que Romanes ne le pense pas. Quelle que soit sa signification, le comportement de cet animal, si le compte rendu est exact, démontre une parfaite connaissance des émotions et du processus de pensée des humains. Romanes l'avait humilié, et le chien ne tenait pas à l'être.

Rire *avec* un chien est, bien évidemment, une tout autre affaire, et nombreux sont ceux qui ont un grand sens de l'humour. Henri Bergson déclarait que le rire était le propre de l'homme[4]. Il avait tort, comme beaucoup de gens connaissant bien les chiens pourraient le confirmer. Dans *Man Meets Dog*, Konrad Lorenz parle de chiens qui rient quand ils jouent avec un compagnon humain qu'ils aiment.

Les chiens savent-ils reconnaître que nous sourions ? Oui, répond Barbara Woodhouse : « Lorsque je parle d'"expression", je veux réellement dire que les animaux observent notre visage pour voir s'il est souriant ou triste. Si je ne souris pas à ma chienne alors qu'elle exécute certains exercices d'obéissance, elle échoue immanquablement comme elle le faisait lorsque je la dressais et que je l'humiliais en la regardant d'un air triste quand elle se trompait[5]. »

Une fois, alors que j'étais invité par l'Oakland Zoological Society à faire une conférence, j'ai demandé l'autorisation d'amener mes chiennes, persuadé que la réunion aurait lieu dans une petite salle et devant une audience réduite. En réalité, il y avait plus de deux cents personnes, et je devais parler du haut d'une estrade. J'ai pourtant décidé de laisser mes chiennes en liberté. Elles n'ont pas arrêté de jouer, de se rouler par terre et de se comporter comme des chiots, au grand amusement de l'assistance. Mais elles ne se donnaient pas en spectacle intentionnellement ; elles étaient complètement inconscientes de la présence de tous ces gens et se moquaient éperdument de ce qu'ils pouvaient penser. J'étais surpris de leur manque apparent de gêne et de leur total mépris de toute humiliation ou désapprobation éventuelles. Elles paraissaient indifférentes au fait que les spectateurs rient d'elles ou avec elles. Vu le peu d'attention qu'elles accordaient à l'assistance et à moi-même, elles auraient très bien pu se trouver seules au milieu d'un pré. Mais je ne suis peut-être pas tout à fait immunisé contre l'anthropomorphisme, et j'introduis probablement dans le monde canin des catégories comme la désapprobation qui sont des préoccupations essentiellement humaines.

Alors que les chiens peuvent ressentir de l'humiliation, ils paraissent n'accuser personne en particulier – ni un humain, ni un autre animal – d'avoir provoqué ce sentiment affligeant. Une fois encore, tout se passe comme si les chiens éprouvaient une émotion pure, coupée de sa source. Et je pense que cela est également vrai pour la déception. Bien qu'ils y soient particulièrement sensibles, les chiens ne la relient jamais aux personnes ou aux amis qu'ils aiment. Ils semblent être dégagés du besoin de blâmer quelqu'un de leur malheur.

Pour revenir aux philosophes, Ludwig Wittgenstein déclarait : « On peut imaginer qu'un animal soit en colère, effrayé, heureux ou malheureux. Mais plein d'espoir ?... Un chien peut croire que son maître est à la porte, mais peut-il également croire qu'il reviendra le surlendemain [6] ? » Wittgenstein fait une remarque judicieuse, mais une fois encore il cherche à limiter les émotions des chiens aux sentiments les plus simples, ceux qui s'appuient sur des bases physiologiques. Si un chien ignore l'espoir, je pense que Wittgenstein aurait dû prétendre qu'il ne peut pas davantage connaître la déception. Pour lui, elle appartient à la même catégorie d'émotions, celle qui implique une certaine notion du temps – même si elle ne s'applique qu'à un espoir de promenade imminente soudain déçu.

Bien qu'il soit presque certain qu'un chien ne puisse pas prévoir le moment précis du retour de son « maître » – dans cinq heures par exemple – il est néanmoins certain qu'il croit qu'il reviendra, et pour lui le plus tôt sera le mieux. Et si ce n'est pas le cas, le chien est enclin à la déception. Le fait qu'il puisse se sentir déçu est pour moi une preuve qu'il anticipe une sorte de futur, même si celui-ci se limite aux prochaines secondes. L'espoir déçu ou l'attente insatisfaite sont des expériences bien connues des chiens. De nombreuses personnes, dont je fais partie, pensent qu'aucun animal ne peut être aussi déçu qu'un chien ; et nous avons l'occasion de le constater quotidiennement. Ce matin par exemple, Sima, Sasha et Rani m'ont entendu prendre mes clés et me diriger vers la porte d'entrée. Elles étaient dans une autre partie de la maison, mais elles ont aussitôt accouru en agitant frénétiquement la queue et gémissant d'excitation : « Une promenade, une promenade ! » semblaient-elles dire.

Tristement, j'ai dit : « Non, pas de promenade maintenant. Je dois m'absenter un petit moment. Mais nous irons nous promener bientôt ! »

Cette dernière précision était inutile. Elles avaient simplement besoin d'entendre les mots « non » et « promenade » prononcés ensemble. Elles se sont figées toutes les trois sur place, et on aurait pu penser que je leur avais donné un grand coup sur la tête. Elles avaient les oreilles dressées comme si elles n'arrivaient pas à croire ce qu'elles venaient d'entendre. Puis elles se sont laissées tomber sur le sol avec un grand bruit, les oreilles pendantes, montrant le blanc de leurs yeux et me regardant comme seul un chien profondément déçu sait le faire. Et en effet, elles étaient la personnification même de la déception ; personne n'aurait pu se méprendre sur ce qu'elles ressentaient.

Certains soutiennent que la déception est un sentiment exclusivement humain que les chiens sont incapables d'éprouver. Selon eux, prétendre qu'un chien est déçu n'est que pure projection. Comment répondre à cette objection ?

Prenons le cas d'un être humain. Si je promets à ma fille d'aller me promener avec elle dans une heure et que le moment venu je lui explique que j'ai un empêchement, sa physionomie rappellera celle de Sima, Sasha ou Rani, et je pourrai lire de la déception sur son visage et dans son attitude, la seule différence entre sa réaction et la leur étant peut-être le degré d'expression. Il est possible à ma fille de cacher ses sentiments, les chiennes en sont incapables. Quant à moi, je peux lui demander – ce qu'il m'est impossible de faire avec elles : « Simone, ma chérie, es-tu déçue ? » Et elle peut me répondre qu'elle l'est effectivement. Mais que se passerait-il si Simone appréhendait cette promenade, sachant que je désire lui poser des questions personnelles gênantes auxquelles elle n'a pas envie de répondre ? Elle pourrait se sentir soulagée tout en prétendant qu'elle est déçue. Ou bien elle pourrait ignorer qu'elle est déçue et penser : « Quel soulagement ! », alors que son sentiment profond serait que je lui ai donné un faux espoir. En d'autres termes, le langage n'est pas une garantie de véracité, ni l'absence de langage une raison de nier la possibilité d'éprouver une émotion.

Si cela est vrai pour les humains, pourquoi en serait-il autrement pour les chiens ? Déception est un mot que nous utilisons pour désigner un sentiment que nous éprouvons tous et exprimons de diverses façons. La même émotion que nous constatons chez les humains est inscrite sur la physionomie des chiens, dans leurs yeux, leurs oreilles, leur attitude. Observer les mêmes signes chez les chiens et les humains, ce n'est pas se livrer à de l'anthropomorphisme. La qualité émotionnelle, la tonalité exacte de la déception des chiens et le niveau auquel elle se situe sont probablement différents de ce que les humains connaissent. Elle peut être plus ou moins subtile, plus ou moins intense, comporter des nuances de sentiments que nous ignorons, mais elle fait partie du même univers d'émotions et n'est pas très éloignée de la déception que nous ressentons.

Les personnes qui dressent les chiens de sauvetage à retrouver les gens ensevelis sous des avalanches, ou enfouis sous les décombres d'immeubles écroulés, disent que si ces animaux ne réussissent pas à sauver un certain nombre d'individus, ils sont tellement déçus qu'ils refusent de continuer à travailler. Après l'explosion de la bombe à Oklahoma City, une secouriste constata que sa chienne était déprimée à cause de son manque de succès. Elle décida donc de cacher une personne vivante dans les ruines afin que sa chienne puisse la découvrir. Ce « sauvetage » lui ayant redonné courage, la chienne fut contente de reprendre son travail, l'esprit soulagé.

Tous les chiens ont besoin d'une certaine cohérence sans laquelle leur vie serait misérable[7]. Si un chien vivait dans un monde de totale confusion, ne sachant jamais quand il peut espérer aller se promener, il deviendrait vite dépressif et serait peut-être même traumatisé. Les chiens apprécient la cohérence et la stabilité parce qu'ils peuvent ainsi adapter leurs attentes à la réalité. Un chien est toujours prêt à aller se promener, mais si je lui fais faire un tour tous les jours à quatre heures de l'après-midi, personne ne sera étonné de le voir m'apporter sa laisse à cette heure-là. Il espère certainement partir en promenade. Son espoir n'a que peu de chose à voir avec le temps, dans le sens où nous entendons ce mot, mais il est très nettement lié à l'anticipation d'un moment de bonheur, au plaisir d'être en compagnie de son ami et à la joie de se retrouver bientôt dehors et de profiter du monde extérieur. L'anticipation du temps n'est pas importante pour un chien, mais celle de ses plaisirs l'est.

Dans son livre *Operating Instructions*, Anne Lamott parle de son chien qui, à l'âge de six mois, se montrait timide envers tout le monde sauf elle :

> Quand, en rentrant à la maison, je vais le voir, il pique une colère comme s'il m'avait crue morte. Il ressemble à ce chien de George Carlin – fou de joie et haletant de soulagement parce que son maître est revenu. « Oh, mon Dieu ! Je suis si content que tu sois de retour, j'en perdais la tête, je devenais fou, je ne pense pas que j'aurais pu tenir quinze minutes de plus. » Et le maître dit : « Nom de Dieu ! Je suis simplement revenu prendre mon chapeau[8]. »

Certains prétendent que les chiens ne ressentent pas simplement de la déception, mais quelque chose qui ressemblerait davantage à du désespoir car lorsque je dis à un chien : « Non, pas maintenant, mais bientôt », il ne comprend pas la seconde partie de ma phrase. Il ne possède pas la notion du « bientôt », mais seulement celle du « maintenant ». Selon Wittgenstein, le chien ne peut pas projeter un événement imaginé dans le futur puisqu'il n'a aucune notion de la mesure du temps en dehors des cycles ou des rythmes naturels. Il est vrai que pour un chien tout est dans l'instant présent, l'immédiat. C'est en partie ce que Wittgenstein entend par : Les chiens n'ont pas la notion du temps. Ils comprennent « maintenant », mais pas « dans une heure », ou « la semaine prochaine », ou « le mois prochain », ou « l'année prochaine ». Il y a du vrai dans cet argument, mais il n'est pourtant pas totalement convaincant. Pour moi, le problème réside dans le fait que Wittgenstein et les philosophes qui comparent les humains aux autres animaux, au détriment de ces derniers, tiennent absolument à le faire en fonction de critères humains. Bien que les chiens ne puissent pas comprendre nos distinctions de temps arbitraires (ou subtiles, selon les points de vue), ils possèdent leur propre notion du temps qui leur convient parfaitement.

Après tout, les chiens ont un rythme circadien et sont des créatures du crépuscule – c'est-à-dire qu'ils sont beaucoup plus actifs à l'aube et à la tombée du jour. Ils ont, eux aussi, des pendules internes, même si elles ne sont pas réglées comme les nôtres. De plus, si ma chienne ne me comprend pas lorsque je lui dis « bientôt », elle sait, au ton de ma voix, amical et plein d'espoir, qu'il ne s'agit pas d'un simple refus. L'attente est essentielle dans l'existence d'un chien. Il y a une différence de comportement entre l'animal qui me regarde manger et s'attend à ce que je lui donne quelque chose, et celui qui sait qu'il n'obtiendra rien. Les chiens sont excessivement sensibles à ces nuances. S'ils n'espéraient rien du futur, pourquoi s'assiéraient-ils devant une porte pour attendre le retour de quelqu'un ? Bien qu'ils semblent vivre davantage dans l'instant présent que nous, ils possèdent leur propre notion du temps qui leur permet de chasser et de savoir quand bondir, que ce soit maintenant ou plus tard, à ce moment ou à un autre.

Dans un poème intitulé simplement « Dog », Harold Monro décrit l'instant où le mot *dehors* atteint « par des moyens détournés (moitié odorat, moitié ouïe) le cerveau à quatre pattes d'un chien ravi d'aller se promener ».

Les mots « pas maintenant, mais bientôt » provoquent souvent une étrange réaction chez Sasha. Elle dresse les oreilles de cette façon merveilleuse que les chiens ont d'écouter avec la concentration la plus totale, et une expression de perplexité apparaît sur sa face. Elle écoute très attentivement. Mais qu'écoute-t-elle ? Elle cherche visiblement à se faire une idée de ce que je veux lui dire par ces mots. Elle essaie de déchiffrer le message. Et je crois que dans une certaine mesure elle y parvient. Que ce soit d'après le ton de ma voix, mon attitude tout entière, quelque chose que j'émets et dont je n'ai pas conscience, ou qu'elle dispose d'un sens mystérieux autre que l'ouïe, elle saisit ce que je lui dis. Elle est soulagée. Quoique bien réelle, sa déception n'est ni totale, ni définitive, ni écrasante. Dans ces moments-là, Sasha pousse souvent un profond soupir comme pour dire : « Ah bon, peut-être pas maintenant, mais bientôt ! »

10.

Rêves de chien

Pendant plusieurs années, j'ai fait le même rêve, un rêve dont la géographie m'est familière comme un endroit que l'on a connu alors qu'on était enfant et que l'on revoit des années plus tard, une fois adulte. Ce rêve se déroule dans une forêt tropicale, sur une île ou dans des montagnes. Je suis toujours accompagné d'une personne qui m'est chère et d'un chien que j'aime, et je rencontre un grand nombre de tout jeunes animaux – chèvres sauvages, panthères, éléphants, chimpanzés. J'avance parmi eux ; ils se montrent amicaux et me suivent. J'espère toujours qu'ils vont m'accompagner jusque chez moi afin que je puisse montrer à mes amis et aux personnes que je ne connais pas combien les animaux « sauvages » sont inoffensifs. Mais je ne vais jamais aussi loin et, avant que je n'aie atteint la maison, tous les animaux se sont dispersés.

Selon Freud, un rêve récurrent indique toujours le souvenir refoulé d'un événement réel. Je me demande si ce rêve ne représenterait pas pour moi une tentative de pénétrer le souvenir atavique d'une sorte de paradis perdu que l'espèce humaine aurait autrefois connu. Quand il m'arrive d'être sceptique, je pense qu'il s'agit de l'accomplissement d'un simple désir, celui que j'ai de vivre cette vie d'harmonie. Je serais curieux de savoir si mes chiennes ont des rêves récurrents de cette sorte, des rêves qui les lient à leur passé ou à celui plus vaste des canidés. Puisque nous nous montrons tellement circonspects envers nos propres rêves, comment oserions-nous nous prononcer sur ceux d'un chien ? Un nouveau-né passe au moins les deux tiers de son temps à dormir, et la moitié de ce temps de sommeil est occupé par une période de sommeil paradoxal*. Nous ne saurons probablement jamais à quoi rêve un nouveau-né, pas plus que nous ne saurons ce que sont les rêves d'un chien.

Les recherches les plus récentes révèlent que les rêves renferment des émotions intenses. En fait, il semble que ce soit l'une de leurs fonctions : les personnes qui, dans leur vie quotidienne, éprouvent des difficultés à exprimer leur émotions peuvent le faire (*doivent* le faire pour jouir d'une bonne santé psychologique) en toute sécurité dans un rêve. Ainsi, personne n'est témoin de ce qu'elles ressentent et elles n'ont pas à jouer la comédie sur leurs sentiments. L'anxiété est l'émotion que l'on éprouve le plus couramment au cours d'un rêve, suivie par la joie et l'euphorie. Plus de la moitié des émotions sont très fortes, qu'elles soient d'une nature extrêmement agréable ou désagréable. Au cours d'une expérience menée par le directeur du laboratoire de neurophysiologie du Massachusetts Mental Health Center de l'école de médecine de Harvard, on a demandé aux sujets de quantifier leurs émotions, et les chiffres obtenus étaient bien plus élevés que tous ceux que l'on avait recueillis jusqu'alors. Cela était simplement dû au fait que dans les études précédentes, les questions posées concernant les émotions n'étaient pas suffisamment précises[1]. Peu de rêves, semble-t-il, sont dépourvus d'une émotion quelconque.

Depuis un certain temps déjà, et au vu du résultat d'études électrophysiologiques, les scientifiques ont pris conscience du

* Période du sommeil pendant laquelle les globes oculaires sont animés de mouvements rapides correspondant à la phase des rêves.

fait que presque tous les mammifères rêvent[2]. On a étudié le sommeil de plus de cent cinquante espèces, et apparemment, seul le dauphin ne rêve jamais. Les jeunes animaux rêvent plus que les individus âgés. Durant les dix premiers jours de l'existence des chatons, la période de sommeil paradoxal – presque une prolongation de la vie fœtale, une forme de sommeil fœtal – occupe quatre-vingt-dix pour cent de leur temps[3].

Les chiens rêvent, cela ne fait aucun doute. Même sans avoir recours à des appareils sophistiqués, nous pouvons les voir bouger leurs pattes, leurs oreilles et leurs moustaches, remuer la queue, aboyer, geindre, gémir, se plaindre et même grogner (bien que personnellement je n'aie jamais entendu un chien le faire en dormant). Contrôlés par des appareils d'enregistrement, ils montrent tous les signes d'un sommeil paradoxal, activité indiquant l'état de rêve chez les humains[4]. D'après des mesures recueillies au cours d'études électrographiques, le sommeil paradoxal des chiens occupe approximativement trente-six pour cent de leur temps de sommeil total[5]. Selon le physiologiste Frederick Snyder, la période de sommeil paradoxal des humains est moins longue que celle des chats ou des opossums. William Dement, un spécialiste du sommeil, et ses coauteurs notent que les bébés nés prématurément (trente semaines) passent cent pour cent de leur temps de sommeil à rêver, alors qu'un bébé né à terme n'en passe qu'environ cinquante pour cent, les adolescents vingt pour cent et les personnes âgées seulement treize pour cent[6].

Dans un ouvrage récent, James L. Gould, professeur de biologie évolutionniste à l'université de Princeton, et Carol Grant Gould, écrivain scientifique, remarquent que « si la sélection naturelle a conduit au rêve, il semble raisonnable de penser qu'un animal aurait avantage à examiner en imagination les conséquences de ses choix plutôt que de repasser passivement la vidéo mentale de sa journée. Une fois encore cela laisse supposer un certain niveau d'imagination et de planification, mais il n'existe pour le moment aucun moyen de demander à un animal à quoi il rêve [7] ».

Je me suis rendu récemment à l'école de médecine de l'université de Stanford où j'ai rencontré le Dr E.J.M. Mignot, directeur de recherches au Sleep Disorders Center*, et son collègue le Dr Seiji Nishino pour en apprendre davantage sur leurs travaux avec des chiens narcoleptiques. Chez les humains, les troubles neurologiques connus sous le nom de narcolepsie n'atteignent qu'une personne sur un millier et sont caractérisés par une extrême somnolence (appelée à juste titre « crise de sommeil » dans la littérature scientifique) ou une cataplexie (paralysie temporaire soudaine due à un fort stimulus émotionnel) ou même des hallucinations hypnagogiques (entre insomnie et sommeil) et une paralysie totale temporaire en relation avec le sommeil. En 1974, Dement et ses collègues diagnostiquèrent les mêmes troubles chez un caniche [8].

Après avoir visité les installations et vu un chien qui avait souffert de cette maladie pendant plusieurs années, j'ai posé quelques questions sur les rêves canins. Le Dr Mignot m'a dit que sa chienne remuait sans cesse la queue quand elle rêvait, et les deux scientifiques étaient convaincus que les chiens avaient des rêves complexes au cours de leur sommeil paradoxal, mais ils pensaient qu'il faudrait encore longtemps avant que l'on puisse savoir avec précision à quoi ils rêvaient.

Lorsque nous disons : « Je sais que l'autre nuit mon chien rêvait qu'il pourchassait des écureuils parce que ses pattes bougeaient », nous ne faisons que hasarder une supposition. Il rêvait peut-être de ses premières années ou d'un ami perdu depuis longtemps. Les activités passées d'un chien peuvent sans aucun doute lui procurer un point de départ pour un rêve, tout comme chez les humains. On appelle ces instigateurs de rêves des *day-residues*, mais ils peuvent déclencher

---

* Centre d'étude des troubles du sommeil. (*N.d.T.*)

d'autres souvenirs d'événements qui se sont produits des années plus tôt. Si les souvenirs influencent les rêves des hommes, pourquoi n'en serait-il pas de même pour les chiens, et s'ils sont les composants des rêves, pourquoi les chiens n'auraient-ils pas de rêves complexes ? Leurs aptitudes cognitives sont peut-être différentes des nôtres, mais elles sont néanmoins subtiles et, sans aucun doute, provoquent la nuit une activité intérieure.

A propos des rêves du chien Flush, Virginia Woolf écrivait :

> Même son sommeil était plein de rêves. Il n'avait plus rêvé ainsi depuis les jours anciens de Three Mile Cross – des lièvres déboulaient soudain des herbes longues, des faisans fusaient dans le ciel, leurs longues queues ruisselant jusqu'à terre, des perdrix froufroutantes s'élevaient des éteules. Flush, sans répit, rêvait de chasse, de poursuite : certaine épagneule tachetée ne lui échappait qu'à grand-peine. Il était partout, en Espagne, au pays de Galles, dans le Berkshire. Il fuyait devant le bâton des gardiens de Regent's Park. A la fin il rouvrait les yeux. Plus de lièvres, plus de perdrix, plus de fouet ; plus d'hommes criant « *Span ! Span !* ». Plus rien que Mr. Browning dans le fauteuil et Miss Barrett sur le sofa [9].

Ma chienne Sima accueille certaines personnes avec des cris perçants et, très excitée, se met à tourner en rond. Sa réaction est charmante car elle montre sa joie de voir le nouvel arrivant, mais elle est aussi étonnamment intense, comme si Sima avait pensé ne jamais revoir cette personne, comme si cette dernière venait d'échapper de justesse à la mort. Sima ne se comporte pas ainsi avec les étrangers, mais seulement avec les personnes qu'elle connaît déjà. En d'autres termes, son excitation est provoquée par le souvenir. Elle se souvient d'elles et déborde de joie en les revoyant. Son souvenir est donc très étroitement lié à ses émotions [10].

Les chiens ont une bonne mémoire. Un chien se souviendra d'un lieu ou d'une personne qu'il n'a pas vu depuis plusieurs années. Son excitation en est la preuve, et ses souvenirs sont de toute évidence liés à certains sentiments ou états émotionnels. Si nous sommes séparés pendant longtemps d'une personne que nous aimons, nous rêvons d'elle de plus en plus fréquemment. Je suis convaincu que les chiens en font autant. Il serait intéressant d'observer le sommeil d'un chien durant l'absence d'un ami auquel il est attaché ou d'un compagnon chien. Rêve-t-il davantage ? Si c'est le cas, ne serait-ce pas une indication qu'il rêve de la personne absente, ou de son compagnon ? Puisque nous savons que les émotions sont intimement liées aux rêves, nous pouvons supposer qu'un chien ayant une bonne mémoire a également des rêves complexes chargés d'émotions.

Le chirurgien-vétérinaire R.H. Smythe prétend que les chiens rêvent lorsqu'ils sont jeunes et inexpérimentés, mais le font d'une façon moins évidente quand ils ont atteint l'âge de la discrétion... « Lorsqu'il [le greyhound] sera plus vieux, je crois qu'il prendra toujours autant de plaisir à rêver, mais ne manifestera probablement plus les mêmes signes extérieurs[11]. »

Si les chiens rêvent de nous, comment sommes-nous représentés dans leurs rêves ? Cette question m'a été posée l'autre jour par ma fille, âgée de vingt-deux ans, et nous avons commencé à y réfléchir. Elle a suggéré que puisque l'odorat jouait un rôle si important dans la vie d'un chien, nous étions peut-être présents dans ses rêves sous forme d'odeur. En menant une enquête officieuse parmi mes amis, j'ai découvert que ma fille était une des rares personnes à avoir conscience d'odeurs dans ses rêves (tout comme nous rêvons rarement que nous mangeons ou buvons). Nous voyons et entendons, mais il nous arrive rarement de sentir ou goûter. Il semble probable que les chiens nous voient dans leurs rêves puisqu'ils sont, eux aussi, hautement visuels – moins que nous toutefois – mais surtout qu'ils nous sentent.

Alors que j'étais récemment interviewé à Londres, pour un

programme radio de la BBC sur les rêves des animaux, deux des questions posées m'ont donné à réfléchir. La première était : Les chiens peuvent-ils se souvenir de leurs rêves ? Si c'est le cas, ils doivent probablement repenser à certains d'entre eux pendant des mois voire des années. En effet, il n'est pas impossible que le chien se rappelle un rêve particulièrement intense qu'il a fait alors qu'il n'était qu'un chiot. Il pourrait très bien être hanté par un rêve très ancien comme nous le sommes par un rêve d'enfant. L'autre question était : Les chiens ayant une conscience aiguë des autres animaux et de leurs différents sens et aptitudes, rêvent-ils de posséder leurs capacités ? Rêvent-ils, comme nous le faisons, qu'ils s'élancent dans les airs ou fendent les vagues ? Curieusement, les gens ne semblent jamais rêver (ou du moins je n'en ai jamais entendu parler) de posséder l'odorat puissant d'un chien.

Serons-nous jamais certains de savoir à quoi rêvent les chiens ? Je conçois mal comment nous le pourrions. Dans un lointain futur, sans doute, les impulsions électriques du cerveau seront-elles directement traduites en images et enregistrées sur des bandes magnétiques. Alors, nous aurons peut-être des vidéothèques entières pleines des rêves de nos compagnons canins.

Les humains ont la fâcheuse habitude de vouloir raconter leurs rêves, tout particulièrement à la personne qui y apparaît. Même si les chiens avaient cette envie, nous ne le saurions pas. Bien que la vocalisation soit inhibée chez le chien qui rêve, elle est néanmoins nettement présente : nous l'entendons gémir, geindre, aboyer, et certaines personnes l'ont même surpris grognant. Puisque, indubitablement, les chiens rêvent les uns des autres et revivent donc probablement des situations qu'ils ont connues, comme des moments d'affrontements avec l'un de leurs congénères, la raison pour laquelle ils grognent si rarement est sans doute la même que celle qui nous empêche de faire des gestes. Nous ne nous mettons pas à courir à toute vitesse lorsque nous rêvons. Le grognement doit représenter un très gros effort pour le système physiologique inhibé qui est au repos durant le sommeil.

Un chien paraît avoir conscience du fait qu'un de ses congénères rêve, et il peut faire preuve d'une certaine sympathie pour un compagnon qui fait un cauchemar. Il y a peu de temps, Sima aboyant dans son sommeil, Rani est allée vers elle et l'a léchée. Je pense qu'elle savait, d'après son expérience personnelle, que Sima faisait un mauvais rêve, et elle a tenté de soulager son anxiété. Plus que de l'empathie – Rani ne savait pas seulement, cognitivement, ce que Sima ressentait – elle souhaitait vraiment faire quelque chose pour elle. C'était de sa part une preuve de sympathie, une émotion d'un ordre plus élevé que la simple empathie, elle-même déjà d'un caractère plus noble que la plupart des autres sentiments.

11.

L'inné et l'acquis : les chiens, le travail et le jeu

La « nature d'un chien » : je suis fasciné par ces mots que l'on emploie en maintes occasions : « C'est dans la nature d'un chien de chasser », « Vous allez contre la véritable nature d'un chien », « Le chien ne peut pas s'en empêcher, c'est dans sa nature ». Je me demande si l'on a bien réfléchi au sens de ces phrases. Comment savons-nous vraiment ce qu'est la nature d'un chien ? Est-ce seulement le produit de gènes, un simple exemple de câblage biologique dans une créature vivante ? Les personnes qui le pensent se comportent comme si le chien était semblable à un ordinateur. Cela me rappelle Descartes pour lequel il n'était qu'un robot, une *machina animata.* Il justifiait ses abominables vivisections par le fait que les chiens ne ressentaient rien.

Par contre, on ne peut totalement nier l'existence d'une composante génétique dans le comportement canin. Sasha m'a toujours paru si gentille que je me suis souvent demandé pourquoi je la tenais en laisse. Elle restait toujours auprès de moi si je le lui demandais – c'était du moins ce que je pensais.

Un jour, je suis allé courir en compagnie d'un ami et de mes trois chiennes, et tout se passait très bien jusqu'à ce qu'apparût un cerf. La réaction a été immédiate et violente. Sasha s'est mise à trembler, à gémir, et chaque muscle de son corps était frémissant et tendu. Je lui ai dit : « Non ! » Elle m'a regardé comme pour me répondre : « Quoi ! Tu n'es pas sérieux ? *Papaaaa !* C'est mon premier cerf ! » Et en effet c'était le cas. Autant que je sache, Sasha n'avait jamais vu de cerf auparavant. Mais je ne me suis pas laissé fléchir et je lui ai dit sévèrement : « Reste là ! »

Son excitation était insupportable. Soudain, aussi brusquement qu'une branche qui se casse, elle a viré à gauche vers un jardin, filé à toute vitesse et disparu. Je l'ai appelée, sifflée, mais cela n'a absolument rien changé. Tout était silencieux. On ne percevait aucun bruit. Puis j'ai entendu des chiens aboyer au loin. Sasha était-elle la cause de ces cris éloignés ? J'étais désespéré. Je suis resté là pendant dix minutes, sans parvenir à décider ce que je devais faire. La femme de mon ami, qui venait tout juste de nous rejoindre et possédait une ouïe très fine, m'a vivement conseillé de ne pas bouger. « Écoutez ! Le cliquetis de la plaque d'identité d'un chien », a-t-elle dit. Soudain, quelque chose a remué dans les broussailles, et Sasha était de retour !

Quelle leçon ai-je tirée de cet incident ? A propos de Sasha, Mike del Ross m'avait fortement recommandé : « Ne la détachez jamais avant d'être certain qu'elle ait vraiment appris à revenir sur un simple commandement. » Mais comment aurais-je pu supporter cela ? Et comment pouvais-je punir Sasha après son retour ? Elle n'aurait pas compris ce que je lui disais et aurait associé le fait d'être revenue à celui d'être punie. Comment se sentir autorisé à corriger la nature d'un chien – et en fait comment s'y prendre ?

Nous pensons connaître la nature des chiens ; nous croyons pouvoir prédire leur comportement. J'étais convaincu de cela jusqu'au jour où j'ai rendu visite à une amie et son compagnon qui vivaient à la campagne, au nord de Berkeley, avec leurs quatre petits chevreaux de race alpine. En me voyant arriver avec Sasha, Sima et Rani, mes amis ont paru un peu inquiets.

« La plupart des chevreaux qui meurent accidentellement sont tués par des chiens », m'ont-ils dit sur un ton sinistre.

Je les ai rassurés : « Mes trois chiennes sont très gentilles et parfaitement inoffensives. Mais pour plus de sûreté, je vais les tenir en laisse. »

Et c'était une bonne chose à faire car à la minute même où elles ont aperçu et senti les chevreaux, elles ont toutes les trois commencé à tirer sur leurs laisses. Elles semblaient avoir simplement envie de lécher ces petits animaux, mais elles étaient tellement excitées qu'il m'a fallu toute ma force pour les retenir. Les chevreaux se montraient curieux et adorablement confiants, mais nous ne pouvions pas nous permettre de laisser les chiennes en liberté. Qu'aurais-je fait si l'une d'entre elles avait soudain mordu ou blessé une de ces jeunes chèvres ? J'ai essayé de les faire obéir, de les obliger à se tenir tranquilles, mais elles échappaient visiblement à tout contrôle, comme si elles avaient été dominées par une force qui les dépassait. J'ignore s'il s'agissait d'un instinct de chasse soudain réveillé ou du souvenir génétique de relations proie/prédateur, mais il était impossible de les maîtriser. J'ai senti qu'en l'espace d'une seconde elles pouvaient cesser d'être ces chiennes que je pensais connaître aussi bien que moi-même pour devenir de mystérieuses créatures, totalement différentes, qui m'étaient et me resteraient inconnues.

Si nous sommes les « parents » d'un chien, quelles sont nos responsabilités d'éducateurs ? Dans quelle mesure devrions-nous faire en sorte qu'il s'intègre dans le monde des humains et jusqu'à quel point pouvons-nous lui permettre de rester un chien ? Pour certaines personnes, le fait de posséder un chien (posséder est ici le mot clé) n'a qu'une seule raison d'être* : le dressage. D'autres (ceux que les implications du mot *posséder* font frémir) sont exactement convaincus du contraire : dresser un chien, c'est déformer sa nature. Je peux com-

* En français dans le texte. (*N.d.T.*)

prendre et reconnaître le bien-fondé de ces deux positions. Pourtant aucune d'elles ne me semble totalement juste. Les chiens ne sont pas des loups. Ce ne sont pas des animaux sauvages et ils doivent dans une certaine mesure s'adapter à notre société ou leur vie se terminera par une tragédie. Songez simplement aux chiens errants qui courent en toute liberté et s'attaquent au bétail et aux volailles. Même s'il n'a pas d'instincts prédateurs, un chien qui n'est absolument pas dressé pourra divaguer dans la rue sans que vous puissiez le rappeler afin qu'il ne se fasse pas écraser. Les chiens qui vagabondent ont généralement une existence très courte ; une grande majorité d'entre eux sont victimes d'accidents de voiture. Par contre, un chien à qui l'on ne permet jamais d'exprimer sa véritable nature, mais qui doit toujours obéir et faire étalage de sa docilité à l'égard de son maître, mène une existence appauvrie. Il m'a été difficile de trouver le juste équilibre, la part de dressage indispensable pour faire de mes chiennes de bonnes, ou acceptables, citoyennes, et la part de liberté nécessaire afin qu'elles soient heureuses.

Les chiens de travail sont souvent très heureux. Quiconque a pu les observer alors qu'ils participaient à certaines épreuves en a retiré l'impression (évidemment difficile à prouver) qu'ils étaient animés par un profond esprit de compétition et s'amusaient énormément. Livrés à eux-mêmes, les chiens feront montre d'une rivalité espiègle. Chaque fois que Sima aperçoit Rani ramasser un bâton, elle se jette sur elle et tente de le lui arracher. Et Rani en fait autant avec Sima. Elles courent ensemble à travers tout le parc, chacune à un bout du bâton, pour le plus grand amusement des promeneurs. Sasha, elle, semblait très mal s'accommoder de son travail de chien-guide d'aveugles. C'est certainement, en partie, ce que l'on a voulu me dire quand on m'a précisé qu'elle était trop « tendre » pour suivre ce programme. Sa véritable personnalité ne s'est révélée que lentement, un peu comme si Sasha avait eu besoin d'oublier les leçons apprises. Je dis « véritable », car en retrouvant sa confiance, elle est devenue plus joueuse, plus heureuse et plus insouciante ; elle se comporte davantage comme j'imagine qu'un chien le fait quand il n'a personne à qui plaire, si ce n'est à lui-même ou à un bon compagnon canin. Les chiens sont aussi individualisés que les humains, et ce qui est bon pour l'un peut ne pas l'être pour l'autre. Sasha se montrant heureuse de ne plus être un chien-guide, cela n'implique pas qu'un autre chien ne sera pas ravi de se sentir utile. J'étais un psychothérapeute assez incompétent, mais certains de mes amis semblent faits pour ce travail.

J'aimerais que mon emploi du temps ou mon amour-propre ne m'empêchent pas de comprendre ce qui se passe véritablement. L'autre jour, je me suis mis en colère contre Rani. Après une longue promenade, nous nous trouvions à la Marina de Berkeley et rentrions à la maison quand elle s'est précipitée vers une famille qui pique-niquait. Je l'ai appelée, mais elle m'a ignoré. Elle s'est assise et a commencé à mendier de la nourriture. Je me suis dirigé vers la voiture, persuadé qu'elle finirait pas me suivre, mais elle ne l'a pas fait, et je suis donc retourné la chercher. Elle m'a vu venir vers elle, mais ne m'a pas accordé la moindre attention, pas même lorsque je me suis trouvé devant elle. Elle me regardait comme si elle ne m'avait jamais vu auparavant. Semblant penser que j'essayais d'emmener un chien qui n'était pas le mien, la famille entière m'observait, insinuant même que je devrais peut-être prouver qu'elle m'appartenait vraiment. J'étais indigné. Bien sûr, elle était à moi ! « Viens, Rani, partons ! » Son expression disait indubitablement : « Est-ce que quelqu'un connaît cet individu et sait pourquoi il m'appelle de ce nom bizarre ? » J'étais très en colère. Plus tard, lorsque nous avons été seuls, j'ai nettement fait savoir à Rani que je désapprouvais son comportement. Mais comment voyait-elle la chose ? Était-elle simplement trop gourmande pour résister à un repas supplémentaire ? Et pourquoi me sentir tellement humilié ?

Quelles raisons avais-je de croire que Rani s'opposait à ma

volonté quand elle se comportait simplement comme un chien ? Pourquoi l'accuser d'entêtement alors qu'elle voulait seulement faire ce dont elle avait envie ? Le jour suivant, elle s'est glissée sous une voiture où elle avait découvert quelque chose à manger et a refusé d'en sortir. J'étais furieux et, quand elle a enfin émergé, je l'ai attrapée par le museau et, en le serrant, je lui ai dit ce que je pensais d'elle. Elle avait peur, mais ne se sentait pas honteuse, et a aussitôt essayé de m'amadouer. J'avais perdu mon calme. Il y avait longtemps que je n'avais pas éprouvé une colère pareille, et cela m'a surpris. J'en ignore toujours la raison. Etait-ce uniquement dû au fait que j'acceptais mal que ma volonté fût contrecarrée ? La plupart des dresseurs me reprocheraient de ne pas avoir appris à Rani à obéir correctement. Quand un tel incident se produit, la faute n'en revient pas au chien.

Dans n'importe quelle grande librairie, on trouve un rayon consacré au dressage des chiens. Après avoir lu certains de ces ouvrages, je suis convaincu qu'ils ont tous raison. Le chien dressé selon l'une ou l'autre de ces méthodes apprend à faire tout ce que l'on attend de lui. Il ne semble pas exister un profond abîme entre le recours à la « correction » (*The Koehler Method of Dog Training*[1]) et l'usage de la récompense, qu'elle soit prodiguée sous forme de paroles encourageantes ou de nourriture. Les éducateurs de Guide Dogs for the Blind, qui utilisent la méthode faisant appel à la correction, dispensent également de nombreuses louanges, et les chiens dressés d'après l'une ou l'autre de ces méthodes apprennent à la même vitesse. Les gens sont très sensibles à la complexité de ce problème. Plusieurs personnes trouvent très déplaisant, et certaines même intolérable, de corriger le comportement de leurs chiens, déclarant que c'est une punition, même si les adeptes de cette méthode affirment le contraire. Par contre, les autres ont l'impression que si leurs chiens n'agissent que pour obtenir une récompense, le dressage se réduit alors à de la corruption ; et elles ne désirent pas en être complices.

Bien sûr, nous souhaiterions tous que notre chien apprenne parce qu'il nous aime et a envie de nous faire plaisir. Nous lisons cela dans tous les livres, et la plupart des dresseurs (à l'exception de Koehler) en parlent comme si cela allait de soi. Mais est-ce bien le cas ? Quelles sont les motivations qui poussent un chien à faire ce que nous lui demandons ? En partie la peur, au sens le plus large du terme – la peur que nous soyons mécontents, par exemple ; après tout, nous faisons partie de la meute, et un chien aime être en bons termes avec tous les membres de celle-ci. Il m'arrive souvent, malgré l'idée reçue, de ne pas avoir l'impression d'être l'individu alpha de ma meute, mais je suis sûr d'en faire partie même si c'est d'une façon plus mystérieuse que je ne le pense.

Parmi les meilleurs livres sur le dressage que j'ai lus, je citerais : *How to Be Your Dog's Best Friend*, écrit par les Monks de New Skete, et *Mother Knows Best* (où *Mother* fait référence à une mère-chien pour personnifier la meilleure façon de dresser un tout jeune chiot) de Carol Lea Benjamin. Ces deux ouvrages insistent sur les émotions naturelles du chien (la fierté par exemple) et sur le fait important – en réalité un véritable miracle – que nous partagions tant de nos émotions avec lui. En tirer avantage dans le dressage me semble logique.

Voilà en ce qui concerne l'acquis ; mais qu'en est-il de l'inné chez ce que nous appelons un chien « domestiqué » ?

Les chiens sont particulièrement enclins à jouer avec tout ce qu'ils peuvent trouver. La chose la plus stupéfiante que l'on puisse voir, c'est un très gros prédateur, un ours blanc par exemple (comme l'a montré une photo d'un numéro de *National Geographic*[2] de 1994), jouant avec un chien alors que d'autres fois ce dernier deviendra sa proie. (Les seuls prédateurs à s'attaquer aux ours blancs sont les orques qui s'emparent d'eux comme s'ils n'étaient que des boules de crème glacée, posées sur une plaque de glace flottante.)

Quand, très tôt le matin, je vais promener mes trois chiennes à la Marina de Berkeley, il m'arrive souvent de voir une hirondelle descendre en piqué près de la tête de Sima, la mettant au défi de la poursuivre ; défi que Sima relève invariablement. L'oiseau reste toujours devant, mais jamais très loin de façon que le jeu puisse continuer. Si, fatiguée, Sima fait demi-tour, l'hirondelle pique vers elle jusqu'à la frôler afin de ranimer son intérêt, ce qui réussit généralement. Il paraît évident que ces deux animaux jouent ensemble. Que se passerait-il si, d'aventure, Sima attrapait l'hirondelle ? Je pense qu'elles seraient toutes les deux désappointées, l'une certainement plus que l'autre toutefois. Comme Woody Allen l'a dit : « Il arrive que le lion se couche à côté de l'agneau ; mais alors celui-ci a du mal à trouver le sommeil. »

Kaspar Hauser, l'« enfant sauvage » le plus célèbre d'Allemagne, naquit en 1812 et vécut les seize premières années de son existence dans un cachot. Quand il fut remis en liberté, il ne savait ni parler ni marcher. Il finit par apprendre à parler, et écrivit même son autobiographie, mais sa courte vie fut marquée par la tragédie et s'acheva par son meurtre en 1833, alors qu'il avait à peine vingt et un ans. De ses années passées dans le « trou noir », il se souvenait seulement d'avoir eu pour jouets un chien et un cheval de bois. Dans les années qui suivirent sa libération (aussi mystérieuse que sa captivité) il apprit à parler, manger, dessiner, jouer du piano, et discourir sur tous les sujets que les Allemands considéraient comme essentiels pour une personne civilisée. On jugeait qu'il avait passé suffisamment de temps à s'amuser alors qu'il était enfermé. Il ne vint à l'esprit de personne que durant ces seize années d'emprisonnement Kaspar Hauser avait été privé de l'immense plaisir de jouer avec d'autres êtres humains. En conséquence, on ne lui apprit jamais, et on ne l'encouragea pas, à jouer avec d'autres adolescents[3].

Dans *Animal Play Behavior*, son livre sur le jeu chez les animaux – l'ouvrage le plus détaillé et l'un de ceux qui font autorité –, Robert Fagen écrit que « dans le passé, les scientifiques qui étudiaient le jeu rencontraient parfois une profonde hostilité de la part de leurs collègues et du public[4] » (bien que Konrad Lorenz l'ait encouragé à cultiver « un intérêt enjoué pour les animaux »). Le jeu est naturel chez tous les jeunes mammifères en bonne santé, qu'ils soient humains ou non. Les non-mammifères eux-mêmes, comme les oisillons, jouent. (Les insectes ne semblent pas le faire, bien que je n'en sois pas si sûr.) Devenus adultes, les humains, qui ont presque tous joué alors qu'ils étaient jeunes, ne paraissent guère apprécier la valeur du jeu. Les jeunes animaux jouent plus fréquemment et plus vigoureusement que les enfants. Bien que l'*Homo sapiens* soit la seule espèce connue qui fabrique des jouets pour ses rejetons[5], les humains feraient bien de prendre des leçons de la part des chiens en ce qui concerne le pur plaisir de jouer. Erik Zimen[6] regarda une fois cinq louveteaux sauvages s'amuser pendant cinq heures d'affilée au bord d'un lac, en Colombie-Britannique. Claquant des mâchoires, les louveteaux se poursuivaient les uns les autres sur la rive, jouaient à « C'est moi le plus fort » en défendant une grosse pierre entourée d'eau, et s'interrompaient de temps à autre pour se mordiller ou jouer avec divers objets.

Avec mes chiennes, il m'est parfois difficile de faire la différence entre un jeu et quelque chose de plus obscur. Leila m'accompagne souvent quand je vais faire du jogging le matin, à la Marina de Berkeley. Nous marchons ensemble pendant quelques minutes, puis je me mets à courir. Dès que je m'éloigne, les chiennes me suivent, mais après quelques pas, elles s'arrêtent et se retournent vers Leila, puis vers moi. Elles paraissent perplexes. Elles font encore quelques mètres puis, comme si elles avaient changé d'avis, rejoignent Leila et se promènent avec elle tandis que je continue à courir. Leila me dit qu'elles demeurent sur le qui-vive, observent chaque coureur qui me ressemble (short bleu et tee-shirt court) et se précipitent vers lui pour revenir aussitôt, visiblement déçues.

Après trente minutes de course, je retrouve Leila à un endroit convenu. Dès que les chiennes m'aperçoivent ou m'entendent (je les appelle doucement), elles courent vers moi avec une joie et un abandon complets. Je suis revenu ; je suis de retour en tant que membre de la meute. Se moquent-elles gentiment de moi et d'elles-mêmes, ou bien ont-elles vraiment eu peur que je ne sois parti pour toujours ? Je ne saurais le dire. Il est possible que ce soit un jeu, mais il pourrait également s'agir pour elles d'une véritable angoisse. Leurs émotions semblent tellement sincères : totale perplexité lorsque je pars ; joie intense à mon retour. J'aimerais tant pénétrer leur univers émotionnel et savoir avec certitude ce qu'elles ressentent.

Alors que nous avons des jouets, les chiens disposent de la nature entière. Il est intéressant de noter que les enfants aiment bien qu'on les laisse se débrouiller seuls, sans leur imposer ce que nous, adultes, pensons être des jeux salubres et convenables. Tout comme les chiens, ils préfèrent être dehors et trouvent un nombre infini de jouets naturels. Les chiens courent après des brindilles, des feuilles, leur propre queue, des gouttes d'eau ou des papillons ; ils sautent en l'air et s'enterrent dans le sable ; creusent des trous et se jettent dans les vagues. Les enfants ne se comportent-ils pas de la même façon ? Peut-être est-ce pourquoi enfants et chiots peuvent jouer ensemble pendant des heures dans un jardin ou sur une plage.

Des béhavioristes ont remarqué que pour un animal le jeu était un signe de bien-être physique et mental, le choix du jeu étant significatif de son état général. Des éthologistes ont noté qu'« une envie de jouer intermittente ou peu fréquente, régressive et insuffisante était le propre des tout jeunes primates orphelins, handicapés, blessés ou gravement malades [7] ». Quand le jeu est vigoureux, total, approprié à l'âge et fréquent, il indique que le jeune animal est en parfaite santé, mais également capable d'aimer car le jeu est un terrain favorable à l'amitié. C'est à cette occasion que des liens se forgent ; et une interaction continue conduit à les approfondir.

De plus, un jeu qui n'est pas stéréotypé (par « stéréotypé » j'entends qui ne s'écarte pas d'un modèle défini[8]) et fait intervenir l'imagination favorise une bonne santé psychologique et physique. Les humains, comme les autres animaux, jouent souvent à « faire semblant ». Le jeu nous permet d'adopter un comportement qui élargit le champ de notre expérience quotidienne. La duperie est ordinairement considérée comme inacceptable, mais elle est souvent un élément du jeu. En jouant, les chiens se comportent d'une façon que l'on a décrite comme rusée et imaginative. Ils feignent ; ils prétendent aller d'un côté et changent aussitôt de direction ; ils font les morts puis se relèvent d'un bond. Et ils acceptent parfaitement cette forme de supercherie. Normalement, lorsqu'un chien en regarde un autre dans les yeux, c'est un signe d'agressivité, un défi lancé. Si à son tour l'autre le fixe, un combat s'ensuivra. Pourtant, en jouant les chiens s'observent constamment ; ce renversement de l'ordre normal des choses fait partie du jeu. Cette simple manœuvre leur permet de mettre leur monde à l'envers. John Paul Scott et son collègue ont découvert qu'agressivité ludique et agressivité véritable ne sont pas nécessairement en corrélation[9]. Un chien qui se montre agressif en jouant est très souvent pacifique et amical le reste du temps, alors qu'un chien agressif n'est pas toujours enclin à jouer, même si le jeu est brutal.

Cette sorte de renversement correspond peut-être à l'idée que le chien se fait de l'humour. Le jeu est indubitablement relié à l'humour, et les chiens en ont beaucoup. Au début de son livre, *In Praise of Wolves*, R.D. Lawrence parle de sa rencontre avec un loup qui le taquine et joue avec lui. Il note : « ... il s'arrêta pour m'observer de nouveau, ses yeux conservant toujours cette lueur d'humour malicieux, si caractéristique des loups qui aiment plaisanter et le font si souvent[10] ». Dans *Maître et Chien* (1918) Thomas Mann écrit :

> Nous nous amusons : je lui tape sur le nez et il tâche de happer ma main comme une mouche. Cela nous fait rire tous deux – oui, Bauschan même rit et c'est pour moi qui ris aussi le spectacle le plus étrange et le plus touchant qui soit au monde. Il y a quelque chose de saisissant à voir, sous l'excitation de mes taquineries, trembler la commissure des lèvres, se contracter et tressaillir cette maigre joue d'animal et sur le minois noir de la créature paraître l'expression du rire humain [11]...

Roger Caras raconte l'histoire d'une chienne nommée Biddie – un caniche noir – avec laquelle il avait mis au point un véritable numéro de music-hall. Elle s'asseyait sur ses genoux, appuyait ses pattes de devant sur sa poitrine, et il lui disait : « *Brigitte, Petite Noire**, regarde-moi dans les yeux. Tu as sommeil, très sommeil. » Elle fermait alors les paupières et laissait tomber sa tête contre la poitrine de Caras, comme si elle était en transe. Les personnes présentes ne manquaient jamais de rire, et Biddie elle-même semblait consciente de la plaisanterie. En fait, elle demandait à refaire son numéro, encore et encore, jusqu'à ce qu'on la chasse de la pièce. Et Caras ajoute : « Quiconque voyait ce petit caniche et ne pensait pas qu'il avait le sens de l'humour en était lui-même dépourvu. Il y en avait dans presque chacune de ses attitudes, chacun de ses gestes [12]. »

Tous les chiens aiment se taquiner les uns les autres et sont contents d'en faire autant avec les humains. Leur expression est alors légèrement différente de celle qu'ils ont quand ils jouent ; elle semble un peu moins détendue. C'est là un autre exemple du renversement de rôle, une façon de manifester une dominance feinte (dominance qui ne dure que le temps du jeu) [13]. Lorsque les chiens dupent, ils le font en manière de plaisanterie, et ne profitent jamais du jeu pour se blesser

---

* En français dans le texte. (*N.d.T.*)

intentionnellement les uns les autres. On ne peut en dire autant de tous les jeux des humains.

Sasha, pesant plus de trente kilos, est de loin la plus puissante de nos trois chiennes. Quand elles jouent toutes ensemble, pour que cela soit encore plus amusant, Sasha inverse souvent les rôles et se laisse poursuivre par les deux autres. Bien qu'elle soit nettement plus rapide que Sima et Rani, elle se désavantage délibérément, ralentissant pour leur permettre de la rattraper. J'ai tout d'abord pensé qu'elle était la seule à agir ainsi, puis j'ai découvert que ce comportement était très courant chez de nombreux mammifères. Les grands singes le font continuellement. Le primatologue S.A. Altmann note qu'il existe chez les singes un ensemble de conventions qui rend le jeu réciproque et équitable [14]. Marc Bekoff, l'expert canin, relève les mêmes conventions chez les chiens. Je me demande si, en fait, tous les animaux qui jouent n'usent pas des mêmes signaux ou conventions.

Lorsque mes chiennes jouent à se battre, cela peut paraître inquiétant. Elles s'attrapent chacune à leur tour par la peau du cou et secouent la tête avec une telle vigueur qu'on pourrait croire qu'elles vont se briser la colonne vertébrale [15]. Quand je les ai vues faire cela pour la première fois, je suis aussitôt intervenu craignant que le jeu ne dégénère et ne devienne une véritable agression. Au bout d'un certain temps, je me suis aperçu que les coups de dents et la façon qu'elles avaient de se secouer n'étaient pas dangereux et, en réalité, parfaitement maîtrisés. Des actes qui en d'autres circonstances seraient passés pour hostiles n'étaient ici que ludiques. Fixer un autre chien est un prélude au combat, ou au moins une menace, mais dans le jeu, cela devient une sorte de plaisanterie. On a même remarqué que certains chiens couvraient leurs dents de leurs babines afin d'éviter de faire mal à leurs compagnons. Il semblerait également que les chiens sachent combien un corps est vulnérable et facile à blesser, même en jouant. J'ai remarqué que deux chiens se montraient plus agressifs lorsqu'ils se disputaient un objet quelconque que quand ils se lançaient dans un corps-à-corps.

Dans *A Dog Is Listening*, Roger Caras raconte l'histoire de Sirius, un greyhound qui dut d'avoir la vie sauve à sa faculté de sourire. « Il tire ses lèvres vers l'arrière et découvre ses dents dans un grand sourire. Il le fait pour vous accueillir, quand vous lui offrez un gâteau, ou simplement lorsque vous lui demandez de le faire. » Le vétérinaire qui fut obligé de supprimer vingt et un greyhounds en parfaite santé ne put se résoudre à endormir Sirius : « Comment tuer un chien qui sourit chaque fois que vous vous approchez de lui une seringue à la main[16] ? » Le naturaliste anglais Brian Vesey-Fitzgerald décrit l'un de ses chiens alors qu'il vient vers lui « frétillant et se trémoussant, souriant pour ainsi dire de tout son corps[17] ».

Au cours du jeu, subordination, soumission, hiérarchie et toutes les autres distinctions comptant normalement dans une société canine tiennent ici un rôle différent. Le jeu autorise une liberté qui n'a cours dans aucun autre domaine de la vie d'un chien. Il n'est pas étonnant que celui-ci s'en réjouisse et en profite aussi souvent.

Comment les chiens font-ils savoir aux autres qu'ils ont envie de jouer et que leur comportement ne doit pas être interprété selon les règles conventionnelles ? Marc Bekoff a découvert que certaines attitudes fonctionnaient comme des signes de ponctuation, indiquant que ce qui va suivre fait partie d'un discours particulier. C'est le but de l'« invitation au jeu » : une façon de prévenir l'autre chien qu'il va devoir se référer à un ensemble de règles différentes, celles du jeu. Le chien prend alors une expression heureuse – la gueule ouverte, la langue pendante , les yeux brillants (connue techniquement comme « expression de jeu, la gueule ouverte[18] ») – puis il lève l'arrière-train, écarte légèrement les pattes de devant et remue frénétiquement la queue. Comment pourrait-on se méprendre sur la signification de cette attitude ? Elle dit clairement : « Viens jouer ! »

J'ai vu des chiens refuser de répondre à une invitation au jeu, mais jamais se tromper sur ce qu'elle indiquait. Pourquoi éprouvons-nous de si grandes difficultés à déchiffrer les signaux de nos semblables ? Est-ce parce que nous faisons trop souvent preuve d'ironie et de sarcasme, deux mots qui paraissent absents du dictionnaire émotionnel des chiens ?

Les pauses qui interviennent entre deux périodes de jeu sont des particularités intéressantes du comportement canin. Le retour à la normale est alors indubitable, et c'est probablement pourquoi ces pauses sont si courtes – de façon qu'aucune erreur ne puisse être commise. Les chiens ont alors tendance à détourner les yeux, afin qu'un regard direct ne soit pas pris pour un signe d'agressivité.

De nombreux animaux jouent sans que nous sachions le reconnaître, mais il ne peut exister aucun doute quand il s'agit des chiens. Malgré cela, certaines personnes croient que leurs chiens jouent *toujours*, même lorsqu'ils se battent jusqu'au sang, tandis que d'autres ne leur permettent jamais de le faire, considérant qu'un tel comportement n'est que de l'agressivité déguisée. La théorie de Bruno Bettelheim sur l'agressivité des enfants est considérée comme le critère suprême en ce qui concerne ce type de comportement. Pour lui, l'excuse : « Je ne faisais que jouer » était inacceptable. C'était lui qui décidait quand l'agressivité était inconsciente, cachée ou indirecte. Les analystes agissent toujours ainsi. Mais les chiens ne semblent pas jouer à se battre pour déguiser ou dissimuler un véritable combat. Ils ne se dupent pas les uns les autres de cette manière. Que ce soit dans le monde réel ou dans celui, imaginaire, qu'ils créent en jouant, les chiens se montrent francs et honnêtes.

Érasme Darwin, le grand-père de Charles Darwin, désirait s'opposer à la vieille idée selon laquelle les animaux n'avaient aucun droit puisqu'ils ne pouvaient pas s'engager par contrat :

> Ne sommes-nous pas convaincus par une observation quotidienne qu'ils ont passé un contrat d'amitié les uns avec les autres, et également avec le genre humain ? Quand des chiots et des chatons jouent ensemble, n'existe-t-il pas un contrat tacite entre eux stipulant qu'ils ne se blesseront pas mutuellement ? Et votre chien favori n'attend-il pas de vous que vous le nourrissiez tous les jours en échange de ses services et de l'attention qu'il vous porte [19] ?

12.

Chiens et chats

En 1845, Darwin chevauchait dans les pampas d'Argentine, à des kilomètres de toute habitation, lorsqu'il remarqua un troupeau de moutons gardé seulement par un chien. Ce gardien tout à fait particulier avait été élevé avec des moutons, couchant « dans une niche garnie de peaux », et tétant le lait d'une brebis. Il avait été châtré « tout jeune encore ».

Quand on s'approchait des bêtes, le chien se mettait à aboyer, et tous les moutons venaient se ranger derrière lui comme s'il était le plus vieux bélier du troupeau. Le soir, il retournait à la ferme pour être nourri. En dehors de ce moment-là, il n'avait aucun contact avec des humains. Les autres chiens de la maison lui donnaient invariablement la chasse et lui couraient après jusqu'à ce qu'il ait rejoint son troupeau. Il faisait alors volte-face, et ses poursuivants s'enfuyaient. Les chiens sauvages eux-mêmes n'attaquaient jamais les moutons quand il était parmi eux. Darwin écrit à ce propos : « Le chien berger considère les moutons comme ses frères et acquiert ainsi de la confiance en lui-même ; les chiens sauvages, bien que sachant que chaque mouton pris individuellement n'est pas un chien, mais un animal bon à manger, consentent sans doute à adopter cette même manière de voir quand ils se trouvent en présence d'un chien berger à la tête d'un troupeau[1]. »

A quel code moral tacite les chiens sauvages obéissent-ils lorsqu'ils évitent d'attaquer des moutons parce qu'un chien de berger se trouve parmi eux ? Un sceptique pourrait répondre qu'il s'agit simplement là d'un instinct territorial, mais cela semble beaucoup plus complexe comme le suggère le verbe *consentir*, employé par Darwin.

Lorsque j'étais enfant, nos chiens et nos chats étaient élevés ensemble. La première fois que j'ai entendu l'expression « se battre comme chiens et chats » (qui remonte au XVe siècle) je n'ai pas compris ce qu'elle signifiait car mes chiens et mes chats ne se battaient jamais.

A l'époque où je vivais à Toronto et où j'ai adopté Misha, mon caniche, nous avions déjà une petite chatte de gouttière nommée Megals. La chienne attrapait la chatte par le cou et lui faisait descendre les escaliers en rebondissant de marche en marche. Une fois arrivées en bas, Misha se couchait et commençait à mordiller le cou de Megals. La première fois que je l'ai vue faire cela, je me suis précipité, terrifié à l'idée que Megals allait être tuée, mais en approchant, j'ai entendu un bruit qui rappelait celui d'un moteur de Porsche tournant au ralenti : extasiée, Megals ronronnait. Quand elles ont été adultes, la chienne saisissait la chatte par le cou et la secouait. Megals se faisait toute molle et appréciait visiblement la situation. Toutes deux savaient parfaitement qu'il s'agissait d'un jeu. A ma grande surprise, Sima fait la même chose avec Saj, mon petit chat tigré, et celui-ci réagit exactement comme Megals.

Quel est le sens de ce jeu interespèces qui ressemble tant à un comportement proie/prédateur ? Une idée reçue nous enseigne que les chiens et les chats descendent d'ancêtres sauvages complètement différents. Les chiens appartiennent à une espèce sociale, et des liens d'amitié se nouent donc entre les individus, alors que les chats sont issus d'une espèce solitaire. La tradition veut que les tigres soient des créatures totalement solitaires, mais des preuves récentes semblent indiquer que nous pourrions simplement ne pas avoir été présents au moment de leurs fréquentes rencontres. Qui sait les amitiés que nouent les tigres quand personne n'est là pour les observer ?

Dans une ferme isolée, située en bordure de la jungle, dans l'Uttar Pradesh, tout près de la frontière entre l'Inde et le Népal, Billy Arjan Singh a vécu au contact étroit de tigres et de léopards durant les trente-cinq dernières années. Il avait adopté une étonnante petite chienne bâtarde, nommée Eelie, qui devint l'amie intime de trois de ses léopards et d'une tigresse répondant au nom de Tara. Adultes, les gros félins ne toléraient pas seulement la petite chienne, mais ils jouaient avec elle sans jamais la blesser. Dans son livre *Eelie and the Big Cats*, les photos montrent bien l'extraordinaire confiance qui peut se développer entre des espèces qui devraient normalement être ennemies[2].

Il est évident que les chiens et les chats prennent grand plaisir à feindre de dévorer leur proie et d'être celle qu'un prédateur dévore. Chacun sait qu'il ne s'agit là que d'un jeu et en connaît les limites. Parfois, quand Sima se montre un peu trop brutale, Saj proteste en miaulant et met fin au jeu. J'ai aussi remarqué que Saj préférait jouer avec Sima qu'avec moi. Cette dernière est peut-être un peu trop brusque, mais elle doit être bien plus amusante.

J'ai demandé à d'autres personnes ayant des chiens et des chats si elles avaient constaté le même comportement chez leurs animaux. C'était le cas pour la plupart d'entre elles. Les chiens aiment mordiller le cou des chats, et ceux-ci en éprouvent beaucoup de plaisir.

A ma connaissance, le jeu proie/prédateur n'a pas été observé dans la nature – ce qui ne veut pas dire qu'il n'existe pas. Quelles sont les raisons qui permettent à un chien et à un chat, deux espèces totalement différentes, de s'engager dans un jeu aussi complexe que de prétendre tuer et être tué sauvagement, et pourquoi en retirent-ils du plaisir ? Je n'ai jamais vu de chats jouer ainsi entre eux, et il en va de même pour les chiens. C'est précisément le fait qu'ils appartiennent à des espèces différentes – ce dont ils ont conscience d'une façon ou d'une autre – qui les autorise à jouer ainsi. Et ils y prennent tant de plaisir parce qu'ils savent qu'il ne s'agit pas de quelque chose de réel. Ils se réjouissent de leur pouvoir d'imagination, de leur aptitude à reconnaître combien il est étrange pour deux espèces différentes de jouer l'une avec l'autre. Cela peut paraître bizarre, mais si j'aime tant regarder des chats et des chiens jouer ensemble, c'est qu'il me plaît vraiment de les voir briser la barrière existant entre les espèces. Et je crois que leur plaisir tient pour beaucoup à la même raison.

Dans leur livre *Cats and People*, Frances et Richard Lockbridge notent que « l'homme n'a pas l'esprit tranquille ; si les chats et les chiens pensent, ils peuvent le faire à son sujet, et puisqu'ils ont tant d'opportunités de l'observer, cette éventualité lui paraît inquiétante [3] ». Comme nous pouvons nous demander : « Qui les chiens pensent-ils que nous sommes ? », il est possible, je crois, de se poser la même question en ce qui concerne les chiens et les chats. Qu'est-ce qu'un chat représente pour un chien ? Dans quelle catégorie le range-t-il ? Koko, une femelle gorille des plaines vivant en captivité, à qui l'on avait appris la langue des signes, était capable de former le mot *chat* et avait même un chaton comme animal de compagnie [4]. Mais personne ne lui a demandé ce qu'était pour elle un chat. Généralement, seuls les humains ont un « animal de compagnie ». Les autres animaux ont des relations d'amitié. Chiens et chats sont souvent amis, mais les chiens ne pensent jamais que les chats sont leurs animaux de compagnie. Bien que nous puissions être tentés de dire que les chats n'ont aucune opinion sur les chiens, ils en ont sans doute une. Les chats distinguent très nettement les chiens qui sont amicaux de ceux qui sont dangereux. Je crois que beaucoup d'animaux classent leurs congénères ou les autres espèces par catégories, mais personne ne connaît au juste la précision ni le nombre de graduations de ces classements.

Quant à ce qui permet aux chats et aux chiens de se comporter ainsi, il doit s'agir de quelque chose ayant un rapport avec une socialisation précoce. Je n'ai jamais entendu dire qu'un chien et un chat, introduits déjà adultes dans le même foyer, puissent avoir des relations ludiques aussi intimes. Il faut qu'ils aient été élevés ensemble pour que se développe cette confiance mutuelle que nécessite le jeu proie/prédateur[5].

Lorsque, toute jeune, Sima a été mise en présence de mes chats, j'ai découvert qu'elle se livrait en cachette à une activité assez redoutable : elle coupait à coups de dents les moustaches de Saj, aussi nettement que si elles l'avaient été avec un rasoir. On aurait cru que le chat avait une barbe rugueuse. Cela pouvait être dangereux pour lui car les chats se servent de leurs moustaches pour déterminer si un espace est assez grand pour leur corps, et sans elles, ils peuvent se trouver coincés ou immobilisés dans un lieu trop étroit. Ce n'était pas un jeu ; Sima grignotait alors tout ce qui lui tombait sous la dent et, pour une étrange raison, le chaton la laissait faire. Mais si ce n'était pas un jeu, ce n'était pas davantage un acte agressif, seulement une curieuse distraction qu'une confiance mutuelle avait permise.

Cette confiance mutuelle qui se développe entre les chiens et les chats qui vivent ensemble est très agréable à observer. Mes trois chiennes dorment souvent étroitement emmêlées avec les deux chats. Hier par exemple, Sasha avait affectueusement posé son long museau sur le ventre de Raj, Saj était blotti contre eux, et tous les trois dormaient profondément. Cette façon de cohabiter est contraire à toute attente – après tout, des ennemis naturels ne dorment pas ensemble. Par contre, les chiens paraissent avoir une sorte de déférence à l'égard des chats. Quand Sasha veut aller dormir dans sa niche et y trouve un des deux chats roulé en boule, en plein milieu, elle ne le pousse pas dehors comme elle le fait avec les deux autres chiennes, mais elle se couche devant, permettant au chat de dormir sans être dérangé.

Elle fait également preuve d'une patience infinie lorsque les chats la harcèlent. Quand elle mange, elle ne permet à aucune des chiennes de s'approcher de son bol. Pourtant, Raj peut sans crainte venir dévorer sa nourriture ; elle se contente de le regarder, l'air perplexe mais tolérant. Si Saj lui donne des coups de patte sur le nez pour tenter de la faire jouer lorsqu'elle n'en a pas envie, elle ne perd jamais son calme même s'il est évident qu'elle souhaiterait être tranquille. Je me demande si elle se sentirait embarrassée de se comporter de la sorte devant ses amis chiens, sachant qu'ils pourraient la trouver ridicule. Elle traite davantage les chats comme des enfants que comme d'autres chiens.

Les chats sont l'autre grande espèce domestiquée, mais leur domestication est assez différente de celle des chiens. Ils vivent très près des humains, mais ne se montrent absolument pas serviles, menant leur propre vie sans se laisser dominer. Comme le dit Carl Van Vechten dans son ouvrage désormais classique *The Tiger in the House*, ils peuvent « retourner à l'état sauvage plus facilement que n'importe quel autre animal domestique car ils n'ont pas besoin d'une grande réadaptation pour le faire [6] ». Dans *The Wildlife of the Domestic Cat* de Roger Tabor [7], des études conduites sur des chats sauvages, vivant dans la nature montrent que le comportement du chat domestique diffère peu du leur. Maurice Maeterlinck croit que pour le chat nous ne sommes rien de plus qu'une proie trop grosse et immangeable. Selon lui, le chat féroce, au regard oblique et méprisant, ne nous tolère que comme des parasites encombrants dans nos propres maisons [8].

Ce jugement peut paraître sévère, mais il est probable que les chats ne nous accordent pas leur amour aussi généreusement ni aussi totalement que les chiens. Pourtant, je n'ai jamais cru que le monde devait être divisé en deux catégories distinctes : les amoureux des chiens et ceux des chats ; je fais partie des deux. Carl Van Vechten débute *The Tiger in the House* en réfutant cette banalité par la citation suivante : « Comme James Branch Cabell l'a si bien remarqué : pour un esprit raisonnable, il serait aussi peu sensé de refuser de faire une partie de billard sous prétexte que l'on préfère les harengs [9]. »

On peut difficilement nier que les chats nous tolèrent alors que les chiens nous adorent. Pour moi, la question est de savoir si les chats et les chiens s'aiment. A en juger par le nombre d'histoires fiables de chats et de chiens qui non seulement sont des amis intimes, mais pleurent la mort de leur compagnon, je me risquerai à dire que c'est probable. On a suggéré que les chatons et les chiots jouaient ensemble pendant des heures parce qu'ils étaient immatures, n'avaient pas encore conscience d'appartenir à deux espèces différentes. Pourtant, bien des gens parlent de l'amitié forte et durable existant entre des chiens et des chats adultes pour qui il ne saurait être question de confusion d'identité. Toutefois, ces liens amicaux paraissent être très particuliers et individualisés. Il ne semble pas que les chiens fassent une relation entre les chats qui vivent sous le même toit qu'eux et les autres. Ils ne considèrent pas tous les autres chats comme leurs ennemis, pas plus qu'ils ne les regardent comme leurs amis simplement parce qu'ils appartiennent à la même catégorie animale que le chat de la maison.

La plupart des chiens poursuivent les chats. Je ne pense pas que ce soit là un comportement véritablement prédateur. Les chiens pourchassent à peu près tout ce qui court, particulièrement les petits animaux comme les lapins ou les écureuils. Chaque fois que j'emmène mes chiennes en promenade dans les rues avoisinantes, Raj et Saj attendent notre retour dans l'allée d'accès, et en rentrant, les chiennes les chassent vers la maison. Ce n'est qu'un jeu comme lorsqu'elles poursuivent les autres chats du voisinage. Quand à de rares occasions elles acculent un chat inconnu, elles regardent autour d'elles, perplexes, et ne savent visiblement pas quoi en faire.

Quand j'ai adopté Misha, elle adorait courir après les chats, et j'ai décidé d'utiliser une thérapie d'aversion pour essayer de l'en empêcher. Un jour, l'ayant emmenée devant l'entrée d'une animalerie, je lui ai dit qu'il y avait un chat à l'intérieur et qu'elle devrait le chasser. Elle était très excitée et je l'ai lâchée. Auparavant, je m'étais assuré la complicité du propriétaire qui avait enfermé sa grosse panthère noire dans une cage du magasin. Lorsque Misha est arrivée devant la cage et a vu le « chat », qui lui a craché dessus façon panthère, elle s'est précipitée vers la sortie à toute vitesse. Elle n'a plus jamais poursuivi de chat !

Si l'on en croit ce que dit Laurens van der Post dans *Une histoire comme le vent*, les chiens n'ont généralement pas peur des léopards. L'ennui est qu'aucun chien digne de ce nom ne voit de raison d'être effrayé par un léopard. Celui-ci est à peine plus grand que lui, et de toute façon ce n'est qu'une espèce de chat ; on ne peut donc pas s'attendre à ce qu'un chien le respecte. Quand ils se trouvent confrontés à un léopard, les chiens se lancent à l'attaque sans hésitation [10].

La moitié des greyhounds qui ont été sauvés, m'a-t-on dit, sont des chasseurs de chats invétérés, sans doute parce qu'ils ont été entraînés à courir après des lapins vivants comme appât ; et certains d'entre eux tuent même les chats qu'ils attrapent. Un chien peut-il aimer le chat qui vit sous le même toit que lui et en tuer un autre dans la rue ? J'en doute. Je serais terriblement choqué si Sasha s'attaquait soudain à Saj ou Raj, et le mordait avec l'intention de lui faire mal. Il m'est impossible de croire que cela puisse arriver. Les chimpanzés peuvent partir en guerre, les jeunes dauphins imposer leurs désirs sexuels à des femelles qui cherchent à les éviter, mais les animaux ne se massacreront jamais les uns les autres comme le font les hommes. Ne pouvons-nous apprendre, comme les chiens l'ont fait, qu'il est possible de vivre avec d'autres espèces sans les détruire, les manger, les exploiter ou les mépriser ?

13.

Chiens et loups

Révélant certains des préjugés communs aux hommes de son temps, John Adams écrivait en 1756 : « Le continent tout entier n'était alors qu'une vaste et sombre jungle hantée par des loups, des ours, et des hommes plus sauvages encore... A présent, les forêts ont été rasées, la terre est couverte de champs de maïs, les arbres des vergers ploient sous le poids des fruits, et l'on voit partout les magnifiques demeures de gens sensés et civilisés. » Il aurait dû ajouter les chiens à sa seconde phrase, car à l'endroit où les loups vagabondaient autrefois, nous vivons maintenant en compagnie de nos chiens.

Pour L. David Mech, éminent spécialiste du loup, celui-ci n'est qu'un gros chien sauvage, le chien originel[1].

Il y a dix à vingt mille ans de cela, les hommes ont domestiqué des loups pour en faire des chiens[2]. Du teckel le plus minuscule aux énormes et doux terre-neuve et saint-bernard, tous les chiens descendent d'un même ancêtre. Il existe aujourd'hui plus de quatre cents races de chiens, et elles appartiennent toutes à la même espèce, *Canis familiaris*, ainsi nommée par Linné en 1758. Le chien est un proche parent du loup (*Canis lupus*), du coyote (*Canis latrans*) et du chacal commun ou loup doré (*Canis aureus*). Les autres membres de la famille des canidés comme le renard (*Vulpes vulpes*), le lycaon ou cynhyène (*Lycaon pictus*), vivant en Afrique, et le chien rouge ou dhole (*Cuon alpinus*), répandu dans toute l'Asie tropicale, sont des parents plus éloignés[3].

Dans quelle mesure les chiens sont-ils différents des loups ? John Paul Scott écrit : « Il est bien évident que tout comportement fondamental existant chez le chien se retrouve chez le loup. Cela signifie qu'en dépit de siècles de sélection canine, rien de véritablement nouveau n'est apparu dans le comportement du chien[4]. »

Selon Peter Steinhart, l'auteur de *In the Company of Wolves*[5], si les loups se comportent souvent comme les chiens, le contraire n'est pas vrai. Ils font bien des choses que les chiens ne font pas. Quand je lui ai demandé quelques précisions, Peter m'a dit que les loups étaient plus sérieux et donnaient l'impression d'être plus déterminés. Par exemple, lorsqu'ils suivent un chemin, ils ne se détournent jamais de leur but alors que les chiens folâtrent et se laissent facilement distraire. Pour survivre, un loup a besoin de savoir beaucoup de choses. Les chiens n'ont besoin que de nous. Le loup est étroitement lié à l'endroit où il vit. Le chien n'a que *nous* comme horizon ; il obtient de nous tout ce qui lui est nécessaire. Le loup, lui, doit se montrer assidu et demeurer concentré. Alors que les chiens se contentent d'apprendre, d'obéir et d'imiter, le loup doit faire preuve de perspicacité ; il est sensible à toutes sortes de signaux – le chant des oiseaux, les senteurs subtiles des plantes et l'odeur d'un animal se déplaçant dans le vent – qui lui indiquent où chercher sa proie et l'informent de la présence éventuelle de concurrents.

Peter Steinhart rapporte ainsi les propos du Dr Harry Frank, professeur de psychologie à l'université de l'État du Michigan et spécialiste des loups : « [Le chien] a tout intérêt à acquérir une compréhension très aiguë du comportement humain et à faire connaître ses envies à l'homme, car ce dernier est l'élément le plus important de son environnement et lui transmet un tas de signaux visuels et auditifs. » Et Steinhart remarque : « L'évolution n'a pas amélioré la capacité du chien à résoudre ses problèmes, mais simplement son aptitude à comprendre les humains. »

Il existe d'autres différences entre les chiens et les loups. Par exemple, la maturité sexuelle des loups est plus tardive que celle des chiens. L. David Mech note que sur le plan hormonal, un loup ne parvient à sa totale maturité – correspondant à celle d'un homme de vingt-cinq ans – qu'à l'âge d'environ cinq ans. La plupart des chiens l'atteignent vers l'âge de sept mois. Les louves n'ont qu'une seule période de chaleurs par an, alors que les chiennes en ont une tous les sept mois environ. Le saint-bernard, dont la taille est deux fois celle d'un gros loup, a des dents et une mâchoire plus petites que les siennes. Les chiens ne possèdent pas comme les loups de glande anale.

Quoique la monogamie des loups ait été quelque peu exagérée, ces derniers ne font cependant pas preuve de la même promiscuité sexuelle que la plupart des chiens. Cela aurait-il un rapport avec le fait que leur cerveau est plus gros de trente pour cent que celui des chiens ? Harry Frank a élevé à la fois des loups et des chiens comme animaux de compagnie. En le regardant ouvrir une porte, les loups ont très vite appris à tourner une poignée. Ses chiens ne l'ont jamais fait[6]. Chez le loup, seules les parties du cerveau en relation avec la perception sensorielle sont plus développées que chez le chien ; le cerveau primitif, le centre des émotions, est identique chez l'un et l'autre. Chez les humains également, l'intensité et la capacité émotionnelle n'ont que peu de rapport avec la taille du cerveau.

En faisant du loup un chien domestique, nous n'avons pas amélioré ses qualités physiques : la dysplasie de la hanche et probablement la plupart des défauts génétiques canins n'existent pas chez les loups sauvages. De la même façon, nous n'avons pas non plus amélioré la conversation des canidés. Alors que les loups poussent parfois quelques aboiements courts et aigus en guise de mise en garde, seuls les chiens sont capables d'aboyer toute la journée (ou toute la nuit). Les loups prennent soin des individus malades, blessés ou âgés de leur bande. Autant que je sache, les chiens redevenus sauvages et vivant en meute ne le font que rarement.

La hiérarchie établie au sein d'une bande de loups détermine en grande partie le comportement quotidien de chacun des membres. Le loup alpha, le chef de la meute, possède des caractéristiques physiologiques qui le distinguent des individus de rang inférieur. Il a par exemple un rythme cardiaque plus élevé, probablement à cause des responsabilités qui accompagnent son rôle de leader et de la tension constante que cela suppose. Ces caractéristiques existent parfois chez les chiens, mais de façon bien plus atténuée et à des degrés très différents. Cela tient en partie au fait que les humains qui ont remplacé l'animal alpha sont tellement inconséquents que les chiens ne sont jamais très sûrs du rang qu'ils occupent dans la hiérarchie. Cette situation a, par contre, un effet positif : les chiens se montrent plus indulgents. Un loup ne pardonne ni n'oublie jamais une erreur, et le frapper seulement une fois, ce serait renoncer à toute relation avec lui. Les chiens errants suivent un chef, ordinairement le mâle le plus gros, mais son rôle est temporaire, tout comme l'est l'existence de la meute [7].

Comme j'en ai souvent fait la remarque dans ce livre, le chien reste perpétuellement juvénile, caractéristique pour laquelle il est sélectionné et élevé. Un loup ne se comporte comme un louveteau que tant qu'il en est un, et c'est pourquoi il est presque impossible de l'apprivoiser. Sa vie durant, un chien se comporte envers nous comme le fait un louveteau envers ses parents pendant une courte période de son existence.

Mis à part ces différences plutôt insignifiantes par rapport à l'ensemble d'une personnalité, le comportement des chiens et des loups est assez identique. Selon Erik Zimen, qui étudie les loups en Allemagne et a élevé plusieurs loups et hybrides de loups, il n'existe pas un seul élément du comportement du chien qui ne se retrouve dans celui du loup[8]. En effet, alors que je lisais des livres au sujet des loups, la similitude m'a paru parfois si frappante que je croyais qu'il était question de mes chiennes. Sima, par exemple, accueille les personnes qu'elle n'a pas vues depuis un certain temps de façon très caractéristique : elle pousse des cris aigus, lèche, se roule sur le dos tout en agitant vivement la queue. Le loup que John Fentress a élevé se conduit à peu près de la même façon : « Il accueille avec enthousiasme les personnes qu'il connaît déjà, même s'il ne les a pas vues depuis plusieurs semaines. Il pousse de petits cris aigus, remue abondamment la queue, s'approche en baissant légèrement l'arrière-train, donne des coups de patte, lèche et se roule sur le dos[9]. » Les chiens commencent à remuer la queue alors qu'ils sont très jeunes et continuent à le faire jusqu'à la fin de leurs jours. « Cela n'a guère qu'une fonction sociale et ressemble beaucoup, à tous égards, au sourire humain[10]. »

Nombres de qualités que nous apprécions chez le chien se retrouvent chez le loup. Michael Fox écrit que « la tolérance, l'indulgence, la loyauté, la sincérité, la franchise, l'attachement, et un amour aveugle et inconditionnel, sont des sentiments existant dans une famille de loups qui n'a pas connu d'ingérence humaine[11] ». C'est ainsi qu'un loup se comporte envers les membres de sa famille, et nous aimons les chiens parce qu'ils agissent de la même façon à notre égard. En dépit de nombreux récits relatifs à des loups qui auraient élevé des enfants abandonnés (probablement un fantasme caractéristique de notre espèce), un humain ne peut jamais vraiment faire partie d'une bande de loups. Pour les chiens par contre, nous représentons la meute, car celle-ci est complète dès qu'un être humain s'y joint[12]. Tout comme les membres d'une bande s'inclinent devant la volonté du loup alpha qui prend toutes les décisions importantes – où et quand chasser et se reposer – les chiens s'en remettent à nous. Comme le montre le mythe persistant d'enfants élevés par des loups, l'idée d'appartenir à une bande d'animaux sauvages peut éveiller chez les humains un certain mysticisme. On a même signalé l'existence de cultes dédiés aux loups. Une partie du plaisir que nous ressentons à nous trouver en compagnie de chiens est dû au sentiment de participer à des rituels remontant à un comportement atavique de vie en bande. Vivre avec un chien, c'est un peu vivre avec un loup apprivoisé, sans s'exposer au danger que cela représente normalement. Nous éprouvons une sorte de fierté quand nous marchons dans la rue à côté d'un chien. J'ai ce sentiment lorsque je me promène avec Sima, Sasha et Rani. Nous formons une petite meute dont je suis le mâle alpha. C'est une sensation très étrange.

Mais cela paraît peut-être moins surprenant quand on considère combien les loups et les hommes se ressemblent à plusieurs égards. Nous sommes les uns et les autres des animaux sociaux et même des animaux de meute ; nous avons un besoin instinctif de hiérarchie ; nous sommes au sommet de la chaîne alimentaire. Les loups n'ont d'autre ennemi naturel que l'homme, et ce dernier chassait autrefois à la manière des loups. Pour communiquer entre nous, nous utilisons des sons et des attitudes ; nous prenons soin de nos jeunes, sommes physiquement symétriques et nous montrons parfois agressifs envers ceux de notre propre espèce ; mais quel autre mammifère ne présente-t-il pas ces dernières caractéristiques ? Nous sommes probablement bien plus semblables au chien de prairie que nous n'aimerions l'admettre.

Même les expressions faciales du loup ressemblent aux nôtres et sont donc faciles à interpréter : le visage éveillé et heureux, le sourire amical, les yeux fermés de plaisir. La physionomie bienveillante et soumise, le sourire docile et les oreilles couchées, identifiés tout d'abord par Rudolf Schenkel, l'un des premiers spécialistes des loups, ont une signification évidente à l'inverse, par exemple, des expressions faciales des oies cendrées que Konrad Lorenz a appris à déchiffrer au cours des années [13].

Comme nous, les loups ont vécu sur presque toute la surface de la planète, de l'Arabie Saoudite et de l'Inde centrale à l'océan Arctique ; du Japon au Groenland, à l'Europe, l'Amérique du Nord et le Mexique. Ils peuvent habiter dans tous les endroits où l'on trouve de la nourriture et de l'eau.

Peter Steinhart écrit : « Notre ressemblance avec les loups est essentielle ; ils sont pour nous une sorte de miroir dans lequel nous pouvons nous regarder comme il ne nous est possible de le faire avec aucune autre créature. Nous discernons en eux le reflet de ce qui est bon et mauvais en nous, notre amour altruiste comme notre violence inexplicable. Nous nous voyons comme nous sommes et comme nous pourrions être [14]. »

Pourtant, il ne faudrait pas exagérer nos similitudes car en réalité nous ne savons que peu de chose sur le comportement des loups sauvages. Ils sont fuyants et se sont révélés très difficiles à observer de près. Le seul fait d'apercevoir un loup dans la nature est un événement rare. En conséquence, nous ne savons pas avec certitude comment se constitue une bande de loups sauvages. Elle se compose habituellement de mâles et de femelles de la même portée, mais inclut parfois un étranger. Aujourd'hui encore, personne ne sait sur quelles bases cet intrus est accepté au sein de la bande. Est-ce simplement que certains loups plaisent et d'autres non, ou existe-t-il pour se faire admettre des conditions dont nous ignorons tout ? De la même façon, nous ne savons pas comment les chiens arrivent à faire des distinctions parmi leurs semblables. Je suis toujours extrêmement étonné de voir Sima, Sasha ou Rani sympathiser immédiatement avec certains chiens et se montrer visiblement hostiles ou indifférentes envers d'autres. Je n'ai jamais réussi à saisir les raisons de ces décisions apparemment arbitraires – pourtant je vois là une indication supplémentaire que les animaux ont, comme nous, une vie émotionnelle complexe et secrète.

Nous avons passé plus de dix mille ans à effacer les caractères du loup existant chez le chien, et à présent, nous nous demandons parfois si ce n'était pas une erreur. Les personnes qui vivent en compagnie d'hybrides de loup le font parce qu'elles apprécient cette part du loup qu'elles retrouvent chez le chien, ce comportement originel de l'animal sauvage. Certains traits de caractère sauvages, absents chez le chien [15], sont effectivement dignes d'intérêt. Les chercheurs qui se sont efforcés d'établir des liens sociaux entre l'homme et le loup ont noté que ce dernier ne retournait jamais à son comportement sauvage, même après un an d'absence de contacts avec des humains. On a émis l'hypothèse que les loups pourraient faire preuve d'une attitude amicale innée envers tous les humains qui se comporteraient convenablement avec eux. Les chiens ne sont pas toujours capables d'en faire autant, et certains d'entre eux ne sont attachés qu'à une seule personne. Par contre, un loup ne considère pas tous ses congénères comme « sa famille », ce que les chiens semblent faire aisément. Quand ces derniers sont amicaux, ils le sont avec tous leurs semblables – ou tout au moins ne se montrent pas agressifs envers eux. Il suffit de voir l'attitude amicale des chiens entre eux dans un parc où ils sont autorisés à se promener en liberté. Dans un tel endroit, beaucoup, sinon la plupart des loups feraient preuve d'agressivité.

Dans son livre *Adam's Task*, Vicki Hearne remarque qu'un loup

> n'aura pas le courage d'un bon chien, ce courage qui découle de son attachement aux formes et à la signification de nos vertus domestiques. Le loup demeure xénophobe. Bien sûr, il peut se montrer respectueux, noble, courageux et courtois envers ses semblables. Il possède les aptitudes sociales d'un loup, mais pas celles d'un homme, et c'est pourquoi nous disons de lui qu'il est

> un animal sauvage. Mais puisque les êtres humains ne possèdent pas, pour tout un tas de raisons d'ordre pratique, les aptitudes sociales d'un loup, celui-ci considère l'homme comme un animal sauvage, et il est dans le vrai. Il ne nous fait pas confiance, et a parfaitement raison [16].

Les chiens vivent avec nous depuis si longtemps que leurs façons de se comporter sont presque les nôtres. Nous les avons sélectionnés, et si nous ne tenons pas compte de cette réalité, nous commettons une erreur comme Konrad Lorenz l'a fait en distinguant les chiens descendant du chacal de ceux descendant du loup. Selon lui, les races qui avaient tendance à se montrer amicales envers tout le monde étaient issues du chacal (*Canis aureus*), alors que celles qui n'acceptaient qu'un seul maître étaient issues du loup (*Canis lupus*). Pour Lorenz, le « chien-chacal » était puéril et soumis, et voyait son « maître » comme le mélange d'un père et d'un dieu. Le « chien-loup » refusait la soumission et l'obéissance, et traitait davantage son maître comme un collègue ; le lien qui les unissait était plus fort et plus exclusif. Bien évidemment Lorenz ne cachait pas sa préférence pour cette seconde catégorie de chiens [17].

Mais par la suite, Lorenz a reconnu s'être trompé, car si les loups et les chiens sont des animaux hautement sociaux, « les chacals, comme les coyotes, se contentent de vivre ordinairement en couples ». De plus, les vocalisations des chiens et des loups sont très similaires, alors que celles du chacal comportent des nuances plus complexes. Cette dernière information ayant convaincu Lorenz, il est évidemment revenu sur son hypothèse d'un ancêtre chacal [18]. Néanmoins, comme le Dr Ian Dunbar l'a souligné : « Il est impossible d'affirmer avec certitude que les chacals, les coyotes et les autres canidés sauvages n'ont joué aucun rôle [dans la domestication du chien] surtout depuis que nous savons que le chacal s'accouple librement avec les pariahs, les shenzis et les dingos, de la même façon que certaines races nordiques comme les huskies et les malamutes peuvent avoir été croisées avec des loups[19]. »

Je n'ai jamais entendu Sima, Sasha ou Rani hurler, mais Misha le faisait fréquemment. De nombreuses personnes ont entendu leurs chiens hurler ; ce long cri a quelque chose d'inquiétant, d'excitant et de déconcertant à la fois. Autant que je sache, le hurlement des chiens n'a fait l'objet d'aucune recherche. Par contre, celui des loups a été étudié de près, et on en apprend toujours davantage sur sa complexité. Le hurlement sert au loup à avertir ses congénères, à maintenir des limites territoriales et à garder une certaine distance entre les bandes afin qu'elles ne s'importunent pas les unes les autres. Les loups ont besoin de beaucoup d'espace pour survivre. Il est très étonnant de constater à quelle distance peut porter le hurlement d'un loup. On m'a assuré que par des nuits calmes, un seul hurlement pouvait annoncer la présence d'une bande sur une étendue de cent trente à trois cent soixante kilomètres carrés[20]. Seules les espèces hautement sociales hurlent. Le dingo, le lycaon, le dhole et le loup gris le font. Comme le note Desmond Morris, le hurlement sert souvent à identifier son auteur, et exprime aussi, très précisément, son état d'esprit. Selon lui, le chien domestique ne hurle que lorsqu'il est enfermé et seul. Ce « hurlement de solitude » est une façon de dire : « Rejoins-moi[21]. » Les loups hurlent également quand ils sont seuls et recherchent de la compagnie ; ils hurlent pour appeler les autres loups, pour faire savoir aux petits restés dans la tanière qu'ils reviennent de la chasse, ou simplement parce qu'ils sont heureux d'être ensemble.

Tout comme un « chien n'est pas un être humain infantile, doté de quatre pattes et vêtu d'un manteau de fourrure[22] », il faut éviter de penser qu'un loup n'est qu'un chien au pelage plus rude. Bien que le chien descende du loup, il existe une énorme différence entre un animal domestiqué et un animal sauvage. Un animal sauvage qui a été apprivoisé conserve néanmoins ses instincts et peut à tout moment et d'une façon inattendue retourner à l'état sauvage. Beaucoup de personnes semblent l'ignorer. Je me souviens qu'un jour, il y a de cela une quinzaine d'année, ma fille est revenue de l'école en me disant que son institutrice cherchait de bons foyers d'accueil pour des louveteaux. Elle désirait savoir si nous pouvions en prendre un. J'étais très tenté, puis j'ai appelé Charles Berger, un vétérinaire de Berkeley, spécialiste des loups. Il m'a déconseillé de le faire de la façon la plus catégorique. Depuis, j'ai eu connaissance de terribles tragédies advenues à des personnes ayant adopté des loups.

Quel que soit le temps que l'on consacre à un louveteau, les liens sociaux qui le lieront aux humains seront toujours ténus. Un loup apprivoisé n'est pas un chien. « Les loups apprivoisés se montreront familiers avec la personne qui les aura nourris au biberon comme des enfants, mais deviendront craintifs et parfois même agressifs envers les étrangers, dès qu'ils auront atteint l'âge de six mois... Même si plusieurs générations de loups se reproduisaient dans l'entourage des humains, cela n'effacerait pas leurs instincts sauvages. La domestication du loup demanderait environ dix mille ans [23]. »

En Amérique du Nord, on ne connaît pas de cas attesté où un loup sain, non atteint par la rage, aurait attaqué un être humain. Pour une raison quelconque le loup respecte (ou a appris à craindre) les hommes. On a affirmé qu'en Europe (surtout en Russie) des loups s'en étaient pris à des humains, mais cela a été contesté. Peut-être les animaux incriminés étaient-ils des hybrides de chien et de loup. On trouve très peu de véritables loups dans les pays scandinaves, mais il existe de nombreux récits sur le danger qu'ils représentent. Erkki Pulliainen écrit : « En Finlande, au cours de ce siècle, aucun incident n'est venu corroborer le fait que les loups sont réellement dangereux pour l'homme. Malgré cela, l'hostilité qu'on leur manifeste n'a guère évolué dans la campagne finnoise [24]. » Tous les individus d'une même espèce n'ont pas le même tempérament. Si cela est vrai pour les hommes, pourquoi en serait-il autrement pour les loups ? On peut très bien imaginer une louve essayant d'inculquer à son petit la peur des hommes en général parce que l'un d'entre eux a tiré sur elle, et le louveteau objectant que des liens d'amitié se sont noués entre le fils du chasseur et lui.

Certaines personnes croient qu'en possédant un hybride de loup, elles pourront en quelque sorte contribuer à réhabiliter ce dernier tandis que d'autres pensent que cela leur permettra de vivre plus près d'un animal sauvage. Les premières se trompent et les secondes ont raison, mais c'est précisément là où réside le problème. Selon Randall Lockwood, vice-président de la Humane Society des États-Unis, la plupart des personnes qui ont des hybrides connaissent de sérieuses difficultés lorsque ces animaux atteignent l'âge de trois ans. Richard Polsky a, lui aussi, conseillé aux éventuels possesseurs d'hybrides de loup de ne pas « se laisser endormir par un faux sentiment de sécurité parce que l'animal se comporte amicalement envers les membres de la famille... Des tendances prédatrices très fortes font partie de la nature d'un hybride et le rendent potentiellement dangereux à garder comme animal de compagnie dans un environnement urbain[25] ».

Des personnes averties ont elles-mêmes subi des attaques soudaines et imprévisibles. Beth Duman, biologiste et défenseur de la cause des loups, avait l'habitude d'emmener sa louve dans les écoles afin de montrer aux enfants combien ces animaux pouvaient en réalité être adorables. Son mari et elle avaient cette louve depuis quatre ans. Un après-midi de printemps, ils se trouvaient dans son enclos où ils la câlinaient et la grattaient quand, sans que rien le laissât prévoir, l'animal poussa le mari de Beth contre la grille et lui planta ses crocs dans l'avant-bras. Ce jour-là, il s'était légèrement blessé et boitait en entrant dans l'enclos. Fort probablement la louve l'avait remarqué et cela lui avait suffit pour le défier, comme elle l'aurait fait avec l'un de ses congénères. Beth note que la plupart de ses amis qui élèvent des loups lui ont confié avoir connu des expériences similaires[26].

Dans la mesure où les loups n'attaquent pas les humains lorsqu'ils se trouvent dans la nature, il est curieux de penser que l'agressivité des hybrides vient peut-être de l'élément chien et non de l'élément loup. Par ailleurs, le comportement d'un animal captif est profondément altéré. Presque toutes les personnes s'étant occupées de loups s'accordent à penser qu'ils ne sont pas les meilleurs animaux à garder en captivité. Bien des gens ont été tentés de le faire, je crois, après avoir lu l'extraordinaire livre de Lois Crisler, *Chasseurs d'images en Alaska*, le récit probablement le plus éloquent sur des loups vivant avec des humains. Cet ouvrage est très romantique, mais il faudrait lire également son second livre dont on parle beaucoup moins souvent : *Mon amie Alatna.* Crisler ramena ses loups et hybrides de loup au Colorado, et le résultat fut tragique. Tous moururent prématurément ; certains furent écrasés, d'autres abattus, et quelques-uns durent être supprimés.

On ressent de façon presque palpable le chaos que ces loups ont provoqué dans la vie de Crisler, et la destruction qu'elle a semée dans la leur, bien qu'elle ait tenté de leur éviter la mort certaine qu'ils auraient connue si elle les avait simplement relâchés dans cette région arctique. Ils n'étaient plus des animaux véritablement sauvages et n'auraient pas survécu.

Terry Jenkins, directrice du Folsom City Zoo de Californie, avait un hybride de loup très affectueux, qui semblait aimer les bébés et les femmes, mais qui a néanmoins essayé de la tuer. Elle tentait d'affirmer sa supériorité et a échoué : l'hybride a bondi sur elle et l'a mordue plusieurs fois à la poitrine, cherchant à atteindre sa gorge[27].

Peter Steinhart conclut son livre *In the Company of Wolves* en notant qu'« autrefois, le loup était généralement considéré comme le symbole de la dépravation de la sauvagerie ; à présent il est pour bien des personnes le symbole de la noblesse de la nature. C'est en se servant du premier de ces symboles que nous avons presque fait disparaître le loup. Et c'est en utilisant le second que nous pouvons encore le sauver[28] ».

Notre amour récent pour les loups vient peut-être aussi du fait que nous constatons et apprécions de plus en plus chez nos chiens un comportement qui rappelle celui de ces animaux sauvages. Les loups ne nous aiment peut-être pas, mais les chiens, eux, si. Pour une fois, l'humanité semble avoir franchi la barrière des espèces. Cela ne s'était encore jamais produit ; c'est l'un des grands mystères de la nature : nous faisons maintenant partie de l'univers intime des chiens.

14.

L'agressivité canine : réelle ou feinte ?

La romancière Linda Gray Sexton élève des dalmatiens, qu'elle présente à des concours. L'histoire qu'elle m'a racontée constitue une excellente entrée en matière pour ce chapitre sur l'agressivité chez le chien [1]. Rhiannon, son premier dalmatien, une femelle, avait un an lorsqu'elle arriva chez elle. Rhiannon avait vécu chez un éleveur qui la destinait aux concours et, comme tous les autres chiens du chenil, elle était enfermée dans un box vingt-deux heures par jour. En tant que dernière de la meute, elle jouissait de très peu de privilèges. Chez Linda, sa vie fut transformée : aimée, choyée et caressée à longueur de journée, elle devint l'objet de l'attention de tous. Elle resta néanmoins très timide et soumise. Deux chats habitaient la maison, mais elle était la seule chienne. Après avoir été dressée pour des épreuves d'obéissance, elle fut présentée à des concours. Son attachement pour Linda ne cessait de grandir ; elle la suivait partout, se couchait à ses pieds et la regardait des heures entières, affectueuse, fidèle, et supportant difficilement la moindre séparation.

Cependant Linda désirait adopter un chiot. Quand Rhiannon eut presque trois ans, un petit dalmatien de sept semaines, une chienne nommée Tia, fit son entrée dans la maison. Rhiannon se montra tout d'abord très tolérante envers cette minuscule créature prétentieuse et fit preuve d'indulgence à son égard ; elle se laissa mordiller, sauter dessus, et joua avec le chiot comme s'il s'agissait du sien.

Lorsque Tia eut dix-huit mois, Linda remarqua que Rhiannon se réservait l'usage exclusif de divers lieux et différents objets. Un jour Nick, le jeune fils de Linda, taquinait les chiennes avec un *bagel**, toutes les deux essayant de l'attraper, quand Rhiannon grogna, indiquant ainsi qu'elle souhaitait voir Tia reculer, et qu'en tant qu'animal dominant, le bagel lui revenait. Mais Tia, n'étant désormais plus un chiot, refusa de céder et soudain, les deux chiennes se jetèrent sauvagement l'une sur l'autre. Elles ne desserraient les mâchoires que pour mieux planter leurs dents ailleurs. Elles se dressèrent sur leurs pattes de derrière, se mordant et s'entaillant. Il y avait du sang partout. Quand on réussit à les séparer, elles avaient de graves blessures à la face et sur les pattes. On les emmena aussitôt chez un vétérinaire qui dut les anesthésier pour pratiquer des soins chirurgicaux importants.

Par la suite, les deux chiennes transformèrent la maison en champ de bataille. Alors qu'auparavant elles mangeaient dans le même bol et dormaient ensemble, il devint impossible de les mettre en présence l'une de l'autre. Linda consulta un spécialiste du comportement canin et apprit à mieux interpréter le langage corporel de ses chiennes. Pendant un temps, les choses semblèrent être rentrées dans l'ordre jusqu'au jour où Nick glissa et marcha sur la queue de Tia. Celle-ci poussa un jappement, et Rhiannon se jeta sur elle. Le combat fut sanglant, se termina de nouveau chez le vétérinaire, et coûta des centaines de dollars de chirurgie. Cela se produisit quatre fois encore jusqu'à ce que Linda et le spécialiste du comportement canin essaient d'analyser la situation. Il apparut évident que Rhiannon prenait l'initiative de ces combats quand elle était en chaleur, ne considérant plus Tia comme un chiot

* Petit pain en forme d'anneau. (*N.d.T.*)

qu'elle devait supporter, mais comme une intruse qui occupait une grande partie du temps de Linda. Sa jalousie venait d'un attachement et d'un amour profonds, amour qu'elle n'avait pas connu lorsqu'elle vivait enfermée dans son box ; et Tia représentait désormais une menace pour cet amour.

Linda aurait souhaité voir ses championnes se reproduire, mais l'ovariectomie semblait inévitable, ce qui signifiait que ses chiennes ne pourraient plus participer à des concours car les animaux stérilisés n'y sont pas admis. Elle fit une dernière tentative. Pendant trois mois, elle musela Rhiannon et Tia, et les attacha aux poignées des portes quand elles se trouvaient dans la même pièce, afin qu'elles réapprennent à vivre ensemble sans faire preuve d'agressivité. Elle dut également se montrer plus forte, se comporter comme l'individu alpha de la petite meute, indiquant nettement qu'elle ne tolérerait plus de combat d'aucune sorte ; et ses chiennes apprirent peu à peu à n'attendre de directives que de sa part. Aujourd'hui, elles paraissent s'être réadaptées à la vie en commun, mais Linda ne tient pas cette nouvelle paix et cette amitié entre elles pour acquises. Elle a appris que quand l'amour était très fort, l'agressivité risquait de l'être tout autant.

On peut tirer bien des leçons de cette histoire, mais ce qui m'intéresse le plus a trait à ma recherche sur les origines de l'agressivité. Indépendamment des facteurs de tension qui provoquèrent les combats entre Tia et Rhiannon, il me paraît important de se demander quelles étaient les expériences précédentes qui pouvaient laisser prévoir cette agressivité. Je suis d'accord avec Linda pour penser que Rhiannon a eu peur de perdre son amour et les privilèges qui l'accompagnaient ; il semble vraisemblable qu'elle ait agi de la sorte parce qu'elle avait été privée d'affection durant la première année de son existence.

Si l'on accepte la théorie de John Paul Scott selon laquelle il existerait des périodes de développement critiques dans la vie d'un chien, il est logique de penser que lorsqu'un animal n'a pas reçu les stimuli adéquats durant ces « créneaux », certains comportements sociaux ou d'autres caractères appris ne pourront pas être convenablement acquis par la suite. Scott définit une période critique comme « un moment particulier de la vie où l'expérience la plus insignifiante produira des effets considérables sur le comportement futur[2] ». L'idée de ces périodes critiques dans la vie d'un chiot a eu une influence énorme tant théorique que pratique. C'est la raison pour laquelle, par exemple, nous adoptons les chiots à l'âge de huit semaines environ. Dans *Genetics and the Social Behavior of the Dog*, son ouvrage désormais classique (écrit en collaboration avec J.L. Fuller), Scott note chez le chiot un profond changement de comportement à l'âge de trois semaines, lorsqu'il commence à pouvoir bouger et se nourrir comme un adulte. A ce moment-là, tous ses organes sensoriels fonctionnent, et il est capable de faire des associations simples entre des événements extérieurs, comme le fait d'être nourri, et une sensation intérieure de plaisir ; et de lier ses émotions à une interaction sociale. Le chiot apprend alors rapidement comment établir des rapports avec d'autres animaux, des gens et des lieux ; et il adopte un modèle de comportement qui influencera presque toute son existence future. « Il y aura d'autres périodes de transformation rapide du comportement au cours de la vie d'un chien, par exemple au moment de la maturité sexuelle et de la naissance des petits, mais leurs effets seront plus limités[3]. »

Scott reconnaissait que cette idée capitale avait également un rapport avec les origines de l'agressivité. Dans son autobiographie, il s'est intéressé aux problèmes d'adaptation des chiens élevés en chenil et ayant eu très peu de rapports avec les hommes. Ces chiens étaient effrayés par tout ce qui était nouveau et éprouvaient de grandes difficultés à apprendre. Si par la suite ils étaient placés dans des foyers afin d'être « réadaptés », certains évitaient tout contact humain et d'autres mordaient. Selon Scott, un chien devenait pathologiquement timide ou agressif pour des raisons génétiques tenant avant tout à sa race, mais ces deux types de comportements étaient dus au fait d'avoir été enfermé dans un chenil durant cinq mois ou plus[4].

Selon moi, les symptômes peuvent s'étendre au-delà de la timidité et de l'impossibilité à être dressé (ce qui était le cas de Rhiannon) et inclure une vive agressivité envers un autre chien. Si l'on prend comme parallèle le système de défense humain qui consiste en un mécanisme de déplacement, Rhiannon en voulait sans doute beaucoup à Linda d'avoir introduit cette nouvelle chienne dans la maison, mais il ne lui était pas possible d'exprimer directement son mécontentement à sa maîtresse. La férocité de son attaque contre Tia peut avoir eu un rapport avec cette impossibilité de diriger sa colère contre sa véritable cible. Si l'on pense que les chiens sont incapables de se montrer aussi déductifs, on peut conclure que Rhiannon détestait simplement la présence de Tia et vivait cela comme une expérience directe plutôt que comme un grief abstrait.

D'après plusieurs études, un chien élevé dans l'isolement sera plus agressif que celui qui aura grandi en compagnie d'autres chiens. L'isolement pourra également provoquer une timidité excessive, mais on ignore quel degré de confinement constitue un isolement ; et les effets du confinement n'ont pas été étudiés d'une façon aussi poussée que ceux de l'isolement. La race du chien entre-t-elle en jeu dans ces comportements ? Scott prétend que l'agressivité est propre à certaines races de chiens[5]. Les spécialistes que j'ai consultés semblent s'accorder pour privilégier une autre théorie : peu de races sont agressives par nature, et cette agressivité ne peut se développer sans l'intervention de l'éducation ou du dressage. Si l'on en croit cette idée, un doberman élevé dans une atmosphère douce et amicale – où l'agressivité est désapprouvée, découragée, jamais récompensée – ne se montrera pas agressif à l'âge adulte, même s'il paraissait y être prédisposé quand il n'était qu'un chiot. Par ailleurs, le fait que des louveteaux élevés par des humains aient un comportement presque identique à celui des chiens, jusqu'à ce qu'ils aient atteint leur maturité sexuelle – et qu'alors il soit souvent impossible de les garder comme animaux de compagnie –, laisse penser qu'un facteur génétique intervient dans le développement de l'agressivité [6].

Les mangoustes élevées dans l'isolement depuis le jour de leur naissance se montrent agressives à l'égard de leurs congénères la première fois où elles les rencontrent. La même chose est vraie pour les combattants siamois. Ces poissons semblent n'avoir besoin d'aucune expérience pour que se déclenchent leurs réactions agressives. Quand des épinoches mâles élevées dans l'isolement le plus complet dès leur naissance sont mises pour la première fois de leur vie en présence de leurs semblables, elles ont un comportement agressif envers les autres mâles et font la cour aux femelles [7].

En outre, le fait que l'agressivité soit le problème le plus important que les gens connaissent avec leurs chiens, et constitue la raison majeure pour que l'on renonce à poursuivre l'éducation d'un chien-guide d'aveugles, aurait tendance à prouver l'existence d'une cause génétique. Pourtant, il subsiste une tendance parmi les personnes qui ont des chiens, comme d'ailleurs parmi les psychologues, à rechercher à l'agressivité excessive une explication en rapport avec des expériences précédentes ou divers mécanismes de défense. On peut se demander si la peur – les dresseurs parlent d'une « peur qui pousse à mordre » [8] – ou une vie misérable n'en sont pas les véritables causes, mais le fait que l'agressivité d'un chien ait une explication psychologique n'a que peu d'importance pour sa victime. Un enfant de cinq ans, attaqué par un bull-terrier, ne sera pas consolé d'apprendre que le chien a été traité avec brutalité et battu par son maître. Aux États-Unis, les morsures de chiens, tout particulièrement sur de jeunes enfants, sont encore très fréquentes et posent un grave problème sanitaire. On estime que 1,8 % de la population a été mordue par un chien en 1994, ce qui fait approximativement cinq cent quatre-vingt-cinq mille blessures exigeant des soins médicaux ou un ralentissement de l'activité. Au vu de ces chiffres, il peut paraître surprenant qu'il n'y ait aux États-Unis que dix-huit morts par an consécutives à des morsures de chiens. La plupart de ces victimes sont des enfants, et la majeure partie des attaques concerne des bébés endormis[9].

Rendant visite, avec mes trois chiennes, à des amis qui ont un bâtard de labrador jaune, une femelle nommée Alice, j'ai été récemment le témoin d'une agression contre un chien. Mes amis me montraient les alentours de leur nouvelle maison quand, soudain, sans aucune provocation apparente, Alice s'est jetée sur Sasha pour la mordre méchamment. Celle-ci s'est mise à hurler – ou, du moins, les cris qu'elle poussait ressemblaient à des hurlements. Elle ne se défendait pas, se contentant de crier. J'ai réussi à séparer les deux chiennes, mais pas avant que Sasha n'ait eu le temps de déféquer et de dégager une odeur très forte que je n'avais jamais sentie auparavant, et dont j'ai pensé que ce pouvait être l'odeur de la terreur[10]. Sasha tremblait et frissonnait. La connaissant stoïque et indépendante, j'ai été étonné qu'elle vienne chercher protection auprès de moi, son comportement démontrant une fois de plus la thèse de la néoténie : les chiens restent juvéniles et nous leur tenons lieu de parents. Sima et Rani regardaient cette scène avec étonnement. De toute évidence, elles ne comprenaient pas le sens de cette attaque ; et nous non plus. Sasha paraissait bouleversée, mais alors que je voulais partir, elle a paru contente de faire une promenade dans le parc malgré la présence d'Alice. Les chiens ne gardent jamais rancune aux humains, et je pouvais constater que leur tolérance s'étendait à leurs congénères. Au cours de la promenade, Alice a de nouveau attaqué Sasha qui a semblé cette fois tellement perturbée que nous l'avons ramenée à la maison. Je ne pense pas que ce genre d'expérience affectera

Sasha d'une manière permanente. Qu'est-ce qui permet aux chiens de supporter ce genre de traumatisme sans conséquences graves ? L'indulgence ; et dans ce domaine, les humains auraient beaucoup à apprendre des chiens.

Ce qui s'était passé entre Rhiannon et Tia, Sasha et Alice était une véritable agression car nous réservons ce terme pour un combat entre membres de la même espèce. Le comportement prédateur n'est généralement pas ressenti comme un acte agressif. Lorsqu'un chien chasse un lapin ou qu'un chat attrape une souris, nous ne considérons pas qu'ils se comportent agressivement (une subtilité qui échappe sans doute au lapin et à la souris). La rivalité n'intervient généralement qu'à l'intérieur de la même espèce, quelquefois de la même famille, et a pour objet la nourriture, un territoire, ou un compagnon.

L'agressivité a toujours fasciné les psychologues. Il en existe plus de deux cent cinquante définitions dans la seule littérature psychologique. L'agressivité humaine est l'un des sujets les plus étudiés, peut-être dans l'espoir de l'éliminer. Est-ce parce que nous pouvons nous sentir supérieurs, confrontés à ce que bien des personnes croient être l'agressivité innée du chien, que celle-ci nous fascine tant [11] ? En effet, l'agressivité est probablement la première des choses à laquelle les gens pensent quand il est question des chiens. Ceux-ci et d'autres carnivores semblent être de bons modèles, non seulement pour comprendre l'agressivité humaine, mais pour apprendre à ressembler davantage à d'autres créatures qui paraissent mieux maîtriser leur agressivité.

Depuis *L'Agression*, le livre de Konrad Lorenz [12], nous sommes habitués à l'idée que l'agressivité chez le chien est ritualisée [13]. A l'occasion de ce que l'on appelle les rencontres « agonistiques » (un ensemble de menace, agressivité, apaisement et évitement) se déroule une sorte de danse rituelle durant laquelle les gestes qui normalement font mal sont utilisés en tant que symboles de ce qui pourrait se passer, mais n'a pas lieu. Au cours de ces rencontres, personne n'est en fait blessé, l'animal le plus fort, celui qui l'emporterait si le combat était réel, démontrant alors sa supériorité. Il s'agit davantage d'un cérémonial, d'une sorte de représentation théâtrale, que d'un véritable combat. Le combat ritualisé paraît assez courant chez toutes les espèces sociales – et même parfois chez les humains comme dans la boxe ou le football américain. Le chien étant un animal profondément social ne pourrait pas se battre jusqu'à la mort de façon continuelle, sinon l'espèce aurait cessé d'exister. Les jeunes individus, qui par définition sont moins forts, doivent survivre et en seraient incapables si les combats mortels étaient constants. Les chiens apprennent cela très tôt de leur mère ou en jouant avec les autres chiots de la portée, principalement au cours des sept premières semaines de leur existence. Comme Scott l'a souligné, privés de cette opportunité, ils ne semblent pas savoir faire la distinction entre l'agressivité feinte et réelle.

Selon Lorenz, le perdant prouve sa vulnérabilité en présentant son cou au chien le plus fort. D'après des recherches plus récentes, ce geste serait simplement un comportement ordinaire de soumission et n'aurait rien à voir avec une quelconque reconnaissance que le cou du chien serait la partie la plus fragile de son corps. En fait, il ne l'est pas. La première fois que j'ai vu Rani saisir Sima par le cou et la secouer comme si elle était un lapin dont elle aurait voulu briser la nuque, j'étais très inquiet. J'ai fini par comprendre que le cou était la partie du corps choisie précisément parce qu'il était très solide et peu vulnérable en cas d'attaque. Les chiens jouent entre eux en s'attrapant par le cou parce que cela ne présente aucun danger.

De la même manière, exhiber son ventre au cours d'un combat ritualisé n'est pas exposer la partie de son corps la plus vulnérable (comme Lorenz et d'autres semblent le croire). Ce n'est là qu'un geste rituel de soumission ; un de plus ayant un rapport avec l'amour. Nos chiens agissent ainsi quand ils veulent se montrer particulièrement affectueux et se roulent sur le dos, nous empêchant de poursuivre notre chemin, attirant notre attention et nous encourageant à les câliner et les caresser, afin que nous leur accordions le contact physique qu'ils désirent. En 1872, dans *L'Expression des émotions chez l'homme et les animaux,* Charles Darwin a noté dans son chapitre consacré aux chiens :

> L'affection qu'éprouve le chien pour son maître se mélange d'un sentiment profond de soumission, qui tient un peu de la crainte. Aussi certains chiens ne se bornent pas à abaisser leurs oreilles et à s'aplatir un peu en approchant leurs maîtres, mais s'allongent sur le sol, le ventre en l'air. C'est là un mouvement aussi opposé que possible à toute démonstration de résistance. J'ai possédé jadis un gros chien qui ne redoutait nullement de se mesurer avec des adversaires de son espèce ; cependant il y avait dans le voisinage un chien de berger, sorte de chien-loup, d'humeur pacifique et beaucoup moins fort, qui avait sur lui une étrange influence. Lorsque le hasard les mettait en présence, mon chien avait coutume de courir à sa rencontre, la queue entre les jambes et le poil lisse ; puis il s'allongeait à terre, le ventre en l'air. Il semblait ainsi dire plus clairement que par tout discours : « Tiens ! je suis ton esclave [14]. »

Cette exagération de l'aspect ritualisé d'un combat est ce qui rapproche l'agressivité des chiens à la fois du jeu et de l'amour. Lorsque Rani rencontre quelqu'un, elle se couche immédiatement sur le dos, sollicitant – en fait exigeant – de l'affection, ce qu'elle obtient immanquablement. Sasha exprime la même demande avec ses oreilles (il est étonnant de constater combien les oreilles d'un chien peuvent être expressives), et Sima avec son arrière-train.

Il est évident qu'un chien a parfaitement conscience de l'aspect ritualisé de l'agressivité ; rarement il commet une erreur ou trompe un congénère. En cas d'agression véritable, il est important d'intimider son adversaire. Le chien essaie alors de paraître le plus gros possible : ses poils se hérissent, sa tête est bien droite, sa queue dressée, et il se tient plus ou moins sur la pointe des orteils afin de se grandir. Quand deux chiens feignent de se battre, il se passe à peu près la même chose : les poils de leur cou se soulèvent, les deux antagonistes se regardent et se comportent comme au cours d'un combat véritable. Mais tous les deux savent évidemment qu'il ne s'agit que d'un jeu (les humains apprennent rapidement, eux aussi, à faire la différence).

Si, comme cela arrive souvent, les deux chiens ne débutent pas leur rencontre par une invitation au jeu, quels sont les signes qui indiquent qu'un combat est feint ? L'ambiance qui entoure un simulacre est très différente de l'atmosphère lourde qui règne pendant un combat véritable. Les chiens sont capables de voir, de flairer et de ressentir la différence.

De nombreux animaux qui possèdent une ramure s'en servent de façon ritualisée ; c'est pourquoi nous les voyons souvent s'affronter bois contre bois. Ainsi ils ne peuvent pas se blesser, alors que s'ils dirigeaient ces bois contre le flanc d'un adversaire, ils risqueraient de le tuer. Cela va très nettement contre les règles, et n'advient que rarement[15]. Les serpents à sonnette n'usent de leur venin que contre les membres des autres espèces, et les mouffettes n'aveuglent jamais des mouffettes rivales avec leurs sécrétions. Les scientifiques affirment que ces « règles » sont inscrites dans les gènes des animaux ; si je suis prêt à le croire en ce qui concerne les serpents à sonnette, je n'en suis pas aussi sûr pour tous les mammifères. Mes deux chats aiment me « ratisser » les jambes avec leurs pattes quand je suis assis dans un fauteuil et que je porte des shorts. La première fois qu'ils l'ont fait, j'étais certain qu'ils allaient me griffer, mais je n'ai senti que leurs douces pelotes me caresser. Un jour, après s'être aiguisé les griffes sur un grattoir prévu à cet effet, Saj est venu vers moi et a continué sa besogne sur mes jambes. J'ai aussitôt sursauté, et il s'est éloigné à toute vitesse, en proie à ce qui semblait bien être de l'humiliation. Il savait certainement qu'il avait commis une erreur et manqué au respect de l'une de ses propres règles.

Comme personne ne l'ignore, une mère qui protège son petit est l'animal sauvage le plus dangereux, car son amour pour sa progéniture la rend agressive. Défendre ce à quoi ils tiennent est un comportement commun à tous les animaux. Les chiens nous sont attachés et chez eux l'amour est si évidemment l'émotion maîtresse qu'il est intimement lié à l'agressivité. Un chien risquera sa vie pour sauver sa famille humaine, et la défendra agressivement. Il existe de nombreux récits datant de la Seconde Guerre mondiale, mais aucun n'est aussi célèbre que celui de Chips qui, en 1943, prit d'assaut un bunker italien lors du débarquement de Sicile. Immobilisé par le tir d'une mitrailleuse qui balayait une grande partie de la plage, le maître-chien Rowell se demandait s'il allait survivre à cette opération. C'est alors que :

> Chips gronda et se redressa. Ignorant les protestations de Rowell, il grimpa la plage à toute vitesse en direction du bunker. Les Italiens dirigèrent leur tir sur le chien, leurs balles faisant gicler le sable sur son passage. L'une d'entre elles érafla sa tête ; une autre se logea dans sa hanche, le faisant chanceler pendant un court instant. Mais Chips reprit sa course. Rowell le vit franchir une barricade et disparaître à l'intérieur du bunker. La mitrailleuse se tut. Pendant un court moment, Rowell ne put qu'imaginer ce qui se passait, puis un soldat italien émergea du bunker en hurlant. Chips le tenait à la gorge tandis que l'homme s'agrippait à lui, essayant d'échapper à la fureur de cette attaque canine. Trois autres soldats suivaient le premier, prêts à se rendre [16].

Pour sa bravoure, Chips fut décoré de la Silver Star, mais par la suite le ministère de la Guerre revint sur sa décision, prétextant qu'un chien ne pouvait pas recevoir l'une des plus hautes décorations militaires. Cet affront ne sembla pas affecter Chips.

Durant ses dernières années d'exil, Napoléon Bonaparte se

souvenait qu'à la fin de la campagne d'Italie, il avait vu un chien lécher la main de son maître mort. Il n'avait jamais pu oublier cette image :

> Peut-être était-ce l'ambiance du lieu ou du temps qui m'affectait, mais je vous assure qu'aucun événement de mes autres batailles ne m'impressionna aussi profondément. Je me suis arrêté pour observer cette scène et réfléchir à son sens.
> J'ai réalisé que ce soldat devait avoir eu des amis chez lui ou dans son régiment ; cependant il gisait là, abandonné par tous sauf par son chien... J'avais, sans être troublé, contemplé des batailles qui décidaient de l'avenir des nations. Sans une larme, j'avais donné des ordres qui avaient causé des milliers de morts. Pourtant, cette fois, j'étais ému, profondément ému, ému aux larmes. Et par quoi ? Par le chagrin d'un chien [17].

Quand les nazis entrèrent en Autriche au moment de l'Anschluss, ils tuèrent tous les chiens qu'ils trouvèrent dans les maisons habitées par des juifs sous prétexte qu'ils étaient des chiens « juifs ».

L'écrivain yiddish Isaiah Spiegel passa les années de guerre en Pologne, en partie dans le ghetto de Varsovie, en partie dans des camps de concentration. Il écrivit une nouvelle troublante, intitulée *A Ghetto Dog*, qui décrit la destruction du ghetto par le biais de l'histoire d'une vieille femme, veuve et de santé fragile, et de son chien lui aussi vieux, infirme et fatigué. Quand les Allemands commencèrent à tuer les chiens du ghetto, elle ne put supporter d'abandonner le sien et le suivit à la fourrière, puis dans le pré, derrière, où tous les chiens étaient massacrés. Elle avait enroulé sa laisse autour de son bras comme l'étaient les phylactères dans le rituel de la religion juive orthodoxe [18].

De nombreux juifs ayant survécu à l'Holocauste ont encore très peur des bergers allemands. Ils se souviennent de l'époque des camps où ces chiens étaient souvent poussés à attaquer et tuer des juifs. Il m'est venu à l'esprit que personne, pas même un Allemand, n'avait écrit au sujet de ces chiens. Des photos du camp d'Auschwitz montrent des groupes de prisonniers entourés par des gardes nazis accompagnés de leurs bergers allemands menaçants ; nous condamnons et haïssons les premiers, mais non les seconds. Les victimes elles-mêmes ne le font pas. Pourquoi ? Certainement parce qu'elles savent que ces chiens avaient été dressés à se comporter de la sorte ; ils ne nourrissaient aucune aversion innée pour les juifs. Les gardes, eux aussi, avaient appris à se conduire de façon haineuse, mais il s'agissait d'un choix personnel. Je n'ai jamais été convaincu par l'argument de Hannah Arendt selon lequel Adolf Eichmann n'était qu'un simple rouage de la machine, un homme ordinaire à la perversité banale. Nous savons d'instinct que tout homme aurait pu refuser ce poste et demander une autre affectation [19], choix qu'un chien se trouvait dans l'impossibilité de faire.

J'ignore si certains gardes étaient écœurés par leur travail, il existe peu de documents sur ce sujet, mais je serais curieux de savoir si les chiens rechignaient parfois à faire ce qu'on leur demandait, s'ils se montraient réticents à exécuter les ordres qu'on leur donnait. Ont-ils jamais ressenti de la compassion pour leurs victimes et cherché à comprendre pourquoi ces gens étaient massacrés ? Certains d'entre eux refusaient-ils d'obéir ? Je suis convaincu qu'il devait y avoir un certain taux d'échecs, des chiens qui n'étaient tout simplement pas doués pour ce travail, qui s'en acquittaient mal ou étaient incapables d'apprendre à faire ce que l'on attendait d'eux.

J'ai parlé de tout cela avec le brigadier Mestas (affecté actuellement à l'antigang), un instructeur compétent et chevronné de l'unité K-9 de la police d'Oakland, dont les chiens sont dressés à détecter la présence de drogues, traquer et capturer les suspects, principalement en les pistant. Quand le « coupable » est acculé, le policier lui lance cet avertissement :

« Je suis accompagné d'un chien de police. Rendez-vous ou je le lâche ; et il va vous mordre. » La plupart du temps, le suspect obéit aussitôt, surtout s'il a déjà eu affaire aux chiens de l'unité K-9. (Certains services de police dressent leurs chiens à se tenir près du suspect et à aboyer plutôt qu'à mordre, mais dans ce cas, chiens et maîtres-chiens courent le risque de se faire tirer dessus.) Si la personne interpellée n'obtempère pas, le policier lâche son chien qui file à toute vitesse et va mordre les jambes, les cuisses, les fesses ou les bras du suspect. Il l'immobilise sans déchirer les chairs à moins qu'il n'y ait lutte. La personne appréhendée est avertie qu'elle doit se tenir parfaitement immobile, ce qui évite des dommages physiques plus importants.

Je désirais savoir comment l'unité K-9 dressait ses chiens. J'ai été surpris d'apprendre que ses six chiens étaient originaires d'Allemagne où ils avaient été préalablement dressés. Tous sont des bergers allemands mâles qui n'ont pas été castrés. Les femelles sont écartées car on les juge trop protectrices à l'égard de leurs maîtres-chiens qu'elles hésitent parfois à abandonner pour procéder à une intervention. Tous les chiens ne sont pas faits pour ce genre de travail, et le pourcentage d'échecs est de cinquante pour cent.

J'ai demandé au brigadier Mestas ce que les chiens éprouvaient en exécutant leur travail. « Cela dépend de quelle partie il s'agit », m'a-t-il répondu. Ils aiment beaucoup le dressage ; l'essentiel est d'en faire un moment de plaisir, une sorte de jeu, car pour le chien *c'est* un jeu, et c'est pourquoi il s'y prête. L'hostilité, la haine et l'agressivité ne doivent jamais y être mêlées. Dans le dressage pour la recherche des narcotiques, par exemple, l'important est d'éviter au chien toute tension.

« Il faut que le dresseur joue avec son chien », m'a encore expliqué le brigadier Mestas. La drogue (ou son substitut chimique) est cachée dans une chaussette qui devient un jouet ; le dresseur la promène sous le nez du chien avant de la cacher. Le chien part alors à sa recherche et découvre la drogue. Pour le récompenser, on lui permet de s'amuser un moment avec son jouet, en toute liberté.

En ce qui concerne le travail d'attaque, le dresseur lance un ordre (en allemand), et le chien se précipite sur un comparse qu'il attrape par la manche bien rembourrée de son vêtement. La morsure d'un berger allemand exerce une pression de cinquante à cent kilos par centimètre carré. C'est, en effet, très convaincant ! Cette attaque n'est qu'un jeu, et dans la minute qui suit, le chien est heureux d'être caressé par l'homme qui tenait le rôle du coupable.

Selon le brigadier Mestas, les choses sont différentes quand les chiens se retrouvent véritablement sur le terrain. Ils hésitent alors à infliger une vraie morsure [20], un peu comme s'ils avaient conscience que les choses étaient plus sérieuses. Ils lancent parfois un regard interrogateur comme pour demander : « Tu es bien sûr ? » Ils font la différence entre mordre une manche par jeu et planter leurs dents dans le bras d'un homme.

J'ai demandé s'ils étaient en colère au moment où ils le faisaient. « Absolument pas, m'a répondu le brigadier. L'essentiel est que le maître-chien garde toujours le contrôle de la situation et qu'à la seconde où il crie : *Aus* (le mot allemand destiné à faire cesser l'attaque), le chien obéisse. Mais bien sûr, les chiens sentent l'odeur de la peur, d'un côté comme de l'autre, et savent qu'il ne s'agit plus d'un jeu. »

Tous les officiers de police connaissent la faculté déconcertante de leurs chiens à percevoir leurs émotions. L'appréhension, la nervosité, l'excitation et la peur se communiquent très vite.

Quand leur travail est terminé, ces chiens redeviennent des animaux sociaux, et lorsqu'ils sont réformés, ils demeurent auprès de leurs maîtres-chiens comme animaux de compagnie.

Je jouais avec le chien qui se trouvait à l'arrière du pick-up du brigadier Mestas. « Regardez, m'a dit ce dernier, comme il peut être différent quand il travaille. » Il a alors enfermé le berger allemand à l'intérieur de la voiture de patrouille. Lorsque je me suis approché, le chien s'est mis à grogner de façon menaçante en se jetant contre la portière. Quelques instants plus tôt, il jouait avec moi en se roulant sur le dos. Quand le brigadier Mestas rentre chez lui où l'attendent sa femme et ses sept enfants, les plus jeunes déguisent parfois le chien ; et ce berger allemand de cinquante-cinq kilos supporte tout cela avec patience, heureux de s'amuser avec les enfants, totalement digne de confiance et inoffensif.

Quelques jours plus tard, j'ai accompagné l'un des maîtres-chiens, l'officier Barry Hoffmann, dans ses rondes quotidiennes avec son chien Jasco. Selon lui, Jasco est le plus doux de toute l'unité. J'ai passé la journée avec lui et appris à le connaître. Jasco ne s'énerve jamais ; tout cela n'est pour lui qu'un travail, quelque chose qu'il fait pour vivre, ni plus ni moins. Il exécute très exactement les ordres qu'on lui donne. Selon Barry, certains chiens éprouvent une répugnance à mordre difficile à surmonter, et Jasco est heureux d'être caressé par ses victimes.

« Faisons une expérience, m'a-t-il dit gaiement. Je vais ordonner au chien de vous mordre tandis que nous aurons tous les deux une conversation parfaitement calme. Ce n'est pas le genre de situation dans laquelle j'ai l'habitude de le faire. Voyons s'il va hésiter. »

Je n'étais pas vraiment enthousiaste, mais l'officier Hoffmann m'a assuré qu'il pouvait arrêter son chien avant qu'il ne s'exécute. Il a donc lancé son ordre. Jasco l'a regardé, s'est tourné vers moi, puis vers le sol, et se couchant en poussant un soupir, il a paru s'endormir. Mon pouls est redevenu normal, et Barry a semblé légèrement déçu. Cela me paraissait suffisamment probant. Le chien savait distinguer un ordre justifié de celui qui ne l'était pas ; ou bien alors il avait parfaitement conscience que Barry n'était pas sérieux.

Pour moi, cela soulevait le problème de savoir si les chiens possédaient un sens de la justice. J'ai demandé à Barry si Jasco ferait respecter la loi en son absence. S'il voyait un voleur en train d'opérer, l'attaquerait-il ? Nous avons ri tous les deux de cette question, et de toute évidence la réponse était négative. Du point de vue de Jasco, ou d'un autre chien, nos lois sont arbitraires et différentes des règles canines. Le trafic de la drogue, le vol de voitures, les bagarres, rien de tout cela ne concerne les chiens. Seul, un chien passerait sans aucun doute à côté de toutes ces activités sans même y lancer un regard. Mais lorsque Barry est là et donne ses ordres, Jasco est prêt à s'y conformer, à se comporter comme un compagnon férocement loyal. Selon Barry, cela semble être la motivation première du chien.

« Nous sommes copains. Nous veillons l'un sur l'autre. Il sait que je me suis battu pour lui comme il se bat pour moi. Nous sommes les meilleurs amis du monde. »

Quand je suis descendu de la voiture, Barry a ajouté : « Imaginez que vous soyez dehors toute la journée en compagnie de votre meilleur ami, et payé pour cela. C'est ainsi que je vois mon travail. »

L'histoire que rapporte Vicki Hearne laisse supposer que les chiens ont un sens moral assez peu différent du nôtre. Il s'agit d'un « flic belliqueux », qu'elle appelle Philip Beem, et de son merveilleux doberman, Fritz :

> Une nuit, l'agent Beem arrêta une jeune femme noire qui avait traversé la rue en dehors des clous, et il se mit à la frapper à coups de matraque sans que l'on sache pourquoi. (Il y avait des témoins.) Fritz attaqua, non pas la jeune femme mais le policier, et lui arracha énergiquement sa matraque.
>
> Fritz n'était pas seulement un chien qui avait une bonne nature, il avait été bien dressé et possédait un sens extrêmement développé de ce que son travail lui imposait, de ce que cette association chien-homme impliquait. Rester assis alors qu'une femme

se faisait battre sans raison ne faisait pas partie de ce travail. Il ne serait pas tout à fait faux d'interpréter cette histoire en disant que Fritz avait agi par compassion ou par besoin de secourir et de protéger, mais cela ne serait pas non plus parfaitement exact. Fritz connaissait tout simplement son travail ; ayant sa propre conception de la loi, il avait remis de l'ordre dans son monde [21].

15.

Être seul : la tristesse du chien

Je ne suis certainement pas le seul à avoir vécu cette expérience bizarre, et qui se reproduit fréquemment[1]. Je me promène avec mes trois chiennes le long d'une route. Sima et Rani me précèdent, Sasha me suit. Lorsque je me retourne, Sasha n'est plus derrière moi. Sur ma gauche, j'aperçois un chemin qui mène à un jardin, exactement le genre d'endroit que les chats affectionnent. J'appelle Sasha. Je crie de plus en plus fort. Personne. Je commence à m'inquiéter car elle revient ordinairement quand elle m'entend. Où est-elle partie ? Des images terribles me traversent l'esprit : elle s'est fait écraser ; elle est perdue et ne sait pas comment revenir. Je suis de plus en plus inquiet. Je lance des appels frénétiques, « Sasha ! SASHA ! SASHA ! » Soudain, je remarque que trois paires d'yeux me fixent avec étonnement. Sima, Rani, *et* Sasha me regardent avec consternation, l'air de se dire : « Qui diable appelle-t-il comme ça ? Nous sommes là toutes les trois. » Et, en effet, elles sont bien là.

La question pour moi est de savoir si Sasha a toujours été là, si j'ai simplement été victime d'une illusion, ou si elle a réellement disparu pour réapparaître silencieusement, sans que je le remarque. Si cela ne s'était passé qu'une fois, j'aurais pu facilement oublier ce mauvais souvenir, mais la même scène se reproduit au moins une fois par semaine. J'appelle, j'appelle, et soudain je découvre la chienne « disparue » qui m'observe attentivement. Toutes les trois paraissent alors un peu soucieuses comme si elles craignaient que je n'aie perdu le sens de la réalité. C'est une expérience étrange, pour ne pas dire embarrassante. A présent j'ai appris à ne pas lancer d'appels avant d'avoir regardé partout autour de moi, et parfois même consulté un témoin : « Pas de Rani en vue, tu es d'accord ? Très bien, alors je vais l'appeler ! »

Et puis voilà* que la chienne furtive réapparaît. Cela ne s'est pas seulement produit avec Sasha, la plus grosse des trois, mais également avec Sima, qui est bien plus petite. Je peux comprendre comment Sima, à cause de sa taille et de sa couleur qui se confond facilement avec la terre, réussit à échapper à mon regard, mais il n'est pas facile de perdre de vue un berger allemand adulte.

Un jour, un souvenir d'enfance m'a permis d'y voir plus clair dans ce genre de situation. Lorsque j'étais un petit garçon, ma chienne Taffy, un cocker spaniel, dormait toutes les nuits sur mon lit. Comme beaucoup d'enfants, j'étais effrayé par les bruits étranges, surtout ceux que je croyais entendre dans le silence de la nuit. J'ai très vite appris à observer Taffy : si elle restait indifférente et ne bougeait pas, je savais que le bruit était imaginaire ; si au contraire elle dressait la tête et paraissait sur le qui-vive, je pouvais m'inquiéter car j'étais sûr d'avoir véritablement entendu quelque chose.

La solution à mon problème me semblait maintenant évidente. Quand une chienne manquait, il me suffisait de regarder les deux autres. Lorsque notre petite meute était incomplète, que l'un de ses membres était absent, les autres paraissaient inquiets (les expressions des chiens incluent l'inquiétude de façon poignante, chez certains d'entre eux l'angoisse semble gravée sur leurs traits). La semaine dernière, par exemple, je pensais que Sasha avait sauté à l'arrière

---

* En français dans le texte. (*N.d.T.*)

de mon break avec les deux autres chiennes, mais lorsque j'ai démarré, Sima et Rani ont émis en chœur un jappement. En me retournant, je les ai vues penchées par la portière, observant la pauvre Sasha qui regardait la voiture s'éloigner. Elle n'avait pas sauté à temps, mais les deux autres n'étaient pas décidées à me laisser partir sans leur amie.

Les chiens peuvent être anxieux ou irritables, avoir des phobies, être sujets à des crises de panique, mais il est peu probable qu'ils soient très concernés par leur santé physique ou en proie à des fantasmes de persécution dus à des inadaptations socio-affectives personnelles. Aucun chien n'a probablement connu le fantasme nihiliste de l'anéantissement du monde. Il n'est pas certain que les chiens aient des hallucinations. Le Dr Charles Berger, vétérinaire chargé de la surveillance de l'Iditarod, la célèbre course de traîneaux à chiens qui se déroule en Alaska, m'a parlé des hallucinations impressionnantes que connaissent les conducteurs de traîneaux après plusieurs jours sans dormir. Leurs chiens ont besoin de sommeil et l'obtiennent ordinairement, et ils n'atteignent donc probablement pas le même degré d'épuisement. En admettant qu'ils parviennent à cette fatigue extrême, j'ai demandé au Dr Berger s'il était possible qu'ils aient des hallucinations. « Si seulement nous pouvions le leur demander », m'a-t-il répondu. A défaut d'être capable de le faire, il est difficile de le savoir. Les chiens courent parfois après des ennemis (ou des amis) imaginaires, mais il est malaisé de déterminer s'il s'agit d'un jeu délibéré ou d'une véritable hallucination.

Les troubles de la perception comme les hallucinations sont-ils les symptômes d'une crise émotionnelle plus grave : la dépression ? Dans les bibliothèques, des rayons entiers sont couverts d'ouvrages sur la dépression humaine, et il existe presque autant de théories sur ses origines et son traitement que de livres. On fait généralement une distinction entre la tristesse (un état ordinaire) et la dépression (une maladie).

Les psychiatres essaient de différencier la dépression « réactive » dans laquelle la tristesse se manifeste en réaction à un événement qui s'est produit précédemment, d'un état mélancolique plus inquiétant (parce que apparemment d'origine biologique). Si vous êtes triste parce que la personne que vous aimez vous a quitté il y a une semaine, cela ne nécessite aucun traitement, mais si vous êtes triste parce que cette personne vous a abandonné cinq ans plus tôt, cela devient une maladie. Le répertoire officiel de nomenclature psychiatrique publié par l'American Psychiatric Association dresse la liste des symptômes associés à un épisode dépressif grave : « Troubles de l'appétit, variation de poids, perturbation du sommeil, agitation ou indolence psychomotrice, perte d'énergie, sentiment d'inutilité ou de culpabilité excessive ou inappropriée, difficulté de réflexion ou de concentration, récurrence de pensées relatives à la mort ou d'idées suicidaires, tentatives de suicide[2]. » Certaines caractéristiques accompagnent également la dépression : tendance à pleurer pour un rien, anxiété, irritabilité, propension à ruminer des idées obsessionnelles, inquiétude excessive pour sa santé physique, crises de panique et phobies. Il peut y avoir également des psychoses paranoïaques (l'impression d'être persécuté pour avoir enfreint la morale ou pour une quelconque inadaptation socio-affective personnelle) et des hallucinations ; et peut-être même des fantasmes nihilistes d'anéantissement du monde ou de pauvreté[3].

Si l'on admet généralement que les humains peuvent souffrir de dépression, l'idée qu'un chien soit dépressif par nature ou même prédisposé génétiquement à la dépression est plus difficile à accepter. Certains des symptômes ou des caractéristiques associés à la dépression humaine se retrouvent chez le chien. Ceux qui sont tristes ne mangent pas, perdent du poids, dorment mal, marchent lentement et manquent d'énergie. Alors qu'il faut être un anthropomorphiste courageux pour oser suggérer que les chiens éprouvent un sentiment d'inutilité (la physiologie de certains chiens – les bloodhounds par exemple – leur donne une apparence de tristesse et de mélancolie), de nombreuses personnes croient que leurs chiens ressentent une culpabilité excessive. Quant aux pensées récurrentes de la mort, il est presque impossible de savoir s'ils en ont. Pourtant je suis sûr qu'ils la reconnaissent. Une photo parue récemment dans *The Animal's Voice*[4] montrait un grand nombre de chiens regardant un des leurs que l'on euthanasiait. Chacun attendait sa propre mort. Il est difficile de croire que ces animaux n'étaient pas conscients du sort qu'on leur réservait, et en supposant même qu'ils n'en aient pas eu conscience, comment penser qu'ils n'éprouvaient rien ? Les personnes qui ont dû avoir recours à l'euthanasie pour leur chien affirment que celui-ci savait ce qui allait lui arriver et semblait leur pardonner – une expérience presque insupportable. Heureusement les chiens vivent si intensément qu'ils parviennent à mener une existence bien remplie durant les dix ou quinze ans qui leur sont impartis.

Chez les chiens, la dépression est simplement la tristesse d'avoir perdu un amour difficile à remplacer. Je pense qu'un chien peut mourir de chagrin, et même s'il ne succombe pas à sa douleur, il est évident que celle-ci durera plusieurs années. Bien des gens ont entendu parler de l'extraordinaire fidélité de ce skye-terrier qui travaillait avec un berger écossais nommé Old Jock. En 1858, le lendemain de l'enterrement de Jock au cimetière de Greyfriars Abbey, à Édimbourg (presque personne n'étant présent pour le pleurer si ce n'est son chien à longs poils rudes), on trouva Bobby qui dormait sur la tombe de son maître, et il continua de le faire chaque nuit pendant quatorze ans. Au coin d'une rue, non loin du cimetière, se dresse une fontaine en granite avec l'effigie d'un chien montant la garde. On peut y lire cette inscription : « En hommage à l'affectueuse fidélité de Bobby de Greyfriars. En 1858, ce chien fidèle suivit les restes de son maître au cimetière de Greyfriars, et vécut dans les parages de ce lieu jusqu'à sa mort, en 1872[5]. » Dans *A Dog Is Listening*, Roger Caras ajoute à l'histoire de Bobby : « Des amis dont les noms sont connus et qui de toute évidence étaient des personnes réelles et non des êtres imaginaires lui ont apporté de la nourriture et de l'eau, mais hiver comme été, Bobby est resté là, attendant peut-être son maître ou gardant sa tombe[6]. »

On connaît des cas où des chiens se sont apparemment suicidés de désespoir, et certains sont déchirants : « Après que l'on eut emmené à l'hôpital Lee Scott Campbell, âgé de six ans, qui souffrait de graves brûlures, son costume de cow-boy ayant pris feu, Woodsie, son chien, refusa de manger. Lee mourut après avoir reçu onze transfusions de sang et de plasma. Woodsie s'éteignit deux heures plus tard, dans la maison des Campbell[7]. »

Il y a peu de temps, quelqu'un m'a écrit de New York pour me parler de son samoyède qui s'était mis à boiter à cause d'une hernie discale : « Bien que son état se soit amélioré, il est mort de "pneumonie psychologique" – ralentissant volontairement son rythme respiratoire jusqu'à ce que ses poumons se remplissent d'eau. Le vétérinaire nous a appris que dans la région, de nombreux chiens blessés partaient dans les bois et se laissaient mourir afin de ne pas être un fardeau pour leurs maîtres[8]. » Le Dr Robert Kirk n'est pas d'accord avec cette interprétation. Il pense que les chiens peuvent difficilement raisonner de la sorte, mais que parfois, ils désirent simplement être seuls. Il est exact que lorsqu'ils sont sur le point de mourir, beaucoup d'entre eux recherchent un endroit où s'isoler. James Thurber écrit en termes émouvants : « Pour un chien, la mort est la contrainte finale inévitable, l'ultime odeur inéluctable sur un chemin effrayant, mais qu'il préfère affronter seul, s'en allant dans les bois, parmi les feuilles... endurant, loin de la confusion sentimentale humaine, la Dernière Solitude ; et ils sont suffisamment sages pour savoir qu'ils ne peuvent la partager avec personne[9]. »

Al Graber, qui est âgé de quatre-vingt-onze ans, m'a raconté que quand sa femme, Helen, et lui avaient dû, en 1980, quitter

Escondido pour se rendre dans une maison de retraite de Californie du Nord, dans la Napa Valley, on leur avait fait savoir qu'ils ne pouvaient pas garder leur caniche nain, âgé de huit ans. « Nous devions nous débarrasser de lui, m'a dit Al, et d'une certaine façon, il le sentait bien. Il a commencé à se comporter bizarrement. Nous l'avons emmené chez le vétérinaire, mais celui-ci a déclaré qu'il était en parfaite santé. Juste avant que nous soyons obligés de partir, il s'est mis à courir tout autour de la maison, de plus en plus vite, puis il est venu se coucher près de moi et il est mort. Je suis sûr qu'il s'est suicidé [10]. »

Véronique Richard m'a raconté l'histoire de sa chienne, un épagneul breton âgé de cinq ans, nommée Lady. En 1978, la famille entière se trouvait sur la plage de Calvi, en Corse, et Lady, en pleine forme comme d'habitude, nageait, courait et ramenait tout ce qu'on lui lançait. Le père de Véronique se baignait quand, soudain, il disparut. Sa fille et son chien se jetèrent à l'eau et réussirent à le ramener sur la plage. On le transporta aussitôt en hélicoptère jusqu'à l'hôpital le plus proche où il resta dans le coma les quatre jours suivants. Lady refusa de manger et de boire, et sembla elle aussi tomber dans le coma. L'hôpital appela pour dire que le père était mort, et alors que les membres de la famille allaient chercher le corps, la chienne qui les accompagnait mourut elle aussi [11].

On m'a également parlé d'une chienne, un terrier, qui était si malheureuse d'avoir été donnée à une nouvelle famille qu'elle se coucha au milieu de la circulation et fut écrasée. Tous les témoins ont eu l'impression que la chienne savait très exactement ce qu'elle faisait et avait agi délibérément [12].

Bien sûr, il y a une part de subjectivité dans tous ces récits. Le chien éprouve de l'affection et du chagrin pour son ami humain, mais celui-ci en ressent également pour son chien. Yi-Fu Tuan raconte l'histoire de la tendre romance entre T.H. White, l'écrivain solitaire, et Brownie, son setter irlandais, qui débuta de façon plutôt froide de la part de White.

Ce dernier se souvenait comment, au début, dans son esprit, son animal de compagnie était « la chienne » comme on pense « la chaise » ou « le parapluie ».

« Les setters, disait-il, sont très beaux à regarder. Je possédais une belle automobile et portais parfois un beau haut-de-forme. Je considérais que “la chienne” m'irait presque aussi bien que le chapeau. »

Cette appréciation désinvolte se transforma par la suite en amour. Une très grave maladie de Brownie et les soins que lui prodigua White provoquèrent ce changement. Quand, après onze ans de vie commune, Brownie mourut, White écrivit à David Garnett : « Je suis resté dans les parages de sa tombe pendant une semaine afin de pouvoir m'y rendre deux fois par jour et murmurer : “Gentille fille ! Tu as sommeil, va dormir Brownie !” C'était des paroles qu'elle comprenait... Puis je me suis rendu à Dublin, à contrecœur, et je suis resté aussi ivre que possible pendant neuf jours. A mon retour, je me sentais plus vivant que mort[13]. »

Quand un humain ou un compagnon canin repousse systématiquement l'affection d'un chien, celui-ci semble souffrir de ce rejet et montre de façon évidente qu'il a le cœur brisé. Cependant, de tels cas sont plus rares que ceux d'un chien perdant un compagnon proche, perte qui est probablement la cause première de la tristesse canine.

Quelles peuvent être les autres raisons de cette tristesse ? Un chien est triste quand il est seul. Dans des cas extrêmes d'abandon, il est possible qu'il franchisse la ligne séparant la tristesse de la dépression. L'abandon, parfois même assorti d'une grande cruauté, est un acte dont seuls les humains sont capables. Dans les années soixante, dans un article intitulé « Privation expérientielle et comportement ultérieur[14] », où il évoquait les travaux qu'il conduisait, John L. Fuller, directeur de l'équipe de chercheurs du Jackson Laboratory de Bar Harbor (Maine), reconnaissait :

> Pour toutes nos expériences, nous avons utilisé la même procédure d'isolement. Les chiots sont retirés à leur mère à l'âge de vingt et un jours, dès qu'ils peuvent survivre de manière indépendante, sans soins particuliers. Ils sont placés dans des cages individuelles d'environ soixante centimètres de côté qui permettent de les nourrir, les abreuver et nettoyer leurs excréments, sans qu'ils puissent avoir le moindre contact visuel ou physique avec un être humain. Ces cages, à l'intérieur desquelles on peut voir sans être vu, sont faiblement éclairées en permanence, et ventilées par un aérateur dont le bruit masque en partie les sons extérieurs[15].

Le but de cette expérience consistait à « prouver » qu'il est impossible à un chien de bien se développer hors de la présence de ses congénères.

Si un chien est élevé dans des conditions aussi abominables, il est peut-être légitime de parler de dépression plutôt que de tristesse, mais il faut bien garder présent à l'esprit que cette situation était créée artificiellement. Ces chiots faisaient preuve d'un comportement qui aurait paru bizarre à n'importe quel observateur, comportement qu'on ne peut pas s'attendre à constater dans la nature. Toute créature, humaine ou animale, élevée de cette manière, montrera probablement des symptômes psychiatriques classiques de dépression. Comme le souligne John Paul Scott dans un article sur la réponse émotionnelle des chiens face à la séparation : « Rien dans l'expérience humaine n'est comparable au degré de changement intervenant chez un chien qui se trouve isolé, à l'exception peut-être du choc culturel décrit par les anthropologues qui vont vivre, seuls, au sein d'une culture totalement étrangère[16]. »

Ces expériences avaient en partie pour but de déterminer l'âge exact au-delà duquel un chien, s'il n'a pas été socialisé, ne pourra jamais être normal. Ce thème est évoqué dans *Genetics and the Social Behavior of the Dog*, de Scott et Fuller, l'un des livres les plus connus sur le comportement des chiens. Selon les auteurs, la période critique se situe entre trois semaines et demie et douze semaines. « Tous les chiots sont capables de s'attacher profondément à des personnes ou des lieux dès l'âge de trois semaines environ [17] », et après douze semaines sans aucun contact avec un être humain, un chiot ne peut plus être complètement socialisé. Il évitera les contacts humains et demeurera presque impossible à dresser. Comme Michael Fox, le spécialiste canin, l'a souligné : « Ainsi, même chez une espèce domestiquée, l'absence de contact avec l'homme durant cette période de formation (où les centres cérébraux intègrent et développent des réponses émotionnelles) limitera grandement le potentiel de sociabilité de l'espèce [18]. »

Une autre expérience « classique » ayant pour but de provoquer une dépression artificielle chez un chien fut menée à l'université de Pennsylvanie, par le Dr Martin E.P. Seligman connu pour ses travaux sur l'« impuissance acquise ». En 1967, Seligman soumit des chiens à des chocs électriques – transmis par le sol de leur cage constitué d'une grille en acier – d'une telle intensité et à une telle fréquence que les animaux renonçaient à essayer d'y échapper et « se résignaient ». En 1978, un numéro entier du *Journal of Abnormal Psychology* fut consacré au thème de l'« impuissance acquise » en tant que modèle de dépression. Selon cette théorie, le sentiment d'impuissance n'est pas un état inné, mais peut être acquis au travers d'expériences qui convainquent le sujet qu'aucun effort ne pourrait soulager sa souffrance.

Depuis les expériences conduites par Seligman, de nombreux chercheurs ont établi leurs propres modèles d'impuissance acquise, certains forçant des animaux à nager jusqu'à ce qu'ils renoncent ou, dans le langage des béhavioristes, qu'ils « apprennent à se sentir impuissants [19] ». Seligman fut très impressionné par les « résultats frappants » de C.P. Richter qui constata qu'après avoir serré des rats sauvages dans sa main jusqu'à ce qu'ils aient cessé de se débattre, ceux-ci se noyaient en moins de trente minutes quand on les mettait dans une cuve d'eau d'où ils ne pouvaient pas s'échapper, alors que des rats qui n'avaient pas été manipulés nageaient soixante heures avant de se noyer[20].

Seligman émit l'hypothèse que les chiens qui n'étaient pas gagnés par un sentiment d'impuissance après avoir subi les chocs électriques qu'il leur était impossible d'éviter devaient avoir déjà surmonté un traumatisme avant d'arriver au laboratoire. Il testa son hypothèse en élevant des chiens, isolément, dans des cages, ne leur permettant presque aucun contact avec des humains ou d'autres chiens. Ces sujets obéissaient à un sentiment d'impuissance après seulement deux séances de chocs électriques. Il nota que les chiens élevés dans un isolement total trouvaient difficile d'échapper à ces chocs[21]. Était-il vraiment nécessaire d'apporter la preuve scientifique que la nature normale d'un chien peut être modifiée de façon permanente par un pareil traitement ? De plus, de telles expériences ne nous en apprennent pas davantage sur les êtres humains qui connaissent cette impuissance acquise (comme les femmes battues) que ne l'auraient fait de simples entretiens avec les victimes[22].

Le psychiatre Dallas Pratt a écrit : « Ces expérimentateurs ne contribuent en rien, ou presque rien, à la compréhension de la complexité de l'angoisse humaine ou des états dépressifs. Mais surtout, ces chiens, terrifiés et torturés, paraissent souffrir d'une réaction traumatique semblable à celle qui affecte un soldat commotionné par l'éclatement d'un obus[23]. »

Où trouve-t-on des chiens dépressifs ? Sur les cynodromes, où les courses se déroulent dans une atmosphère sinistre de tension et même de mort (les greyhounds qui perdent régulièrement sont tués) ; dans les élevages industriels, principalement dans les « usines à chiots » du Middle West où les conditions de vie sont épouvantables[24] ; dans les régions où les chiens forment des meutes vagabondes auxquelles les solitaires ne peuvent pas se joindre ou au sein desquelles ils ne sont pas acceptés ; et évidemment dans les laboratoires de recherche. Lorsque l'on connaît l'utilisation qui est faite des chiens en tant qu'animaux de laboratoire, comment douter qu'ils deviennent dépressifs ? Leur dépression est peut-être provoquée artificiellement, mais elle est bien réelle.

Le problème est très vaste. Le Dr Robert Sharpe relève que, selon le ministère américain de l'Agriculture – qui établit les statistiques concernant les animaux employés aux fins de « recherche, expériences, tests et enseignement » – plus de cent mille chiens sont utilisés chaque année aux États-Unis. Mais une étude conduite en 1994 par la National Association for Biomedical Research, un lobby subventionné par l'industrie biomédicale, indique que le nombre total de chiens et de chats utilisés est plus de trois fois supérieur à celui annoncé par le ministère de l'Agriculture.

J'ai souhaité voir des chiens sur lesquels on pratiquait des expériences, demander aux chercheurs s'ils avaient un chien chez eux et comment ils pouvaient se résoudre à faire ces expériences sur des animaux aussi sensibles. J'ai téléphoné à la Research Animal Facility de l'université de Californie, à Berkeley, où l'on m'a répondu qu'une expérience utilisant des beagles était en cours au Lawrence Laboratory [25]. J'ai laissé cinq messages à l'intention de quatre personnes différentes travaillant dans ce laboratoire, mais aucune d'elles ne m'a rappelé. Je n'ai pas été surpris que des chercheurs qui se livrent à ce genre de travaux ne tiennent pas à les étaler à la vue du public. Il suffit de voir les expériences conduites pour l'industrie du tabac au cours desquelles des chiens sont contraints d'inhaler une fumée toxique pendant des heures d'affilée, pour comprendre pourquoi les chercheurs ne tiennent pas à informer le public de leurs travaux [26].

Ivan Pavlov reçut le prix Nobel pour avoir torturé des chiens et créé chez eux une démence artificielle. Il ne se rendait pas compte de ce qu'il leur infligeait et leur reprochait la douleur qu'ils ressentaient, comme on peut le constater dans ce passage où il décrit une chienne assez intelligente pour comprendre ce qui lui arrivait :

> Elle suit l'expérimentateur jusqu'à la salle d'expériences, la queue toujours entre les pattes. Quand elle rencontre des membres de l'équipe, dont certains essaient invariablement de se montrer amicaux et veulent la caresser, elle s'écarte vite d'eux, recule et s'aplatit sur le sol. Elle réagit de la même manière au moindre mouvement brusque ou au plus léger haussement de ton de son maître, et se comporte envers nous tous comme si nous étions ses ennemis les plus dangereux et la faisions souffrir constamment et très sévèrement[27].

I.T. Kourtsine, son successeur à Leningrad, écrivit la phrase suivante : « Parmi les trois cent cinquante chiens soumis aux expériences dans nos laboratoires au cours de ces dix dernières années, sur cinq seulement nous n'avons pu réussir à provoquer expérimentalement une névrose*[28]. » V.K. Fedorov, son collègue, également de Leningrad, raconte l'horrible histoire de la chienne la plus amicale qu'ils aient eue au laboratoire et que l'on présentait toujours aux visiteurs comme étant l'« animal modèle ». Un jour, cette gentille chienne fut soumise à une expérience atroce au cours de laquelle elle reçut des injections intraveineuses de fortes doses de camphre, ce qui eut pour résultat de la faire souffrir de très graves convulsions. A partir de ce moment-là, elle fit preuve de ce que Fedorov appelle « une grande pusillanimité** » : elle appuyait ses pattes contre le montant de la porte pour ne pas entrer dans la salle d'expériences (« Nous ne pouvions la forcer à le faire qu'au prix de gros efforts »). Au grand étonnement de Fedorov, la chienne était totalement

* En français dans le texte. (*N.d.T.*)
** *Id.*

transformée et « se comportait très curieusement », tremblant, flairant tous les objets avec la plus grande suspicion et refusant de manger. Elle était devenue une schizophrène paranoïaque [29] ! Les humains réagissent-ils différemment à la torture ?

Un contemporain de Claude Bernard (1813-1878), l'initiateur de l'utilisation de la biochimie sur le corps des gros chiens, le décrit dans le corridor humide et étroit qui lui servait de laboratoire, se tenant « devant sa table, son haut-de-forme sur la tête, ses longs cheveux gris pendants, un cache-col autour du cou, les doigts enfouis dans l'abdomen d'un gros chien qui hurlait lugubrement [30] ». Horrifiée par la cruauté de ces expériences, la femme de Bernard lui demanda d'y renoncer, puis finit par se séparer de lui et fit don d'importantes sommes d'argent à des sociétés visant à promouvoir la bonté et l'humanité afin de contrebalancer les effets des travaux de son mari.

Je ne crois pas qu'un chien devienne dépressif sans raison. Bien que certains scientifiques aient tendance à penser que la dépression canine a des bases biologiques – quelque chose qui serait présent dans les gènes du chien – je suis convaincu qu'il existe toujours une cause, et que celle-ci n'est pas difficile à comprendre. On peut évoquer par exemple le fait d'être abandonné ; d'être privé d'un compagnon ; d'avoir souffert d'une pareille privation en tant que chiot ; de ne pas avoir suffisamment de relations avec d'autres chiens ; de souffrir de la perte d'un être aimé. Rien n'est plus triste pour un chien que d'être seul ; rien ne le prépare à la solitude. Mais cette tristesse n'est pas incurable. Il suffit d'un compagnon, d'amour et d'attention. La thérapie la plus simple et la plus efficace n'est pas l'absorption de Prozac ou d'une autre drogue dangereuse, mais simplement de longues et fréquentes promenades dans la campagne.

Renversement de la domestication, les chiens sont à présent utilisés dans des cliniques, des foyers pour personnes âgées, des hôpitaux psychiatriques, et en thérapie individuelle, pour tirer des patients, des personnes âgées et des enfants de leur isolement ou de leur dépression. Lorsque je vais voir mon ex-belle-mère au Home for Jewish Parents, à Oakland, Californie, j'emmène quelquefois mes trois chiennes. Je me rends au pavillon isolé où vivent les personnes les plus handicapées, des hommes et des femmes incapables de se nourrir seuls et qui ont dû renoncer à utiliser un fauteuil roulant. Au cours de l'une de ces visites, j'ai remarqué une très vieille femme atteinte de démence qui ne cessait de répéter : « J'ai perdu ma clé. Je veux ma clé ! » Puis en voyant Rani, elle a marmonné quelque chose. Je me suis approché d'elle et j'ai entendu distinctement : *Ay, vos far a sheyn meydl*, une phrase en yiddish qui veut dire : « Quelle jolie petite femelle. » Rani semblait avoir réveillé en cette femme un souvenir très ancien, venu d'au-delà de sa démence : elle avait sous les yeux une chienne, et celle-ci était très mignonne. Un vieil homme, atteint lui aussi de « démence », tapait sans cesse dans ses mains. Lorsqu'il a vu Sasha, il a aussitôt tendu le bras pour la caresser de façon tout à fait appropriée, comme s'il avait fait cela tous les jours. Les thérapies au cours desquelles on utilise des chiens donnent souvent des résultats surprenants et nous amènent à nous demander si la notion de démence ne devrait pas être reconsidérée.

Les chiens semblent souvent faire preuve d'empathie envers les êtres humains qui souffrent. Flapper, un chien que l'on utilise à des fins thérapeutiques, parcourt les salles d'un hospice de Dayton, Ohio, rendant visite à des patients qui sont aux derniers stades d'une maladie incurable. Deborah Jay, la personne qui prend soin de Flapper, a raconté à un reporter du *Dayton Daily News* : « Je me souviens d'un homme qui avait un cancer, mais était également atteint par la maladie d'Alzheimer. Il était assis dans sa chambre, silencieux. Flapper a grimpé sur une chaise, à côté de son lit, et une transformation s'est aussitôt opérée chez le malade. L'homme a commencé à parler, répétant sans cesse : “Quel joli chien ; c’est un joli chien”, tout en lui caressant le museau et en lui tirant doucement les oreilles ; et Flapper le laissait faire[31]. »

De telles personnes ont toutes les raisons d’être dépressives, mais ces animaux, heureux et resplendissants de santé, les tirent, momentanément du moins, de leur tristesse. Je pense qu’en pareils cas, les chiens se sentent bien, comme s’ils avaient conscience d’apporter un peu de plaisir dans des vies par ailleurs mornes.

16.

Penser comme un chien

Il n'est pas facile d'avoir la même expérience du monde qu'une autre personne, même si celle-ci nous ressemble beaucoup. Cela l'est encore moins si la personne en question est originaire d'un pays différent et parle une langue étrangère. C'est l'une des raisons pour lesquelles nous lisons des romans : ils nous font découvrir les expériences intimes d'autrui sans que nous ayons à nous impliquer personnellement. Pénétrer dans le monde intérieur d'une autre espèce nous semble impossible [1]. Pourtant, si cela s'avérait réalisable avec un animal, il s'agirait certainement du chien, parce que celui-ci est, comme nous, un être social, et que nous passons tellement de temps en sa compagnie que nous sommes à même de l'observer attentivement alors qu'il fait l'expérience de son environnement. Le « langage » du chien est quelquefois difficile à différencier du nôtre.

Le sourire de l'homme et le frétillement de la queue du chien sont deux formes d'expression similaires. Mais avant de lire *L'Intelligence des chiens*, de Stanley Coren, je n'avais pas réalisé qu'un chien ne remuait la queue qu'en présence d'êtres vivants [2]. Le Dr Coren affirme que lorsqu'un chien se trouve seul, face à quelque chose d'inanimé qui lui fait plaisir, comme un bol de nourriture, il ne remue pas la queue pour autant à moins qu'un être vivant ne soit présent. Dans son livre *How to Talk to Your Animals*, Jean Graighead George en arrive à la même conclusion : « Le chien n'agite la queue qu'en présence d'êtres vivants. Cette manifestation qui équivaut au sourire humain est destinée aux gens, aux chiens, aux chats, aux écureuils et même aux souris et aux papillons – mais pas aux objets inanimés. Un chien ne remuera pas la queue devant sa pâtée, un lit, une voiture, un bâton ou même un os[3]. »

Pourtant, cette question soulève certaines controverses. Marc Bekoff, l'un des plus éminents spécialistes des chiens et des canidés, prétend que cela est faux : il a vu son chien remuer la queue devant sa pâtée alors qu'il l'observait d'une autre pièce. Le chien pensait-il qu'on le regardait ? Cela paraissait peu probable. (Les lecteurs pourront facilement faire cette expérience de leur côté.) Mon ami le Dr Feldman, vétérinaire à Berkeley, est du même avis que le Dr Bekoff.

Que les affirmations du Dr Coren soient exactes ou non, la queue d'un chien reste un moyen de communication très important. Qu'il l'agite devant des choses inanimées ou des êtres vivants, il n'en reste pas moins vrai qu'il manifeste ainsi un état émotionnel. C'est la raison pour laquelle les chiens remuent la queue lorsqu'ils nous voient ; et personne n'ignore ce que cela signifie. Il n'y a qu'à voir un chien s'avancer vers des étrangers en agitant la queue ; beaucoup d'entre eux, sinon la plupart, se lancent alors dans un discours affectueux quoique embrouillé : « Mon petit chéri ! Tu es adorable ! Comme tu es beau ! Tu es magnifique ! Fais-moi un bisou ! » Et le chien s'exécute.

Certaines personnes qualifient parfois ce comportement des chiens de « promiscuité sexuelle ». Il est vrai qu'ils aiment généralement la plupart des gens, même s'ils en préfèrent certains qu'ils connaissent mieux. Ils sont rarement avares de leur amour ; en fait, je suis souvent étonné de constater à quel point Sasha aime aimer. Elle s'approche de presque toutes les personnes que nous rencontrons et qui lui manifestent le moindre intérêt (et même de celles, nombreuses, qui ne lui en témoignent aucun) avec la même attitude implorante, le même coup de langue sur le visage, le même regard de pure adoration.

Un chien offre si franchement son amour que certaines personnes le refusent ; d'autres ont même du mal à croire à sa sincérité. Elles disent préférer les chats parce que ces derniers, pensent-elles, font preuve de plus de discernement dans leur affection ; à moins qu'elles ne qualifient l'amour des chiens de dépendance servile. Pourtant, les jeunes enfants se comportent de la même façon pendant toute une période de leur vie, regardant chaque adulte comme un protecteur, un ami, quelqu'un qui mérite leur amour. L'expérience se charge de faire leur éducation, tout comme elle peut affecter l'existence d'un chien. Un enfant sera facilement traumatisé pour sa vie entière ; il en faudra davantage pour qu'un chien se retourne contre l'espèce humaine, bien que la chose puisse arriver. Il semble que sa nature le pousse à continuer à aimer en dépit de toutes ses expériences, même les plus douloureuses.

Si nous cherchons à comprendre la vie intérieure d'un chien non plus en considérant le frétillement de sa queue mais ses aboiements, nous relevons immédiatement une différence importante : tout le monde pense savoir pourquoi un chien remue la queue, personne ne sait exactement pourquoi il aboie. Il existe plusieurs hypothèses : l'aboiement a pour fonction de donner l'alerte, avertissant qu'un ami ou un ennemi approche ; il sert à délimiter un territoire (comme la miction par exemple) ; il est purement social et signale la présence : « Je suis ici ! » Dans un article fascinant, intitulé « Pourquoi les chiens aboient », paru dans *Smithsonian*, le biologiste Raymond Coppinger et le linguiste Mark Feinstein déclarent que l'aboiement n'est pas en relation avec l'adaptation et qu'il n'a aucune utilité. En conséquence, concluent-ils, les chiens aboient simplement parce que ça leur plaît. La plupart des chiens sauvages (le dingo d'Australie, le chien de Nouvelle-Guinée, le pariah d'Asie) peuvent aboyer, mais le font rarement – et il en va de même pour les loups. Dans le Minnesota, par une nuit froide, les auteurs ont écouté un chien qui gardait du bétail aboyer pendant sept heures consécutives. Puisqu'il n'y avait personne dans les environs, ils se sont demandé quelle fonction pouvait bien avoir cet aboiement. Ils ont pensé qu'il s'agissait peut-être d'un trait de caractère juvénile puisque les jeunes chiens aboient plus que les adultes[4]. Si c'est bien le cas, il me semble que l'aboiement pourrait être un appel que lance le chien pour attirer l'attention afin que quelqu'un, n'importe qui, vienne satisfaire ses besoins. Lorsqu'il cherche à établir une communication, l'aboiement atteint souvent son but.

Comme le savent toutes les personnes ayant vécu en compagnie d'un chien, l'aboiement peut exprimer des désirs assez précis : éviter une prétendue menace, sortir de la maison ou y entrer, aller faire une promenade. Avec des aboiements dont le ton, le rythme et le volume diffèrent, le chien s'efforce d'exprimer toute une série d'ordres brefs. Si l'aboiement est un langage complexe que nous ne comprenons pas totalement, nous saisissons généralement ce que notre propre chien veut nous dire. Si les chercheurs avaient étudié l'aboiement comme ils l'ont fait pour le chant des oiseaux en utilisant tous les appareils acoustiques sophistiqués dont ils disposent, nous aurions peut-être pu découvrir un univers linguistique totalement insoupçonné et qui se trouve à portée de notre main.

Une expérience, conduite par John Paul Scott, renforce ce point de vue. Après les avoir enregistrés, on a fait écouter à des chiennes les jappements, hurlements, gémissements et aboiements de leurs chiots. « Si les petits avaient été retirés à leur mère, celle-ci réagissait très vivement, essayant de s'échapper de son enclos et de se diriger vers l'endroit d'où venaient les sons. Par contre si l'on passait l'enregistrement alors que les chiots étaient présents, la mère jetait simplement un regard sur ses petits et se désintéressait vite des cris enregistrés[5]. » Visiblement, les jappements et aboiements des chiots ne servaient qu'à attirer l'attention de la mère.

Le fait que nous ne comprenions pas véritablement des choses aussi simples que l'aboiement d'un chien ou la faculté de ce dernier à retrouver le chemin de sa maison devrait nous encourager à nous montrer humbles quant à la vie intérieure de nos compagnons canins. Les chiens pourraient très bien posséder des sens et des aptitudes que nous ignorons totalement. Au XVIᵉ siècle, Michel de Montaigne a écrit : « Je voy plusieurs animaux qui vivent une vie entiere et parfaicte, les uns sans la veuë, autres sans l'ouye : qui sçait si en nous aussi il ne manque pas encore un, deux, trois et plusieurs autres sens[6] ? »

J'ai discuté de l'instinct de retour chez les chiens avec le Dr Robert Kirk, le professeur cher à beaucoup de vétérinaires diplômés du Cornell Veterinary Medical Teaching Hospital. S'il se montre sceptique quant aux histoires qui impliquent de très longues distances, il semble convaincu que les chiens sont capables de retrouver le chemin de leur maison. Je lui ai demandé comment cela était possible. « Je n'en ai pas la moindre idée, m'a-t-il répondu. Peut-être utilisent-ils un sens que nous ne connaissons pas encore. » En dépit de plus de dix mille ans de vie passés aux côtés des humains, les chiens demeurent de mystérieuses créatures.

Étant extrêmement sociaux, ils aiment vivre tant en compagnie de leurs congénères que des hommes, et se sentent frustrés lorsque ces conditions ne sont pas remplies. Ils sont par-dessus tout des animaux doués pour la communication. Nous les avons sélectionnés dans ce but, et avons pleinement réussi. Coppinger et Feinstein citent le cas de l'Institut de cytologie et de génétique de Sibérie où, en vingt générations seulement (deux décennies), les généticiens russes sont parvenus, en sélectionnant les renards argentés sauvages les plus dociles et les plus apprivoisés, à créer un animal dont le comportement est très semblable à celui du chien [7]. Ces renards s'approchent des humains et les accueillent en remuant la queue, les flairant et les léchant ; leurs oreilles ont tendance à devenir tombantes et les femelles ont deux périodes de chaleurs annuelles, une caractéristique des chiennes domestiquées. Leurs cris eux-mêmes ressemblent à ceux du chien. Ces renards ont besoin des hommes et recherchent leur compagnie comme le font les chiots.

Les chiens éprouvent le besoin de parler, mais également qu'on leur parle ; de caresser et d'être caressés ; d'aimer et d'être aimés. Cela est peut-être vrai pour tous les êtres humains et tous les animaux doués de sensibilité, mais ce besoin n'est jamais aussi évident que chez le chien. C'est la raison pour laquelle celui-ci nous est tellement nécessaire ; et c'est pourquoi nous l'aimons tant.

Lorsque nous nous promenons à la Marina, il arrive parfois que Leila et moi prenions des chemins différents. Si les chiennes m'ont suivi, je leur dis au moment de la rejoindre : « La voilà ! C'est Leila ! » Elles regardent alors dans toutes les directions possibles. Si elles ne l'aperçoivent pas immédiatement, elles se tournent vers moi, et je peux lire dans leur regard l'équivalent canin du mot « Où ? » aussi nettement que si j'entendais un ami me poser la question. Quand je tends la main, elles regardent dans cette direction, et dès qu'elles ont localisé Leila, elles courent vers elle en bondissant.

De nombreux écrivains ont éprouvé le besoin de traduire en mots humains les pensées des chiens. Dans *Anna Karénine,* Tolstoï écrit :

> – Pille ! Pille ! cria Lévine en poussant sa chienne du pied.
> « Je ne peux pas bouger, songeait Laska. Où irais-je ? D'ici je les sens mais si j'avance je ne saurais plus ni où ils sont ni ce que c'est. » Mais voici que son maître lui donnait un coup de genou en répétant, à mi-voix, tout ému :

– Pille, ma petite Laska, pille !
« Puisqu'il le désire, je vais le faire, mais je ne réponds plus de moi », songea-t-elle, et elle s'élança en avant. Elle ne sentait plus rien maintenant : elle voyait et entendait, sans rien comprendre [8].

Cette envie de prêter aux chiens nos propres mots correspond à notre désir de leur parler. Nous bavardons avec eux. Pourquoi le faisons-nous et que croyons-nous qu'ils comprennent ? Ils perçoivent certainement l'émotion qui transparaît dans notre discours. Ils savent reconnaître que nous sommes contents d'eux, que nous le leur disons, et ils en retirent un grand plaisir. Comme chacun le sait, ce ne sont pas les mots mais le ton de notre voix qui leur fait savoir que nous sommes heureux.

Brian Vesey-Fitzgerald remarque :

> Le chien a une façon absolument troublante de deviner ce que nous pensons, et même ce que nous ressentons... quant à moi, je ne comprends pas vraiment mes chiens. Maintes et maintes fois, j'ai eu conscience qu'ils essayaient de me dire quelque chose. Mais je suis incapable de franchir la frontière qui me sépare de leur esprit. Eux, me semble-t-il, franchissent quand ils le veulent la frontière qui les sépare du mien. Le fait est que le chien peut vivre, heureux et à l'aise, dans deux mondes : le sien et le nôtre. Nous ne pouvons vivre que dans le nôtre. Le chien est bien plus intelligent que nous [9].

L'histoire de Hans, ce cheval apparemment capable de faire certaines opérations mathématiques, nous montre à quel point un animal peut être conscient de nos états d'esprit et de nos émotions. Au début des années 1900, un Allemand, professeur de mathématiques à la retraite, découvrit que Hans, son cheval préféré, était un prodige. Hans tapait sur le sol avec son sabot pour répondre aux questions que lui posait Herr von Osten. Oskar Pfungst, un psychologue, étudia attentivement le cas de Clever Hans*, nom sous lequel le cheval était désormais devenu célèbre. Il établit que ce dernier ne pouvait répondre que si la personne qui posait les questions ou l'un des observateurs connaissaient les réponses. Il s'avéra que le cheval tirait ses informations des mouvements de tête presque imperceptibles ou des postures que prenaient son propriétaire ou les membres de l'assistance. Quand le cheval était sur le point d'atteindre le nombre exact, la personne qui avait posé la question se détendait involontairement. Herr von Osten n'était pas un imposteur, mais son cheval l'était ! La relation qui le liait à son propriétaire était si forte qu'il percevait ce que celui-ci, *sans qu'il en ait même conscience,* désirait ou essayait de lui communiquer. Clever Hans était doué d'une extraordinaire empathie et ce don était bien plus mystérieux et infiniment plus intéressant qu'une aptitude à compter ou à faire des opérations [10].

Thomas Mann a rapporté ce que, selon lui, son chien avait pensé lorsqu'il l'avait laissé deux semaines chez le vétérinaire :

> Le mépris et un amer désespoir semblaient l'accabler. « Puisque tu as été capable – c'est ce que semblait dire son attitude – de me livrer pour être mis en cage, je n'espère plus rien de toi. » Et comment aurait-il pu ne pas perdre la tête et désespérer de toute raison et de toute justice ? Qu'avait-il fait pour que cela lui arrivât, ce malheur, que non seulement je n'avais pas empêché, mais que j'avais attiré sur lui [11] ?

Il n'existe évidemment aucune façon de vérifier l'exactitude de cette « traduction ». Pourtant, plus nous acquérons de connaissances sur les chiens, plus nos traductions sont vraisemblablement exactes. Certains écrivains, bien sûr, n'utilisent le chien que pour mieux souligner un aspect du comportement humain. C'était certainement le cas pour le *Collo-*

* *Clever* signifie « intelligent ». (*N.d.T.*)

que des chiens de Cervantès, écrit en 1599 [12], et pour les *Recherches d'un chien* de Kafka [13]. D'autres ouvrages littéraires sur le comportement canin sont basés sur des informations inexactes et manquent souvent d'objectivité.

Certains écrivains ont eu le courage d'admettre que le comportement apparemment simple du chien les laissait totalement perplexes. Le rituel qui a lieu au moment de la rencontre de deux chiens est particulièrement surprenant, surtout lorsqu'il s'étend au-delà du simple recueil d'informations. Il semble que Thomas Mann ait ressenti cette impuissance intellectuelle. Dans *Maître et Chien*, il écrit :

> Sa conduite, qui m'est d'habitude si familière, m'est devenue impénétrable pour la durée de la scène ; j'ai trouvé impossible d'entrer avec sympathie dans les sentiments, les lois, les mœurs propres à son espèce qui motivent cette conduite. En vérité, la rencontre en plein air de deux chiens étrangers l'un à l'autre est une des choses les plus pénibles, les plus poignantes et les plus fâcheuses que l'on puisse imaginer... Si je parle de ces choses, c'est pour indiquer à quel point les allures d'un ami aussi proche peuvent me sembler déconcertantes et bizarres en certains cas ; j'en suis troublé et n'y comprends rien. Je le regarde en hochant la tête et n'ai qu'une vague idée de ce qu'il éprouve [14].

Pour comprendre comment les chiens appréhendent le monde, il est important de connaître le fonctionnement de leurs organes sensoriels. (Ce qui ne veut pas dire que les chiens soient limités à leurs expériences sensorielles ; pas plus que nous ne le sommes. Les humains sont avant tout visuels, mais les non-voyants mènent des vies aussi complexes que les voyants.) Je me suis souvent demandé pourquoi, lorsque nous nous promenons, Rani s'arrête pour goûter puis manger presque tout ce qu'elle trouve de comestible. Je pense que c'est parce que le goût n'est pas un sens important pour un chien. Il possède six fois moins de papilles gustatives que nous. Les humains jouissent d'un sens du goût capable d'une grande différenciation ; c'est pourquoi il existe tant de restaurants pour satisfaire tous ces goûts. Les chiens aiment ou non la saveur de certaines choses, mais ils peuvent également se montrer simplement indifférents.

« Laisse ça ! » est l'ordre bref dont j'use le plus souvent quand je promène mes chiennes. Elles aiment, surtout lorsque nous nous trouvons dans les collines, ramasser un tas de choses dégoûtantes, tout au moins pour moi : fèces de coyote, crottin de cheval et même excréments humains.

J'imagine que c'est précisément ce manque de nuance qui permet aux chiens de manger chaque jour la même chose et d'en être apparemment satisfaits. Pourtant, mes chiennes ont chacune leurs aliments préférés, et je cours toujours le risque de me transformer en cuisinier à leur intention. Ce ne sont que les strictes recommandations de mon vétérinaire qui m'empêchent de devenir un esclave de la cuisine et sauvent mes chiennes de l'embonpoint. Le fait de manger ne semble pas procurer aux chiens le plaisir esthétique que nous éprouvons. Par contre, mastiquer un os frais les plonge dans un tel état de ravissement que, bien que végétarien, je ne peux m'empêcher de leur offrir cette friandise au moins une fois par semaine. Je pense que leur plaisir provient des temps anciens où les chiens étaient des loups.

La vision d'un chien est comparable à celle d'un humain mais elle est moins bonne. Il leur manque la tache jaune dans la rétine – la membrane photosensible située au pôle postérieur de l'œil, qui nous permet de voir très nettement les objets quand nous les fixons [15]. J'attache souvent Sima, Sasha et Rani à un poteau lorsque j'entre dans une bibliothèque ou un magasin. En sortant, je remarque qu'elles observent avec la même intensité toutes les personnes qui quittent les lieux. Ce n'est que quand je suis assez près d'elles (à moins d'une dizaine de mètres) qu'elles me reconnaissent. Par contre, si je les emmène se promener dans le parc la nuit, elles sont capables d'aller courir dans les collines alors que je peux à peine voir à quelques mètres devant moi. Elles sont beaucoup plus sensibles à la lumière que je ne le suis. Tandis que les humains possèdent une meilleure vision binoculaire qui leur permet de se concentrer sur des détails, les chiens ont soixante degrés de plus de vision périphérique, ce qui est très utile pour la chasse.

Les yeux d'un chien sont également plus sensibles au mouvement. Mes trois chiennes se figent souvent sur place avant de se lancer soudain à toute vitesse, à la poursuite de quelque chose que je n'ai absolument pas vu. Ce après quoi elles courent n'est jamais imaginaire : elles remarquent les écureuils et autres petits rongeurs à une grande distance. Elles distinguent surtout le mouvement caractéristique de l'animal, sa direction, sa vitesse et sa trajectoire. Tout comme les chevaux, elles sont facilement effrayées au crépuscule : un poteau, un sac en papier ou une statue les terrifient, et ce n'est qu'après les avoir longuement flairés qu'elles sont convaincues de leur caractère inoffensif. (Dans la mesure où elles voient bien mieux que moi dans le noir, je ne comprends pas très bien pourquoi il en est ainsi.) Une fois, nous sommes passés, en plein jour, à côté d'une statue en bronze représentant un ours, et mes trois chiennes ont reculé en l'apercevant. Elles voyaient bien que cette statue avait la silhouette d'un animal sauvage, mais comme elle ne bougeait pas, elles ne savaient trop quoi faire. Pourtant elles apprennent vite : au retour, la même statue ne présentait plus aucun intérêt pour elles.

Les loups voient-ils mieux que les chiens ? Apparemment oui. L. David Mech, l'éminent spécialiste du comportement du loup, raconte avoir observé un individu mâle, âgé de deux ans, qui fixait une petite tache, située dans une vallée arctique, à quatre cents mètres de l'endroit où il se trouvait. L'animal a soudain filé à toute allure pour s'emparer d'un jeune lièvre arctique gris. « Cette observation m'a prouvé qu'un loup était capable de voir un lièvre camouflé à une distance de quatre cents mètres », conclut Mech[16]. Il se peut, cependant, que ce soit le mouvement du lièvre que le loup ait aperçu.

Encore récemment, on affirmait que les chiens étaient atteints d'achromatopsie[17]. Apparemment, cela est faux[18]. Il est possible de leur apprendre à différencier les couleurs[19]. Vu le nombre de cônes (cellules visuelles de la rétine, siège de la vision colorée) et de bâtonnets (cellules visuelles adaptées à la vision périphérique) qu'ils possèdent, on peut seulement dire qu'ils ne voient peut-être pas les couleurs aussi bien que nous (et nous les voyons moins bien que certains oiseaux), mais il est presque sûr qu'ils ont un sens des couleurs. Cela est difficile à tester. Comment savons-nous qu'un autre être humain voit le même « jaune » que nous ? Les chiens n'ont nullement besoin de distinguer les couleurs pour survivre, et je ne connais pas d'anecdote qui montre à l'évidence qu'ils ont une préférence pour certains objets à cause de leur couleur – bien que cela ne signifie pas qu'ils n'aient pas conscience de cette couleur. Peut-être évitent-ils les grenouilles venimeuses d'un rouge brillant pour la même raison que les autres animaux apprennent à s'écarter d'elles : leur couleur est un avertissement. Le rouge et le noir, ou le jaune et le noir, sont ce que l'on appelle des couleurs aposématiques, qui empêchent bien des petites créatures d'être dévorées. Certains chiens comme les retrievers voient mieux que les autres, et il est probable qu'il existe des différences individuelles au sein même de chaque race.

Cependant, la vue ne joue pas un rôle aussi important dans la vie des chiens que certains autres sens. Ils ont, par exemple, une meilleure ouïe que la nôtre. La distance à laquelle ils perçoivent un son est quatre fois supérieure à la nôtre. Quand ils se promènent, ils se figent fréquemment sur place, une patte levée comme pour faire moins de bruit, indiquant par là qu'ils ont entendu un son inaudible pour nous. Une de leurs oreilles balaie l'espace tandis que l'autre capte les ondes sonores. Ils peuvent localiser la source d'un bruit en six centièmes de seconde[20]. C'est la raison pour laquelle nous les voyons si souvent s'arrêter, écouter, puis filer aussitôt à toute vitesse dans une direction précise. Ils sont également capables de détecter des sons très aigus, ce qui peut expliquer pourquoi ils découvrent infailliblement les tamias, écureuils et petits rongeurs terrestres qui émettent des cris d'alarme de haute fréquence, imperceptibles pour l'oreille humaine. Certains chasseurs prétendent que leurs chiens entendent des bruits que nous ne pouvons pas percevoir, comme celui d'un gibier d'eau se posant sur un étang, à plus de huit cents mètres[21].

Quand les chiens aux oreilles tombantes entendent un bruit, ils les dressent un peu comme lorsque nous mettons notre main en coupe autour de notre oreille. Sasha penche toujours l'une de ses grandes oreilles de berger allemand vers l'avant pour mieux écouter. Les oreilles des chiens peuvent bouger séparément et prendre ainsi une meilleure position que les nôtres. Tout comme nous, les chiens ont une audition sélective. Sasha paraît dormir jusqu'à ce qu'elle entende ma voiture monter l'allée, ce qui la réveille aussitôt. La semaine passée, par contre, une voiture de pompiers a hurlé juste devant notre maison, sans parvenir à tirer de leur torpeur les chiennes assoupies.

Mon ami Michael Parenti m'a raconté que son chien pouvait sentir un orage arriver bien avant lui. Il commence par se montrer effrayé, se met à saliver, puis se couche sous le lit. Ce comportement étonne toujours Michael jusqu'à ce que cinq minutes plus tard, il entende un coup de tonnerre. De toute évidence, les chiens sont sensibles à l'électricité atmosphérique.

Les chiens ont un sens du toucher particulièrement subtil : leur corps et même leurs pattes sont couverts de terminaisons nerveuses tactiles. Ils sentent les courants d'air à travers des poils tactiles, appelés vibrisses, situés au-dessus des yeux, sur le museau et sous les mâchoires. Cela explique en partie pourquoi ils lèvent la tête dans le vent. Cette attitude accroît encore leur aptitude à sentir.

Ils sont capables de détecter des pas en captant les vibrations du sol. Quand nous les voyons s'arrêter net et regarder fixement devant eux alors que nous ne remarquons rien, il est tout à fait possible qu'ils sentent quelque chose de lointain venir dans leur direction. Les loups étaient ainsi avertis de l'approche des troupeaux de bisons qu'ils chassaient.

Les chiens semblent être plus aptes que nous à s'exprimer par le biais du toucher. Il est rare qu'ils n'aiment pas être caressés, flattés, grattés, tendrement câlinés. Ils se frottent constamment les uns contre les autres, mais pas autant toutefois que les loups. Rani sollicite tout le temps des caresses en posant sa patte sur mon bras pour me rappeler ce qui lui est dû. Sasha aime également être caressée, mais seulement pendant un court moment. Elle ne peut rencontrer personne dans la rue sans lui demander une rapide caresse, mais un geste symbolique lui suffit. Son envie est satisfaite en quelques secondes, et elle s'éloignera si cela dure trop longtemps. Cela fait peut-être partie de la réserve propre aux bergers allemands, à moins que ce ne soit particulier à Sasha. Quant à Sima, elle adore embrasser – *doit* embrasser – et, lorsqu'on la caresse, elle ferme les yeux de plaisir.

Pour les chiens, le toucher est aussi important que pour les humains, et il est à rapprocher de la relation mère-enfant. Les chiots obtiennent généralement beaucoup de caresses de la part de leur mère et ne l'oublient jamais. Les enfants aiment être câlinés, mais ces gestes tendres embarrassent ordinairement beaucoup d'adultes. Peut-être ferions-nous bien de prendre exemple sur les chiens qui savent se montrer affectueux sans en éprouver la moindre honte.

Pour comprendre l'univers canin, nous devons tenir compte du fait que l'odorat est chez le chien le sens primordial et qu'il conditionne son expérience de la réalité. Les chiens (comme les chats et les vaches) sont particulièrement bien équipés pour capter certaines odeurs grâce à leur organe vomérien-nasal (appelé également organe de Jacobson), constitué d'une poche située dans le palais et tapissée de cellules réceptrices ressemblant aux cellules olfactives. Sa fonction est mal connue, mais elle permet au chien de, littéralement, goûter l'air[22]. Comme l'a noté Roger Caras : « Le nez d'un chien est quelque chose de merveilleux. Il est tout à fait étonnant et nous rappelle qu'il existe un monde que nous ne connaîtrons jamais. Tout au moins pas en tant qu'être humain[23]. » Comme je l'ai déjà précisé, l'homme possède environ cinq millions de cellules olfactives alors que le chien en a plus de deux cent vingt millions. Chaque cellule olfactive contient plusieurs petits éléments semblables à des poils que l'on appelle des cils. Chaque cellule olfactive humaine contient six à huit cils alors que celle du chien en compte de cent à cent cinquante. Les informations que le chien tire d'une odeur sont directement transmises à son cerveau. Grâce à cette liaison directe, il ressent une intense émotion dès qu'il flaire une odeur[24]. En théorie, cela est également vrai pour les humains, mais nous sommes pour la plupart capables de refouler cette réponse émotionnelle aux odeurs car cette aptitude est considérée comme un vestige d'une vie primitive et n'est plus à présent très appréciée. Une odeur à laquelle nous n'avons pas accès peut exciter, griser et enchanter un chien. Tout un monde nous est ainsi fermé. Comme Roger Caras l'a remarqué, nous ignorons combien les chiens possèdent de sens, ce qui signifie que nous ne savons pas réellement quelles relations ils entretiennent avec leur environnement[25].

Dans son livre *Perfume*, Susan Irvine raconte l'histoire d'un homme qui, peut-être après avoir pris un certain médicament, fut atteint d'hyperosmie – son odorat était devenu aussi fin que celui d'un chien. Il pouvait, avant de les voir, reconnaître les gens à leur odeur, et retrouver son chemin dans New York grâce à son flair. A l'inverse d'un chien, pourtant, cet homme était malheureux à cause de ce don et souhaitait redevenir un être humain à l'odorat médiocre[26].

La relation intime entre ses émotions et ses expériences sensorielles est ce qui permet au chien d'être en contact permanent avec tout un potentiel émotionnel. Voilà pourquoi nous le voyons éprouver des émotions si diverses au cours d'une seule et même journée. Les chiens *sont* pure émotion car leur univers sensoriel est en constante relation avec leur univers émotionnel. Il y a plusieurs années, James Thurber notait :

> On peut voir dans les yeux d'un chien les effets de sa vie avec l'Homme. Son regard possède une gamme d'expressions bien plus large que la sienne. Les yeux d'un caniche français, par exemple, peuvent briller d'une joie sans mélange et s'assombrir d'une gravité profonde propres à déconcerter les maîtres de la terre qui ont égaré la clé des enchantements les plus simples. L'Homme a depuis si longtemps appris à dissimuler ses sentiments et à dominer ses émotions que sa gaieté et sa solennité ont perdu de leur naturel. Je pense que le chien en est conscient. On peut parfois le lire dans ses yeux quand il est couché et nous lance un long regard triste[27].

Lorsque je repense à ma formation et à mon expérience de psychanalyste[28], je n'en retiens que quelques idées qui conservent à mes yeux une réelle importance. L'une d'elles est le concept de Freud selon lequel une personne peut en aimer une autre tout en l'ignorant, car l'accès à ses propres émotions lui est à ce point interdit qu'elle ne pourra avoir conscience de ses sentiments que plusieurs années plus tard, quand il ne sera plus temps d'agir. La théorie de Freud sur l'origine de la détresse humaine m'a également marqué. Freud croit que ses causes résident dans les véritables traumatismes que nous connaissons au cours de notre enfance, ceux qui nous sont imposés par le monde extérieur. Une théorie qui suggère que la société pourrait être changée et le monde différent afin que les enfants puissent grandir dans un environnement plus heureux, plus sûr et plus compatissant.

Quand je considère ces découvertes et que je tente de les appliquer aux chiens, je me trouve confronté à certaines difficultés. Les chiens n'ont pas besoin de psychanalyses ni d'analyses d'aucune sorte pour admettre leurs propres sentiments. Ils sont toujours et constamment capables d'éprouver leurs émotions intérieures, aptitude très rare chez les humains. Ce fait est tellement évident qu'il doit jouer un rôle important dans notre amour pour eux. Par ailleurs, si un chien grandit dans une maison où règne l'affection, il ne deviendra pas un animal malheureux et ne sera pas enclin à la tristesse ou à ce que nous appelons la névrose. Même si le chien a eu sa part de malheurs dans le passé – et c'est là une grande leçon qu'il nous donne – il réussit d'une façon ou d'une autre, et sans le secours d'une analyse, à surmonter cette expérience, à émerger d'une période de chagrin avec une étrange forme d'optimisme : il souhaite aimer de nouveau, il doit aimer de nouveau. Cette aptitude chez lui nous attire ; elle correspond à un don que nous avons perdu au cours de notre évolution passée, et que nous aimerions bien retrouver.

Peut-être cela remonte-t-il à un temps où les humains étaient davantage semblables aux chiens, plus spontanés, capables d'exprimer leur joie, de ressentir des émotions intenses et de jouir du monde extérieur d'une façon plus immédiate, comme nous voyons nos chiens le faire. Je pense que les enfants conservent cette capacité de joie spontanée jusqu'à ce que leurs aînés se chargent de la leur désapprendre. Cela explique peut-être les liens profonds qui ont toujours uni les enfants et les chiens. Les uns et les autres connaissent quelque chose que nous, adultes, semblons avoir perdu et devons à présent tenter de recouvrer. Fort heureusement, pour nous aider dans notre quête du bonheur, nous avons les enfants et les chiens.

Conclusion

À la recherche de l'âme du chien

Vers la fin de son roman *L'Insoutenable Légèreté de l'être,* l'écrivain Milan Kundera remarque :

> Tout au début de la Genèse, il est écrit que Dieu a créé l'homme pour qu'il règne sur les oiseaux, les poissons et le bétail. Bien entendu, la Genèse a été composée par un homme et pas par un cheval. Il n'est pas du tout certain que Dieu ait vraiment voulu que l'homme règne sur les autres créatures. Il est plus probable que l'homme a inventé Dieu pour sanctifier le pouvoir qu'il a usurpé sur la vache et le cheval. Oui, le droit de tuer un cerf ou une vache, c'est la seule chose sur laquelle l'humanité tout entière soit fraternellement d'accord, même pendant les guerres les plus sanglantes.

Et Milan Kundera continue en nous disant que « la vraie bonté de l'homme ne peut se manifester en toute pureté et en toute liberté qu'à l'égard de ceux qui ne représentent aucune force. Le véritable test moral de l'humanité (le plus radical, qui se situe à un niveau si profond qu'il échappe à notre regard), ce sont ses relations avec ceux qui sont à sa merci : les animaux. Et c'est ici que s'est produite la faillite fondamentale de l'homme, si fondamentale que toutes les autres en découlent ». De plus en plus de gens, dont je fais partie, en viennent à de pareilles conclusions. Ce n'est pas un hasard si Kundera fait ce commentaire vers la fin de son livre, car le dénouement est intimement lié à l'amour de Tereza pour Karenin, son chien. Une pensée sacrilège lui traverse l'esprit : son amour pour Karenin était plus grand que celui qu'elle éprouve pour Thomas ; l'amour que l'on ressent pour un chien est plus fort que celui qui peut exister entre un homme et une femme, car il est totalement spontané et désintéressé [1].

Lentement, très lentement, et peut-être pour la première fois de notre histoire, nous commençons à comprendre que l'espèce humaine n'est pas le point culminant, l'apogée de la création, mais qu'elle fait partie d'un vaste monde. Ce qui signifie que nous devons partager notre planète avec de nombreuses autres créatures, douées de sensations ou non, qui, tout autant que nous, ont droit à sa générosité et à sa pureté. Ce coup porté à notre narcissisme semble beaucoup moins affecter les enfants que les adultes. Je pense que les enfants qui comprennent cette vérité essentielle ont vécu une relation précoce avec le plus domestiqué de tous les animaux domestiqués : le chien.

L'amour que nous éprouvons pour un chien durant notre enfance est probablement l'une des émotions les plus pures et les plus profondes que nous puissions connaître, et nous en gardons le souvenir notre vie durant. Pour certaines personnes, le premier amour implique un chien. Le fait que celui-ci rende l'affection qu'il reçoit avec autant de force, de franchise et d'absence d'ambiguïté constitue pour beaucoup d'enfants une expérience unique et durable. Selon Mary Midgley, les enfants qui n'ont pas connu cette expérience la recherchent activement. « Ils ont pour les animaux le même goût inné que pour le chant et la danse », affirme-t-elle [2]. Dans *Coming to Our Senses,* Morris Berman souligne que pour l'enfant « l'Autre est source de respect mêlé de crainte, et d'excitation, mais non de peur ; il permet que se crée un profond sentiment de confiance en soi – une confiance ontologique, qui ne se transformera pas en besoin de "purifier" le monde en le détruisant[3] ».

J'ai déjà parlé de la compassion dont le chien fait preuve envers les humains ; je pense que pour terminer, il serait bon de dire un mot de notre amour et de notre compassion pour les chiens[4]. La gigantesque épopée hindoue (plus de cent mille vers) connue sous le nom de *Mahabharata* (écrite entre 500 av. J.-C. et 500 ap. J.-C.) se termine par une merveilleuse histoire à propos d'un chien.

Vers la fin de son règne, le grand roi Yudhishthira décide de partir pour un dernier voyage vers le nord, en direction de l'Himalaya. Il est accompagné de ses quatre frères – les Pandava – et de Draupadi, leur épouse commune. Un petit pariah se joint également à eux. Les quatre frères et Draupadi meurent en cours de route. Yudhishthira et le chien continuent seuls leur chemin. Arrivés enfin au terme de leur voyage, ils se retrouvent aux portes du ciel. Indra, le Roi des Dieux, vient accueillir Yudhishthira dans son char d'or. Il l'invite à monter à ses côtés et à l'accompagner dans la magnificence pieuse et majestueuse du ciel.

Yudhishthira dit alors : « Ce chien, ô Dieu du Passé et du Présent, s'est montré un compagnon constamment fidèle et loyal. Il doit me suivre. Mon cœur est plein de compassion pour lui. »

Le Roi des Dieux lui répond : « O Roi, tu as gagné aujourd'hui une immortalité pareille à la mienne, une prospérité s'étendant à la terre entière, le renom et toutes les joies du ciel. Laisse ce chien. Il n'y a rien de cruel en cela. »

Yudhishthira dit : « O Dieu aux mille yeux, ô Toi dont le comportement est si vertueux, je me suis toujours conduit avec droiture. Il m'est difficile de commettre à présent une injustice. Je ne veux pas d'une richesse pour laquelle il me faudrait abandonner celui qui m'a été dévoué. »

Indra répond : « Il n'y a pas de place au ciel pour ceux qui sont accompagnés d'un chien. De plus, les déités appelées les Krodhavasas leur dénient tous leurs mérites. Pense à cela, ô Roi vertueux. Abandonne ce chien. Il n'y a là aucune cruauté. »

Yudhishthira dit au Roi des Dieux : « Je n'abandonnerai en aucun cas ce chien afin d'obtenir un bonheur personnel. »

Le Roi des Dieux tente de le convaincre une dernière fois : « Si tu laisses ce chien, tu gagneras le ciel. Tu as déjà abandonné tes frères et ta femme. Par tes agissements tu as mérité le ciel. Tu as renoncé à tout. Comment peux-tu être aussi troublé à l'idée de te séparer d'un simple chien ? »

Yudhishthira refuse une fois encore, disant qu'il a abandonné sa femme et ses frères parce qu'ils étaient morts, mais qu'il ne se séparera jamais de ce chien tant qu'il sera vivant.

C'est alors que le chien se révèle être le Dieu de la Vertu lui-même[5].

Il est tout à fait bien venu que 500 ans av. J.-C., en Inde, un pays peu connu de nos jours pour sa bienveillance envers le chien, cet animal ait pu être associé, de façon si nette, à la loyauté, à la dévotion et tout particulièrement à l'amour.

Il existe un parallèle moderne. Le 8 juin 1996, par l'intermédiaire d'Internet, le conseil d'administration du Dalmatian Club of America de Memphis, Tennessee, diffusa ce message : « Si vous possédez un jeune dalmatien sourd et que vous ayez des problèmes avec ce chien, ne vous sentez pas coupable. Songez à repartir à zéro avec un nouveau chiot en parfaite santé et doté d'une bonne audition. Ayez recours à l'euthanasie pour votre chien sourd. » Le message indiquait que les chiots sourds ne devaient être ni vendus, ni placés, ni donnés car ils étaient difficiles à élever, à contrôler, et avaient tendance à mordre et à devenir trop agressifs. « Il est important que les chiots sourds soient traités de façon responsable et *humaine* », disait encore le message – en d'autres termes, qu'ils soient tués. Steven Doleac, technicien de laboratoire à la

Model Secondary School pour les malentendants, et entraîneur sportif, ne s'était montré ni responsable ni humain. Il avait déjà adopté un dalmatien sourd, une chienne nommée Kendall. Steve a appris à sa chienne la langue des signes. Le signe de son nom est celui de la lettre K, que l'on obtient en agitant la main de gauche à droite, comme lorsque Kendall remue la queue. Steve a consacré son temps et son énergie à adopter des chiens sourds, qui sans cela auraient été tués, et à les placer auprès de personnes malentendantes capables de leur apprendre la langue des signes et de communiquer avec eux comme n'importe qui avec un chien non handicapé[6]. Ces chiens sourds sont aussi intelligents, dévoués et ont autant de cœur que les autres. Steve a été touché par le sort qui leur était réservé et a rendu aux chiens un peu de l'énorme compassion dont ils font preuve à notre égard depuis dix mille ans. Je lui souhaite, ainsi qu'à ceux qu'il a sauvés de la mort, succès et longue vie.

Certaines personnes reprochent souvent aux chiens d'être des créatures dominées par leurs sens, des esclaves dépendant du monde extérieur qui leur procure intérêt et excitation. Ces personnes évoquent en particulier le plaisir évident que l'odorat offre aux chiens. Mais les odeurs ont un effet complexe sur la vie émotionnelle canine. Pourquoi ne pas comparer cet effet avec la réaction que le goût peut provoquer chez un être humain ? Marcel Proust en fait une description touchante dans *Du côté de chez Swann.* Mordant dans une « petite madeleine* » trempée dans du thé, il est soudain submergé par un sentiment de plaisir exquis. Cette émotion, déclenchée par le goût de la madeleine, est liée à un souvenir d'enfance. Il se rappelle soudain que lorsqu'il était petit garçon, sa tante Léonie lui offrait un morceau de sa madeleine après l'avoir trempée dans son infusion de thé ou de tilleul.

---

* En français dans le texte. (*N.d.T.*)

> Mais, quand d'un passé ancien rien ne subsiste, après la mort des êtres, après la destruction des choses, seules, plus frêles mais plus vivaces, plus immatérielles, plus persistantes, plus fidèles, l'odeur et la saveur restent encore longtemps, comme des âmes, à se rappeler, à attendre, à espérer, sur la ruine de tout le reste, à porter sans fléchir, sur leur gouttelette presque impalpable, l'édifice immense du souvenir... de même maintenant toutes les fleurs de notre jardin et celles du parc de M. Swann, et les nymphéas de la Vivonne, et les bonnes gens du village et leurs petits logis et l'église et tout Combray et ses environs, tout cela qui prend forme et solidité, est sorti, ville et jardins, de ma tasse de thé [7].

Peut-être les odeurs provoquent-elles une réaction aussi magique chez les chiens ? Chaque senteur paraît leur en rappeler d'autres, et il est possible qu'ils fassent alors l'expérience presque mystique d'un plaisir intense assez semblable à celui décrit de façon inoubliable par Proust. Peut-être les chiens ressentent-ils, comme nous, de la nostalgie à la pensée de leurs amis perdus – chiens ou humains –, des endroits où ils ont vécu et des promenades qu'ils ont faites. Quiconque a vu l'expression d'un chien qui se croit abandonné sait qu'il éprouve des émotions intenses.

Piero Scanziani, qui créa la Ligue nationale pour la défense du chien, lui donna cette devise : « Prouvons que l'homme sait comment défendre un ami. » Lorsque je lui ai demandé si un chien avait une âme, il m'a répondu que l'on pourrait aussi bien se poser la question de savoir s'il avait un corps. De toute évidence, les chiens ont une existence psychique comme ils en ont une corporelle. Selon Scanziani, l'âme d'un chien est immensément riche car celui-ci éprouve un grand nombre d'émotions [8].

Dans un livre ancien, écrit en 1789, un récit merveilleux sur Hawaii évoque les sentiments profonds qu'une personne peut ressentir à l'égard d'un chien :

> Une anecdote étonnante... montre la grande considération dont les natifs font preuve envers leurs chiens. En marchant très loin le long du rivage, il [Mr. Goulding] rencontra un indigène accompagné de son épouse ; celle-ci tenait deux chiots contre elle, chacun tétant l'un de ses seins. Ce fait insolite le poussa à tenter d'acheter l'un des deux chiots ; mais la femme, malgré toutes les persuasions et les tentations, refusa de s'en séparer. Quelques clous offerts au mari en échange du chien produisirent un tel effet sur lui qu'il insista auprès de son épouse afin qu'elle acceptât de céder l'un des chiots. Montrant tous les signes d'un véritable chagrin, elle finit par y consentir après avoir serré affectueusement l'animal contre elle. Bien qu'il [Mr. Goulding] se trouvât très loin de l'endroit où le bateau était ancré, la femme insista pour l'accompagner jusque-là. Juste avant qu'il ne quittât le rivage pour regagner le bord, elle lui demanda instamment à tenir une fois encore le chiot contre elle avant de s'en défaire. Après qu'il eut accepté, elle plaça l'animal contre son sein, et ne le lui rendit qu'au bout d'un moment[9].

Il n'est pas impossible que plusieurs années plus tard, cette Hawaïenne compatissante ait rêvé de son chien avec un profond regret. Et qui sait si le chien lui-même, en flairant quelque odeur qui lui a rappelé Hawaii, n'a pas éprouvé la même nostalgie pour ces jours heureux, depuis longtemps enfuis ?

On a souvent dit que les humains faisaient preuve d'arrogance en partant à la recherche de la vie sur d'autres planètes alors qu'il existait sur la leur des créatures qu'ils ne s'étaient pas donné la peine de comprendre. Je pense que cela est particulièrement vrai en ce qui concerne les chiens car s'ils sont une autre forme de vie à la fois immédiatement compréhensible et familière, une sorte de mystère insoluble se cache pourtant au fond de leur cœur. Dès que nous croyons connaître parfaitement les chiens, il nous suffit de regarder les yeux de notre animal familier pour que leur rayonnement et leur intensité nous donne à réfléchir. Nous avons envie de lui demander à tout moment : « Qui es-tu réellement ? » Le chien peut alors sourire – un sourire familier – mais il ne répondra pas. Il garde ses mystères les plus profonds pour lui-même.

Je ne suis pas croyant et j'hésite avant d'utiliser le mot *âme.* Mais les expériences que j'ai vécues avec les chiens au cours de ma vie et celles que je connais à présent avec Sasha, Sima et Rani me persuadent qu'il existe quelque chose d'essentiel, quelque chose chez le chien qui correspond à notre conception de l'âme, ce tréfonds de notre être qui nous fait plus humains. Je suis convaincu que chez nous autres, animaux humains, ce tréfonds est en relation avec notre aptitude à tendre la main à un individu d'une autre espèce, à l'aider et à consacrer notre énergie à son bien-être, même si nous n'en tirons aucun avantage – en résumé à aimer l'autre pour lui-même. Si une espèce sur terre partage avec nous cette aptitude miraculeuse, il s'agit bien du chien, car il nous aime vraiment, parfois au-delà de toute attente, de toute mesure et de tout mérite ; en fait bien plus que nous ne nous aimons nous-mêmes.

Notes

Préface. À la recherche des émotions chez le chien

1. Darwin, *The Origin of Species*, p. 175. Traduction française : *De l'origine des espèces*, p. 284.

2. Robinson, *Wild Traits in Tame Animals*, p. 45.

3. Les auteurs allemands font la distinction entre les chiens « durs », qui refusent de se reposer avant d'être parvenus à acquérir un certain savoir-faire, et les chiens « doux », qui préfèrent jouer et prendre du bon temps.

4. Staddon, « Animal Psychology : The Tyranny of Anthropocentrism », dans Bateson et Klopfer (éd.), *Perspectives in Ethology*, vol. 8.

1. Reconnaître les émotions du chien

1. Romanes, *Animal Intelligence*, p. 438. Traduction française : *L'Intelligence des animaux*, tome 2, p. 193.

2. Scott et Fuller, *Genetics and the Social Behavior of the Dog*, p. 131.

3. Cité dans Garber, *Dog Love*, p. 137.

4. Par contre, les chiens présentent d'autres formes d'ambivalence affective. Lorsque Leila se promène et que je me mets à courir, les chiennes semblent perplexes. Elles veulent être avec chacun de nous, et leur physionomie exprime indéniablement l'ambivalence affective. Elles ne peuvent pas comprendre pourquoi nous nous séparons. L'enfant est la seule personne qui supporte plus mal encore que le chien la rupture du lien conjugal – il y a là un autre trait de caractère commun aux enfants et aux chiens.

5. Leyhausen, *Cat Behavior*.

6. Fleischer, *Hund und Mensch,* pp. 70-71.

7. Diamond, « Zebras and the Anna Karenina Principle », *Natural History,* 9, 1994.

8. Clutton-Brock, « The Unnatural World : Behavioural Aspects of Humans and Animals in the Process of Domestication », dans Manning et Serpell (éd.), *Animals and Human Society,* pp. 23-25.

9. Fox, « The Influence of Domestication », dans M. W. Fox (éd.), *Abnormal Behavior in Animals,* p. 71.

10. Hediger, *Studies of the Psychology and Behaviour of Captive Animals in Zoos and Circuses.*

11. Trumler, *Mit dem Hund auf Du,* p. 169.

12. Voltaire, *Dictionnaire philosophique,* p. 112.

13. Cité dans Thomas, *Man and the Natural World,* p. 107.

14. Cité dans Helen et George Papashvily, *Dogs and People.*

15. Bierce, *The Devil's Dictionary,* p. 19. Traduction française : *Le Dictionnaire du Diable,* p. 56.

16. Extrait de Constance Perin, *Belonging in America,* chapitre intitulé « Perfect Dogs », pp. 118-122.

17. Cf. *The Macmillan Book of Proverbs.*

18. Savishinsky, « Pet Ideas », dans Katcher et Beck (éd.), *New Perspectives on Our Lives with Companion Animals,* p. 126.

19. James Thurber, *Thurber's Dogs,* pp. 205-206.

20. Frances et Richard Lockridge, *Cats and People,* cité dans Joseph et Barrie Klaits (éd.), *Animals and Man in Historical Perspective,* p. 114.

21. Elizabeth Marshall Thomas note que le chien de son mari vient, chaque matin, montrer rituellement son ventre, en signe de dévotion. Elle compare l'homme qui s'agenouille humblement pour prier son Dieu, et le chien qui expose son ventre pour prouver sa soumission. Cf. *The Hidden Life of Dogs,* pp. XVII-XVIII. Traduction française : *La Vie secrète des chiens.*

22. Griffin, *Animal Thinking.* Traduction française : *La Pensée animale.* Cf. également Griffin, *The Question of Animal Awareness,* et *Animal Minds.*

23. Caras, *A Dog Is Listening,* p. 147.

24. Hastings, *Encyclopedia of Religion and Ethics* (1908 éd.), vol. 1, p. 574.

25. Werblowsky, *The Encyclopedia of Religion,* pp. 316-320.

26. J'ai traité en détail de la question de l'anthropomorphisme dans *When Elephants Weep,* pp. 30-38. Traduction française : *Quand les éléphants pleurent,* pp. 59-69. Cf. également Kennedy, *The New Anthropomorphism* ; Fisher, « Disambiguating Anthropomorphism » ; et Eddy et al., « Attribution of Cognitive States to Animals ».

27. Cité dans Elizabeth Atwood Lawrence, « The Sacred Bee, the Filthy

Pig, and the Bat Out of Hell : Animal Symbolism as Cognitive Biophilia », p. 321, dans Kellert et Wilson (éd.), *The Biophilia Hypothesis.*

28. Cité dans Tuan, *Landscapes of Fear*, pp. 14-15. Pour un point de vue totalement différent sur ces animaux fascinants, cf. Stebbins et Cohen, *A Natural History of Amphibians.* Ils signalent qu'au premier congrès mondial d'herpétologie, tenu à Canterbury, Angleterre, en 1989, des participants avaient notés que les amphibiens, plus particulièrement les grenouilles et les crapauds, étaient sur le déclin dans diverses parties du monde très éloignées les unes des autres, et que de nombreuses espèces étaient d'ores et déjà éteintes. Notre monde pourrait bien avoir des liens beaucoup plus étroits que Linné ne le soupçonnait avec les salamandres, les grenouilles, les crapauds et quelques autres des quatre mille cinq cents espèces d'amphibiens connues et encore existantes.

29. Midgley, « Why Knowledge Matters », dans D. Sperlinger (éd.), *Animals in Research.*

2. Pourquoi nous aimons les chiens

1. Dans son introduction à *Beautiful Joe* de Marshall Saunders, Roger Caras signale que les éleveurs de lévriers de course suppriment encore chaque année cinquante mille chiens en parfaite santé parce qu'ils ne sont plus capables de participer à des compétitions.

2. *Animal Biography*, Londres : G. Virtue, 1840, p. 79 (auteur anonyme).

3. Cité dans Winokur, *Mondo Canine*, p. 248.

4. France, « L'anneau d'améthyste », p. 118.

5. Caras, *A Dog Is Listening*, p. 52.

6. Brückner, « Über einen zweibeinigen Hund », *Zeitschrift für Hundeforschung* 13 (1938) : 1-16.

7. Cette citation est extraite de l'article fascinant de W. Fowler Bucke, « Cyno-Psychoses : Children's Thoughts, Reactions, and Feelings Toward Pet Dogs », *The Pedagogical Seminary* 10 (1903) : 459-513. La citation (p. 509) est de Charles Kingsley (1819-1875), auteur de *Water Babies.*

8. Wise et Yang, « Dog and Cat Ownership, 1991-1998 », *Journal of the American Veterinary Association* 204 (1994) : 1166-67.

9. C'est également le thème d'un poème cité par E.V. Lucas, « The More I See of Men » (repris dans Vesey-Fitzgerald, *Animal Anthology*, p. 86), qui commence par ces vers :

Un cœur qui vous aime jusqu'à votre mort,
C'est une chose que l'argent peut acheter.

Et se termine par ces vers :

Partout où des chiens sont proposés à la vente,
Ce sont des choses que l'argent peut acheter.

10. Ces exceptions ont été décrites par Vicki Hearne dans certains de ses livres, plus particulièrement dans *Bandit* et *Adam's Task.*

11. Cité dans Vesey-Fitzgerald, *Animal Anthology*, p. 86.

12. Garber, *Dog Love*, pp. 82-88.

3. L'amour : l'émotion fondamentale chez le chien

1. Brodbeck, « An Exploratory Study on the Acquisition of Dependency Behavior in Puppies », *Bulletin of the Ecological Society of America* 35 (1954) : 73.

2. Mais alors, comment expliquer le fait que certains chiens tuent des humains, m'ont demandé plusieurs personnes. Aux États-Unis, chaque année, dix-huit décès environ sont imputables à des chiens. Dans les cas où la victime est un petit enfant endormi, il est difficile de rejeter sur elle la responsabilité du drame, mais il est bon de noter qu'un enfant a beaucoup plus de risques d'être tué par son père que par un chien. Une étude détaillée de chacune de ces morts (je pense que dans chaque cas, on trouverait une explication, ce qui ne rendrait pas la disparition de la victime moins intolérable pour autant) contribuerait à une meilleure connaissance de la psychologie canine. Je n'ai encore jamais entendu parler d'une relation normale entre un chien et un humain qui se soit terminée de cette façon tragique. Au sujet des morsures de chien mortelles, cf. chapitre 14, note 9.

3. Caras, *A Dog Is Listening*, p. 136.

4. Fox, *The Dog : Its Domestication and Behavior*, p. 259.

5. Dechambre, « La théorie de fœtalisation », *Mammalia* 13 (1949) : 129-237.

6. Dans la mesure où Konrad Lorenz (1903-1989 ; prix Nobel de médecine en 1973) fut l'objet de tant d'éloges, il semble juste d'informer le lecteur de sa honteuse participation au mouvement nazi. Membre du parti nazi dès 1938, il appartint au Bureau de la politique raciale, et les articles qu'il rédigea dans les années quarante parlent d'hommes de « grande valeur » (*vollwertig*) et d'hommes de « valeur inférieure » (*minderwertig*) ; de « matériel humain socialement inférieur » (*sozial minderwertigen Menschenmaterials*) et même d'« élimination des individus moralement inférieurs » (*Ausmerzung ethisch Minderwertiger*). Cf. Ute Deichmann, *Biologists Under Hitler*, traduit par Thomas Dunlap (Cambridge, Mass. : Harvard University Press, 1966) : 189.

7. Lorenz, *King Solomon's Ring* (1952). J'ai trouvé cet extrait dans la compilation de Gilbert et John Phelps : *Between Man and Beast*, p. 143.

8. Klinghammer et Goodman, « Socialization and Management of Wolves in Captivity », dans Frank (éd.), *Man and Wolf*, p. 45.

9. Gould, « Mickey Mouse Meets Konrad Lorenz », *Natural History* 88, n° 5 (1979) : 30-36.

10. Lorenz, « Der Kumpan in der Umwelt des Vogels », *Journal of Ornithology* 83 (1935) : 137-213, 289-413.

11. Le laps de temps peut être extrêmement court. Dans *Genetics and the Social Behavior of the Dog*, p. 129, Scott et Fuller notent que si l'on retire un agneau à sa mère, à la naissance, et qu'on le lui ramène moins de quatre heures plus tard, elle acceptera de le reprendre et de l'allaiter. Passé ce délai, elle le repoussera comme n'importe quel autre agneau.

4. Loyauté et héroïsme chez le chien

1. Sénateur George Graham Vest (1830-1904), « Eulogy on the Dog », Johnson County Circuit Court, Warrensburg, Missouri. Cf. Gustav Kobbé, *A Tribute to the Dog : Including the Famous Tribute by Senator Vest.*

2. Smythe, *Animal Psychology*, pp. 232-233. On a émis l'hypothèse selon laquelle cette formidable loyauté dériverait du magnifique amour maternel dont font preuve certaines chiennes. « J'ai dans mes archives une anecdote concernant une femelle retriever qui parcourut trois ou quatre kilomètres en zone urbaine, récupéra son chiot dans le récipient où on l'avait noyé, le rapporta à la maison de ses maîtres et réussit à le ranimer » (*Animal Psychology*, p. 229).

3. Cité dans Scott et Fuller, *Genetics*, p. 47.

4. Dans un article intitulé « Suicide et automutilations chez les animaux », le psychiatre français A. Brion parle d'« animaux domestiques, des chiens le plus souvent, qui cessent de manger, dépérissent et meurent lorsqu'ils ont perdu leur maître. Ce fait est indéniable ».

5. Jesse, *Anecdotes of Dogs*, p. 465.

6. Cervantès, *El Coloquio de los Perros*. Traduction française : *Colloque des chiens*, p. 131.

7. Lerman, *In the Company of Newfies*, p. 158. A propos de terre-neuve, je ne peux m'empêcher de citer l'anecdote reprise par Carson Ritchie dans *The British Dog*, p.150. Un terre-neuve se trouvait dans le public qui assistait à une représentation de *Jesse Vere* donnée au théâtre de Woolwich. Dans une des scènes de la pièce, un homme bat une petite fille. Rendu

furieux par ce qu'il voyait, le chien franchit la rampe d'un bond et « il fut très difficile de l'éloigner de l'acteur qui jouait le rôle du méchant ».

8. Zompolis, *Operation Pet Rescue*, pp. 28-29.

9. Cohen et Taylor, *Dogs and Their Women*, p. 94.

10. Smythe, *The Mind of the Dog*.

11. Bergman, « Orientation », dans *Why Does Your Dog Do That ?* Dans ce livre, Bergman traite de l'instinct de retour et résume ainsi ses conclusions à propos du sens de l'orientation chez le chien : « On peut dire qu'un chien apprend très vite à connaître les secteurs qu'il fréquente habituellement, et qu'à l'intérieur de ces secteurs, il apprend à utiliser des chemins détournés, des raccourcis et des itinéraires permettant des communications faciles : sentiers, chemins, allées, rues, routes... Rien ne prouve que le chien soit capable de retrouver son chemin s'il est loin de chez lui » (p. 124).

12. Fox, Michael W., *Superdog : Raising the Perfect Canine Companion*, New york : Howell Book House, 1990.

13. L'ouvrage de L. Huyghebaert, *Le Chien : psychologie – olfaction – mécanisme de l'odorat*, est l'une des rares exceptions. Huyghebaert est convaincu que les chiens retrouvent le chemin de leur maison en se servant uniquement de leur flair ; il juge parfaitement inutile de rechercher « un sens supplémentaire » (p. 54). Dans « The Extra Sense of Man and Beast », un chapitre de *Between Animal and Man*, Michael Fox suggère que les chiens et les chats pourraient retrouver leur chemin en utilisant le magnétisme terrestre. « Il semble exister un sens des lieux et, probablement en relation avec celui-ci, ce que nous appelons souvent un "esprit des lieux" » (p. 30).

14. L'article de Schmid est intitulé « Vorläufiges Versuchsergebnis über das hundliche Orienterungsproblem » (Découvertes préliminaires relatives au problème de l'instinct de retour chez le chien) et il a été publié dans *Zeitschrift für Hundeforschung* 2 (1932) : 133-156. (Cette remarquable publication, consacrée à l'étude scientifique du chien, a paru de 1931 à 1951.) Il existe un résumé de cet article, intitulé : « How Does the Dog Find His Way Home ? » dans l'édition anglaise (*Interviewing Animals*, pp. 182-202) de son livre *Begegnung mit Tieren*.

15. Dans *Von den Aufgaben der Tierpsychologie* (p. 178), Schmid écrit que, dans ces circonstances, les chiens « souffrent d'une sorte de mal du pays » *(dass er von einer Art Heimweh geplagt)*.

16. Smythe, *op. cit.*, p. 138.

17. « Lorsque l'on étudie les preuves, on découvre que le nombre de chats qui, emmenés loin de chez eux, sont incapables d'y revenir est nettement supérieur à celui des chats qui réussissent à retrouver leur chemin... Il en va de même pour les chiens. Un très grand nombre d'entre eux

changent de mains, beaucoup se sauvent et se perdent, temporairement ou définitivement, mais très peu parviennent à regagner leur maison, et les anecdotes extraordinaires, publiées de temps à autre, ne sont probablement pas des exemples d'un prétendu instinct de retour, mais des coups de chance, de purs hasards qui ont permis au vagabond de rentrer chez lui », Francis Pitt, *Animal Mind*, pp. 159-162.

18. Compte rendu dans *The Times* de Londres, du 5 septembre 1996, et dans le *Daily Mail* du même jour.

19. *The Boston Herald* du 18 mars 1996, première édition.

20. Cette histoire est racontée dans de nombreux livres et articles, mais je n'ai pas réussi à en trouver une version plus élaborée, en anglais.

21. Communication personnelle de Jean E. Kundert, en date du 10 mai 1996.

22. *Dayton Daily News* du 30 mars 1996.

5. Les chiens sentent ce que nous ne pouvons pas voir

1. Cité dans Winokur, *Mondo Canine*, p. 255.

2. Cf. le chapitre intitulé « Odour Preferences of Animals », dans R.W. Moncrieff, *Odour Preferences*. Moncrieff observe que les plus de vingt-cinq ans sont plus sensibles aux parfums fleuris et sophistiqués que les jeunes adultes (p. 316).

3. Fernand Méry, *Le Chien, son mystère*, p. 144. La citation est tirée du *Merveilleux dans le règne animal* de Vitus B. Dröscher.

4. Walter Neuhaus, « Ueber die Riechschärfe des Hundes ». Cet article contient une bibliographie complète sur ce thème. Pour des informations plus récentes, cf. Becker et al., « Studies on Olfactory Acuity in Dogs », et Moulton et al., « Studies in Olfactory Acuity ». Certains chercheurs pensent que ce chiffre est trop élevé. Cf. Desmond Morris, *Dog Watching*, p. 58 (traduction française : *Le Chien révélé*) et les ouvrages cités dans Syrotuch, *Scent and the Scenting Dog*. De nombreux autres chiffres ont été avancés. Dans *Superdog*, Michael W. Fox, l'un des plus grands spécialistes américains en ce qui concerne les chiens, écrit : « Les chiens aiment se rouler dans des matières organiques infectes parce qu'ils ont un odorat très développé, probablement un million de fois plus performant que le nôtre, et possèdent, je pense, un sens de l'esthétique en relation avec ce domaine sensoriel : ils aiment se revêtir de certaines odeurs exactement comme nous, qui appartenons à une espèce dont le sens principal est la vue, aimons porter de temps à autre des vêtements différents, plus gais. » S'il ne fait aucun doute que l'odorat du chien est de loin supérieur au nôtre, il est

probablement impossible de chiffrer exactement cette supériorité. Cela équivaudrait à tenter d'évaluer l'intelligence, une tentative qui n'est jamais une bonne idée.

5. Caras, *A Dog Is Listening*, p. 59.

6. Trumler, *Mit dem Hund auf Du*, p. 122.

7. Citation extraite de l'article de W. Fowler Bucke, « Cyno-Psychoses », p. 475.

8. Elizabeth Marshall Thomas, *Certain Poor Shepherds*, p. 34.

9. Dans son livre *Mit dem Hund auf Du* (pp. 242 et sqq), Eberhard Trumler soutient qu'en flairant les excréments de leurs congénères, les chiens savent s'ils ont été laissés par un mâle ou une femelle, et depuis combien de temps ; s'ils connaissent ce chien ou cette chienne, et quelle est sa condition physique et sexuelle. Ils semblent également être capables de rapprocher cette odeur de celle de la transpiration qu'ils trouvent dans les empreintes. Pour les loups qui vivent à l'état sauvage, ce genre d'information est d'une importance capitale.

10. Freud, *Civilization and Its Discontents*, p. 100. Traduction française : *Malaise dans la civilisation*, p. 51.

6. Soumission, dominance et gratitude

1. Schenkel, « Submission : Its Features and Functions in the Wolf and Dog », *American Zoologist* (1967) : 319-330.

2. La nomenclature est parfois déroutante. La classe des mammifères comprend l'ordre des carnassiers qui se subdivise en plusieurs familles dont les canidés. La famille des canidés compte quelque vingt-six espèces réparties en trois sous-familles : caninés (chiens, loups, chacals, renards, chien viverrin, loup des Andes et loup à crinière), simocyoninés (lycaon, cuon, chien des buissons) et octocyoninés (octocyon).

3. Desmond Morris, *Dogwatching*, pp. 60-62. Traduction française : *Le Chien révélé.*

4. Fox, *Behavior of Wolves, Dogs and Related Canids*, p. 189. On trouve une autre explication intéressante dans *The Mind of the Dog*; R. H. Smythe voit l'origine de cette pratique chez des chiens charognards plutôt que chasseurs, vivant des restes des proies tuées par des carnivores de plus grande taille. « Cet instinct particulier ressemble à celui que possèdent les abeilles qui, lorsqu'elles ont trouvé des fleurs mellifères, reviennent à la ruche et annoncent leur découverte aux autres membres de la communauté en exécutant une danse particulière. A la vue de ce comportement, les abeilles comprennent instinctivement qu'elles doivent suivre les danseuses, qui les

conduisent jusqu'au nectar. De même, attirés par le chien porteur d'une odeur forte, ses congénères le suivaient jusqu'au lieu du festin et s'empressaient de participer aux agapes » (p. 75).

5. « Plutôt que de choisir l'affrontement direct afin d'obtenir la nourriture qu'ils convoitent, les animaux préfèrent utiliser leurs forces d'une manière qui ne risque pas de nuire sérieusement à leur entourage. Habituellement, ils ne font pas usage de leurs armes les plus meurtrières contre leurs rivaux, et les perdants acceptent leur sort ; ils peuvent même, dans des régions sinistrées, se laisser mourir de faim tandis que les rares sujets dominants se nourrissent relativement bien. Il ne faut pas interpréter ce dernier comportement comme un suicide conscient pour le bien du groupe. Il s'agit plus probablement d'une conséquence indirecte de la stratégie, ordinairement fructueuse, du "wait and see" : mieux vaut patienter et profiter des restes des dominants, avec l'espoir qu'un jour les rôles seront inversés, que de prendre le risque de déclencher un vrai combat. Inversement, il est souvent préférable pour les dominants (ceux qui sont sortis vainqueurs des luttes destinées à déterminer l'ordre des préséances en ce qui concerne la nourriture et l'accouplement) de permettre à leurs subordonnés de vivre leur vie, et même de les aider parfois, plutôt que de pousser leurs attaques jusqu'au bout de peur que leurs victimes ne se rebiffent avec le courage du désespoir », Stephen Clark, « Good Dogs and Other Animals », pp. 48-49.

6. Lockwood, « Dominance in Wolves : Useful Construct or Bad Habit ? », dans E. Klinghammer (éd.), *The Behavior and Ecology of Wolves*, pp. 225-244.

7. Von Arnim, *All the Dogs of My Life*, p. 116. Traduction française : *Tous les chiens de ma vie*, p. 127. Elizabeth von Arnim (1866-1941) était la cousine de Katherine Mansfield, et Edward Morgan Forster fut le précepteur de ses enfants ; elle écrivit cette « autobiographie », où il est principalement question de ses chiens, en 1936, alors qu'elle vivait sur la Côte d'Azur.

8. L'article qui fait autorité sur la question de la subordination conclut en ces termes : « La dominance doit être considérée comme un phénomène qui se situe au niveau des relations sociales, et non comme un attribut individuel et de motivation. Une hypothèse qui a été soutenue à plusieurs reprises sur le plan conceptuel, mais également démontrée de façon empirique », Jan Van Hoof et Josep Wensing, « Dominance and Its Behavioral Measures in a Captive Wolf Pack », dans H. Frank (éd.), *Man and Wolf : Advances, Issues, and Problems in Captive Wolf Research*, p. 250.

9. Romanes, *Animal Intelligence*, p. 444. Traduction française : *L'Intelligence des animaux*, tome 2, p. 199.

7. La solitude et l'abandon : les grandes peurs du chien

1. Allen, *The Wolves of Minong*, p. 291. Cf. Lois Crisler, *Arctic Wild*, p. 283. Traduction française : *Chasseurs d'images en Alaska.*
2. Mech, *The Wolf*, p. 288.
3. Scott, « Editor's Comments », dans *Critical Periods*, p. 17.
4. Parmi les meilleurs : *Dog Problems*, de Carol Lea Benjamin ; *Behavior Problems in Dogs*, de William E. Campbell ; *People, Pooches and Problems*, de Michael Job Evans (coauteur, avec les Monks de New Skete, de l'excellent livre *How to Be Your Dog's Best Friend*) ; *Canine and Feline Behavioral Therapy*, de Benjamin et Lynette Hart ; et *When Good Dogs Do Bad Things*, de Mordecai Siegal et Matthew Margolis.
5. Benjamin, *Mother Knows Best.*
6. Desmond Morris, *Dogwatching*, p. 89. Traduction française : *Le Chien révélé.*
7. Houpt et Wolski, *Domestic Animal Behavior*, pp. 298-299.
8. Mordecai Siegal, *UC Davis School of Veterinary Medicine Book of Dogs*, p. 80.
9. Darwin, *The Variation of Animals and Plants Under Domestication*, p. 27. Traduction française : *De la variation des animaux et des plantes sous l'action de la domestication* : « L'habitude d'aboyer, qui est presque universelle chez les chiens domestiques, constitue toutefois une exception dans la mesure où elle ne caractérise pas l'ensemble d'une espèce, bien que je sois persuadé que le *Canis latrans* d'Amérique du Nord pousse un cri qui s'apparente étroitement à un aboiement. » A la page 15 de *Dogwatching*, Desmond Morris écrit que des loups retenus en captivité à proximité de chiens domestiques finissent par apprendre à aboyer comme ces derniers ; mais je suis quelque peu sceptique.
10. Je ne sais qui a émis cette hypothèse le premier. Elle a été formulée au XIXe siècle par P. Hachet-Souplet dans *Examen psychologique des animaux*, p. 106 ; un texte cité par L. Huyghebaert dans *Le Chien*, p. 79 : « Le chien dans l'état sauvage n'aboie pas plus que le loup. L'un et l'autre, il est vrai, apprennent très vite à aboyer dans l'état domestique. Il semble que leur aboiement est un essai d'imitation très grossière du parler humain. » Selon W. Fowler Bucke, « Cyno-Psychoses » p. 481, Darwin aurait déjà suggéré cette idée dans un passage de *The Descent of Man* (1871). Traduction française : *De la descendance de l'homme.* Dans « Talks with Dogs » (*Solitary Life*, p. 233), Richard Katz écrit : « L'aboiement d'un chien auquel aucun être

humain ne parle est moins expressif que celui d'un chien qui a l'habitude d'entendre son maître lui parler. »

8. La compassion : l'essence même de la vie intérieure du chien

1. Cf., par exemple, Morton Hunt, *The Compassionate Beast* ; C. R. Badcock, *The Problem of Altruism* ; Alfie Kohn, *The Brighter Side of Human Nature* ; Samuel et Pearl Oliner, *The Altruistic Personality.*

2. Ackerman, *A Natural History of Love*, p. 289. Traduction française : *Le Livre de l'Amour.*

3. De Waal, *Good Natured*, p. 52. Ce livre contient de nombreux autres exemples de compassion chez les grands singes.

4. *Los Angeles Times*, décembre 1995.

5. La règle de Morgan (du nom de Conway Lloyd Morgan, psychologue anglais, 1852-1936) nous met en garde contre la tentation de supposer un niveau d'explication supérieur à ce qui est absolument nécessaire, et nous commande d'interpréter le comportement animal comme la manifestation des facultés mentales les plus simples. Une telle prudence peut parfois être utile, mais elle est à mon avis trop souvent utilisée.

6. Krebs, « Altruism : An Examination of the Concept and a Review of the Literature », *Psychological Bulletin* 73 (1970), pp. 258-302.

7. Eibl-Eibesfeldt, *Love and Hate*, p. 89.

8. McIntyre, « The East Fork Pack », dans John A. Murray (éd.), *Out Among The Wolves : Contemporary Writings on the Wolf*, p. 190.

9. Moobli, un berger allemand, figure également dans les autres livres de Mike Tomkies qui traitent de la vie sauvage dans les Highlands (hautes terres d'Écosse) : *A Last Wild Place, Out of the Wild* et *On Wing and Wild Water.*

10. *St. Louis Post-Dispatch* du 12 mars 1996.

11. Lopez, *Of Wolves and Men*, p. 69.

12. Whittemore et Hebard, *So That Others May Live.*

13. Gonzales et Fleischer, *The Dog Who Rescues Cats : The True Story of Ginny.*

14. Caras, *A Dog Is Listening*, pp. 103-108.

9. Dignité, humilation et déception

1. Wittgenstein, *Zettel* (n° 518), p. 91.

2. Smythe, *The Mind of the Dog*, p. 63.

3. Romanes, *Animal Intelligence*, p. 444. Traduction française : *L'Intelligence des animaux*, tome 2, p. 199.
4. Bergson, *Le Rire.*
5. Woodhouse, *Talking to Animals*, p. 212.
6. Wittgenstein, *Philosophical Investigations*, p. 174. Traduction française : *Investigations philosophiques.*
7. Au chapitre XXI du *Petit Prince* d'Antoine de Saint-Exupéry, le renard demande au petit prince de l'apprivoiser en venant chaque jour s'asseoir près de son terrier à la même heure. « Si tu viens, par exemple, à quatre heures de l'après-midi, dès trois heures je commencerai d'être heureux. Plus l'heure avancera, plus je me sentirai heureux... Mais si tu viens n'importe quand, je ne saurai jamais à quelle heure m'habiller le cœur... Il faut des rites. »
8. Lamott, *Operating Instructions*, p. 182.

10. Rêves de chien

1. Hobson, *The Chemistry of Conscious States.*
2. Cf. Hediger, « Vom Traum Der Tiere ». Cf. également Campbell et Tobler, « Animal Sleep : A Review of Sleep Duration Across Phylogeny ». Le chat est l'animal le mieux étudié en ce qui concerne le rêve. Pour une bibliographie complète, cf. Witkin et Lewis (éd.), *Experimental Studies of Dreaming.* On trouvera dans Brion et Ey (éd.), *Psychiatrie animale*, pp. 149-167, un compte rendu détaillé des travaux de l'un des pionniers des recherches sur le sommeil, particulièrement du sommeil des animaux, dans l'article de M. et D. Jouvet : « Le sommeil et les rêves chez l'animal ».
3. Lavie, « Do Fish Dream ? », dans *The Enchanted World of Sleep*, p. 102.
4. Cf. Shimazono et al., « The Correlation of the Rhythmic Waves of the Hippocampus with the Behavior of Dogs ». Dans l'article cité plus haut, « Le sommeil et les rêves chez l'animal », M. et D. Jouvet rappellent que les expériences « mémorables » menées en 1913 par H. Piéron (*Le Problème physiologique du sommeil*) ont été pratiquées sur des chiens.
5. Lucas et al., « Baseline Sleep-Wake Patterns in the Pointer Dog », dans *Physiology and Behavior* 19 (1977) : 285-291. M. et D. Jouvet (dans l'article cité plus haut, « Le sommeil et les rêves chez l'animal ») affirment que chiens et chats rêvent à peu près le même temps, à savoir 20 % de leur temps de sommeil, mais ils ne s'appuient sur aucune autorité et ne prétendent pas avoir entrepris eux-mêmes de recherches sur ce sujet.
6. Frederick Snyder, « In Quest of Dreaming », dans Witkin et Lewis (éd.), *Experimental Studies of Dreaming*, p. 55. Mais aussi Howard P. Roffwarg,

Joseph Muzio et William Dement, « Ontogenetic Development of the Human Sleep-Dream Cycle », dans *Science* 152 (1966) : 604-619. Les auteurs de cette étude font observer que l'activité onirique est associée à une partie du tronc cérébral qui se développe très tôt. Il serait passionnant d'étudier comparativement le sommeil paradoxal des nouveau-nés et des chiens.

7. J. L. et C. G. Gould, *The Animal Mind*, p. 169.

8. Mitler, Dement et al., « Narcolepsy-Cataplexy in a Female Dog », dans *Experimental Neurology* 45 (1974) : 232-240.

9. Virginia Woolf, *Flush : A Biography* (1933). Traduction française : *Flush*, p. 47. Cité dans Adcock et Simms (éd.), *The Oxford Book of Creatures*, p. 137.

10. Bruce Max Feldman, un vétérinaire de Berkeley, m'a suggéré de demander à quelqu'un d'autre, hors de ma présence, de conduire Sima vers une personne qu'elle connaît déjà. Il pense qu'il serait intéressant et peut-être révélateur de le faire. Je ne suis pas opposé à ce genre d'expériences inoffensives.

11. Smythe, *The Mind of the Dog*, p. 104.

11. L'inné et l'acquis : les chiens, le travail et le jeu

1. Koehler, *The Koehler Method of Dog Training*. Koehler a dressé les chiens du film Disney : *The Incredible Journey (L'Incroyable Voyage)*.

2. La photo de couverture du numéro de décembre 1994 de *National Geographic* (« Animals at Play ») montrait un ours polaire jouant avec un husky. En voyant cette photo, on ne pouvait s'empêcher d'être stupéfait et ravi. Il y a dans ce genre de jeu (où l'on s'attend ordinairement à un combat à mort) quelque chose de particulièrement émouvant.

3. Masson, *Lost Prince*.

4. Fagen, *Animal Play Behavior*, p. 492.

5. *Ibid.*, p. IX.

6. Zimen, *The Wolf*, p. 224.

7. Fagen, *op. cit.*, p. 487.

8. Cf. Alistair Lawrence et Jeffrey Rushen, *Stereotypic Animal Behaviour*. On n'observe jamais de tels mouvements stéréotypés chez des animaux en liberté, mais uniquement chez des animaux en captivité ou domestiques. Dans les zoos, on peut les remarquer chez les loups, les ours, les hyènes et les éléphants, mais on les retrouve également chez les chevaux et certaines espèces d'oiseaux vivant en cage. *The Modern Ark* de Vickie Croke présente un excellent compte rendu de ces mouvements chez les animaux de zoo. Monique Meyer-Holzapfel, qui a étudié ces mouvements au zoo de Berne, pense qu'ils sont la conséquence d'une misère émotionnelle.

Cf. son article « Mouvements stéréotypés chez les animaux : expression de malaises psychiques », dans Brion et Ey, *Psychiatrie animale*, pp. 295-298. Beaucoup de propriétaires de hamsters prennent plaisir à les regarder courir pendant des heures dans leurs roues ; mais cela aussi est la conséquence d'un manque. Cf. H. Petzsch, « Ueber Bewegungsstereotypien bei kleinen Nagetieren in Gefangenschaft – Hamster (*Cricetus L.*) und Eichhörnchen (*Sciurus vulgaris L.*) », dans *Mitteilungen für Naturkunde und Vorgeschichte* 2 (1950) : 113-128 (Museum de Magdebourg).

9. Scott et Fuller, *Genetics and the Social Behavior of the Dog*, p. 137.

10. Lawrence, *In Praise of Wolves*, p. 3.

11. Mann, *A Man and His Dog*, p. 97. Traduction française : *Maître et Chien*, p. 39.

12. Caras, *A Dog Is Listening*, pp. 130-132.

13. Cf. les nombreux articles de Marc Bekoff, en particulier « Social Play and Play-Soliciting by Infant Canids » ; « Social Communication in Canids : Evidence for the Evolution of a Stereotyped Mammalian Display » ; et avec C. Allen, « Cognitive Ethology : Slayers, Skeptics, and Proponents », dans R. W. Mitchell, N. Thompson, et L. Miles (éd.), *Anthropomorphism, Anecdote, and Animals : The Emperor's New Clothes ?* (Suny Press, Albany, NY, à paraître) ; et « Playing with Play : What Can We Learn About Cognition, Negotiation, and Evolution ? », dans D. Cummins et C. Allen (éd.), *The Evolution of Mind* (Oxford University Press, New York, à paraître).

14. Altmann, « Social Behavior of Anthropoid Primates », dans E. L. Bliss (éd.), *Roots of Behavior*, pp. 277-285.

15. Le Dr Robert Kirk m'informe qu'il ne faut pas voir là un signe d'agressivité mais de dominance, et que cela découle du fait que les chiennes et les louves attrapent chiots et louveteaux par la peau du cou. Ces derniers se sentent ainsi en sécurité mais dominés.

16. Caras, *A Dog Is Listening*, pp. 138-139.

17. Vesey-Fitzgerald, *Animal Anthology*, p. 83.

18. Michael Fox parle de « l'équivalent canin du sourire de bienvenue de l'homme ». Il est différent du sourire de soumission et de l'expression de jeu la gueule ouverte. Le chien imite cette mimique de bienvenue ; elle n'a été observée que dans les relations homme-chien, jamais entre les chiens eux-mêmes.

19. Erasmus Darwin, *Zoonomia* (1794-1796), p. 169 ; traduction française : *Zoonomie ou lois de la vie organique* ; cité dans Keith Thomas, *Man and the Natural World : A History of the Modern Sensibility*, p. 121.

12. Chiens et chats

1. Charles Darwin, *Journal of Researches into the Geology and Natural History of the Various Countries Visited by HMS « Beagle »*, p. 142. Traduction française : *Voyage d'un naturaliste autour du monde*, tome 1, p. 165.
2. Billy Arjan Singh, *Eelie and the Big Cats.* Cf. également ses autres livres : *Tiger ! Tiger !* et *Prince of Cats.*
3. Cf. le chapitre « The Mind of the Cat » de Frances et Richard Lockbridge, *Cats and People.*
4. Vessels, « Koko's Kitten », dans *National Geographic* de janvier 1985 : 110-113.
5. Les personnes qui ont à la fois chiens et chats reconnaissent que ceux-ci deviennent souvent de très bons amis. Pour tester ce phénomène scientifiquement, Michael Fox a élevé ensemble des chiens et des chats à l'occasion d'une série d'expériences qui ont clairement démontré que ces animaux pouvaient en arriver à se considérer comme frères et sœurs. Pour ma part, je ne suis pas certain que ces chiens et ces chats que l'on élève ensemble pensent appartenir à la même espèce. Cf. Michael Fox, *Integrative Development of Brain and Behavior in the Dog*, et « Behavioral Effects of Rearing Dogs with Cats During the Critical Period of Socialization », *Behavior* 35 (1969) : 273-280.
6. Van Vechten, *The Tiger in the House.* Cf. Méry, 1920 : « Dieu a fait le chat pour donner à l'homme le plaisir de caresser le tigre. »
7. Tabor, *The Wildlife of the Domestic Cat.* Cf. également Clutton-Brock, *Cats Ancient and Modern.*
8. Maeterlinck, « Notre ami, le chien », dans *Le Double Jardin.*
9. Van Vechten, *op. cit.*, p. 1.
10. Laurens van der Post, *A Story Like the Wind*, Londres : Hogarth Press, 1972. Traduction française : *Une histoire comme le vent*, Paris : Stock, 1974.

13. Chiens et loups

1. Mech, *Wolf !*, p. 9.
2. « Il semblerait que la domestication du chien ait eu lieu dans le sud-ouest de l'Asie à la veille ou à l'aube du mésolithique, dès 10 000 av. J.-C. », Epstein, *The Origin of the Domestic Animals of Africa*, p. 145.
3. Clutton-Brock, Juliet, et Dennis-Bryan, Kim, *Dogs of the Last Hundred Years at the British Museum (Natural History).*

4. Scott, « The Social Behavior of Dogs and Wolves », *Annals of the New York Academy of Sciences* 51 (1950) : 1012.

5. Steinhart, *In the Company of Wolves.*

6. Noté par L. David Mech dans *The Way of the Wolf*, p. 26.

7. Cf. Gentry, *When Dogs Run Wild.* Cf. également Beck, *The Ecology of Stray Dogs : A Study of Free-Ranging Urban Animals.*

8. Zimen, *The Wolf : His Place in the Natural World*, p. 33. Cf. également Zimen, *Wölfe & Königspudel*, dans lequel il traite en détail des croisements qu'il a effectués entre loups et caniches.

9. Fentress, « Observations on the Behavioral Development of a Hand-Reared Male Timber Wolf », *American Zoologist* 7 (1967) : 339-351.

10. Scott et Fuller, *Genetics and the Social Behavior of the Dog*, p. 137. Desmond Morris est d'une opinion différente ; dans *Dogwatching*, pp. 19-20 (traduction française : *Le Chien révélé*), il soutient que les chiots ne commencent à remuer la queue qu'à l'âge de six ou sept semaines, et émet l'hypothèse selon laquelle ce frétillement signalerait, chez les adultes, un état d'esprit dans lequel le chien hésiterait entre rester et fuir. Le Dr Morris ne fournit aucune preuve de ce qu'il avance, disant seulement que l'on peut observer tout cela. Mes propres observations et celles de plusieurs autres spécialistes des chiens et des loups me conduisent à de tout autres conclusions.

11. Fox, *Between Animal and Man*, p. 58 (chapitre intitulé « Love, Dependence and Perpetual Infants »).

12. En 1897, Louis Robinson avait parfaitement résumé la question dans son livre *Wild Traits in Tame Animals* (p. 66) : « Dans le cas du chien domestique, l'instinct grégaire se satisfait finalement mieux des nouvelles conditions d'environnement. Le chien se sent parfaitement à l'aise avec nous car il a la sensation d'être au sein de sa propre meute, et non au milieu d'étrangers, de créatures d'une autre espèce. L'animal sauvage, au contraire, a l'impression que ceux qui cherchent à se faire passer pour ses compagnons sont des créatures d'une autre nature. Il refuse obstinément de se faire le complice d'une supercherie, et se méfie de leurs intentions. Quoi qu'ils fassent pour le rassurer, il demeure sur le qui-vive, comme s'il avait affaire à des ennemis potentiels. »

13. Schenkel, « Ausdruckstudien an Wölfen ».

14. Steinhart, *In the Company of Wolves*, p. 345.

15. « Les meutes de chiens domestiques retournés à l'état sauvage ne présentent pas la stabilité et la complexité de relations que l'on observe chez les espèces de chiens réellement sauvages. » Extrait de Leo K. Bustad, « Man and Beast Interface », p. 237, dans Robinson et Tiger, *Man and Beast Revisited.* Le problème des chiens sauvages et errants constitue le sujet d'un

excellent article de Luigi Boitani, le spécialiste italien des loups : « Randagi : Una Vita da Cani », dans la revue italienne *Airone*, numéro de novembre 1996.

16. Hearne, *Adam's Task*, pp. 22-23.

17. Lorenz, *Man Meets Dog*, p. 24.

18. Scott, « The Evolution of Social Behavior in Dogs and Wolves », p. 377. Les loups, les chiens et probablement les chacals possèdent le même nombre de chromosomes (p. 378). Dans *The Origin of the Domestic Animals of Africa* (p. 139), Epstein note : « Le fait que le chacal ait un cerveau plus petit que celui d'un chien de même taille interdit de voir en lui l'un des ancêtres du chien domestique. » Toutefois, comme le fait remarquer Christine Gentry (*When Dogs Run Wild*), chacals et chiens s'accouplent, et leurs hybrides sont féconds. Parfois ils deviennent aussi compagnons : « En 1910, Drake-Brockman rapporta qu'un chien pariah ayant appartenu auparavant à un chasseur Midgan de la Somalie britannique, mais qui avait été battu et repoussé, disparut dans la brousse et retourna à l'état sauvage, chassant en compagnie d'un chacal à l'échine noire », H. Epstein, *op. cit.*, p. 118.

19. Dunbar, *Dog Behavior*, p. 178.

20. Harrington et Mech, « Wolf-vocalizations », p. 130, dans *Wolf and Man : Evolution in Parallel*.

21. Desmond Morris, *Dogwatching*, p. 17. Traduction française : *Le Chien révélé*.

22. Scott et Fuller, *Genetics and the Social Behavior of the Dog*, p. 28. Voici la citation in extenso : « Quel genre d'animal est le chien ? En examinant attentivement les réponses à cette question, on se rend compte qu'il n'est pas un être humain puéril, doté de quatre pattes et vêtu d'un manteau de fourrure. Les chiens peuvent toutefois nous apporter des réponses à d'autres questions, uniquement en tant que chiens, étroitement liés aux êtres humains par des relations sociales, mais fondamentalement carnivores du fait de leur hérédité. »

23. Warrick, « Dogs and Wolves », dans *Animals' Agenda* de décembre 1989.

24. Pulliainen, « Ecology of the Wolf in the Settled Areas of Finland », dans *The Behavior and Ecology of Wolves*, p. 90.

25. Richard H. Polsky, « Wolf Hybrids », dans *Veterinary Medicine* de décembre 1995, pp. 1122-1124.

26. La possession d'un hybride de loup pose de nombreux problèmes : ces animaux peuvent être très destructeurs ; il est difficile, sinon impossible, de les rendre propres ; s'ils mordent quelqu'un, ils peuvent être abattus, car il n'existe pas de vaccin antirabique pour le « chien-loup » ; etc.

Cf. « Wolf Dogs : Pets Who Aren't Quite Pets », dans *Best Friend Magazine* de juin 1996, p. 6. Pour un point de vue quelque peu différent, cf. Dorothy Prendergast, *The Wolf Hybrid.*

27. Steinhart, *op. cit.*, p. 306.

28. *Ibid.*, p. 344.

14. L'agressivité canine : réelle ou feinte ?

1. Il est frappant de constater à quel point les émotions animales dites négatives sont soigneusement étudiées, alors que d'autres, plus positives, sont ignorées. Ainsi, « The Ontogeny of Fear in Animals », dans *Fear in Animals and Man*, pp. 125-164, de Eric Salzen, du département de psychologie de l'université d'Aberdeen (Écosse), est une compilation érudite de centaines d'extraits de textes sur la peur ; un travail qui n'a pas d'équivalent dans la littérature scientifique en ce qui concerne la compassion, la reconnaissance ou l'amour chez les animaux.

2. Scott et Fuller, *Genetics and the Social Behavior of the Dog*, p. 117.

3. *Ibid.*, p. 112.

4. Scott, « Investigating Behavior : Toward a Science of Sociality », dans Donald A. Dewsbury (éd.), *Studying Animal Behavior : Autobiographies of the Founders*, p. 412.

5. Scott, *Animal Behavior.*

6. Le simple fait que les louveteaux puissent être élevés presque comme des chiots montre à quel point les deux espèces sont étroitement apparentés. Cf. l'ouvrage important de F. E. Zeuner : *A History of Domesticated Animals.*

7. Tinbergen, « On War and Peace in Animals and Man », dans Heinz Friedrich (éd.), *Man and Animal : Studies in Behavior*, p. 135.

8. Cette expression découle, je pense, d'un passage de *Man Meets Dog* de Konrad Lorenz : « Si un être humain importun et dépourvu de tact persiste à entourer le chien [un chien timide qui essaye d'éviter tout contact avec l'homme] d'attentions et finit par le toucher, l'animal terrorisé peut perdre le contrôle de lui-même et mordre la main fautive, avec la vitesse de l'éclair et une sévérité pénalisante. Un nombre considérable de morsures de chien sont dues à une réaction de peur. »

9. Cf. Jeffrey J. Sacks et al., « Fatal Dog Attacks », dans *Pediatrics* 97 (juin 1996) : 891-895.

10. Bien évidemment, les loups eux aussi dégagent une odeur particulière, en relation avec la soumission et la peur. « Il [un loup subordonné] manifestait sa soumission de la manière la plus évidente. Couché sur le

sol, il jappait à chaque coup de museau de Chippewa, et urinait, libérant une substance chimique qui se trouvait dans son urine et dégageait une puissante odeur musquée, immédiatement détectable à plusieurs mètres de distance... expression du comble de la peur et de la soumission », Ronald Schassburger, *Vocal Communication in the Timber Wolf, Canis Lupus, Linnaeus*, p. 46.

11. Lorsque l'on compare émotions humaines et animales, il s'agit généralement d'émotions négatives. Ainsi le livre de Walton Cannon, *Bodily Changes in Pain, Hunger, Fear and Rage*, commence par ces lignes : « La peur, la colère, la douleur et les tiraillements de la faim sont des expériences primitives, communes aux êtres humains et aux animaux inférieurs. » Il ne serait jamais venu à l'idée de Cannon d'y ajouter l'amour, la compassion et la reconnaissance.

12. Ce travail a été poursuivi par son élève et successeur, Irenäus Eibl-Eibesfeldt. Cf. le livre de ce dernier : *Love and Hate*. L'expression « combat ritualisé » fut utilisée pour la première fois par Schenkel dans un article (« Submission : Its Features and Function in the Wolf », dans *American Zoology* 7 : 319-329) publié plusieurs années après son travail novateur dans ce domaine (son étude intitulée « Ausdrucksstudien an Wölfen », et publiée dans *Behavior* 1 : 81-129, date de 1947).

13. Cela n'est pas valable uniquement pour les chiens. Dans son article « On War and Peace in Animals and Man » (p. 122), Niko Tinbergen écrit : « Chez les animaux, les affrontements au sein d'une même espèce sont habituellement peu fréquents. De plus, les adversaires s'arrangent en général pour régler leurs différends sans s'entretuer ; en fait, même l'effusion de sang est rare. L'homme est la seule espèce capable de perpétrer des massacres, des génocides ; la seule qui soit inadaptée à sa propre société. » Les travaux les plus récents de Jane Goodall nous ont appris que les chimpanzés pouvaient tuer des babouins et même d'autres chimpanzés. Ils « partent en guerre ». Pourtant, ils ne le font que très rarement, et leur capacité de destruction est sans commune mesure avec celle de l'homme. Seul celui-ci peut représenter une menace pour l'existence des autres espèces.

14. Darwin, *The Expression of the Emotions in Man and Animals*, p. 119. Traduction française : *L'Expression des émotions chez l'homme et les animaux*, pp. 127-128.

15. Cf. l'article « Agression » dans *The Oxford Companion to Animal Behavior*, édité par David McFarland.

16. Tim Jones, *Dog Heroes*, p. 58. L'ouvrage de Michael G. Lemish, *War Dogs*, est le meilleur livre que j'aie lu à propos de l'utilisation des chiens durant les guerres. Lemish, qui est l'historien officiel de la Vietnam Dog

Handler Association, et l'un des membres de la National Association for Search and Rescue, donne une version plus élaborée de l'histoire de Chips.

17. Cité dans Lemish, *War Dogs*, p. 4.

18. Isaiah Spiegel, « A Ghetto Dog », dans Howe et Greenberg (éd.), *A Treasury of Yiddish Stories.*

19. On nous dit souvent que cela aurait équivalu à signer son propre arrêt de mort, mais c'est inexact. En fait, un certain nombre de gardiens de camps de concentration ont effectivement demandé à être réaffectés et n'ont pas été punis. Je pense qu'il est beaucoup plus probable que les gardiens en soient arrivés à aimer leur travail. Ils devenaient sadiques, un qualificatif qui, à mon avis, ne peut pas s'appliquer aux chiens, dans la mesure où ceux-ci ne prennent pas plaisir à la souffrance d'autrui. Cf. Daniel Goldhagen, *Hitler's Willing Executioners : Ordinary Germans and the Holocaust,* New York : Knopf, 1996.

20. En 1934, Humphrey et Warner signalaient que la partie la plus difficile du dressage effectué à l'école de police consistait à apprendre au berger allemand à mordre un homme. Même les plus battants et les plus courageux se montraient réticents et hésitaient à le faire, et il était impossible de décider un grand nombre de chiens à « surmonter le préjugé relatif à l'inviolabilité de la personne humaine ». Ils citent divers auteurs (dont S. Dangerfield) selon lesquels la morsure ayant été une faute impardonnable pour d'innombrables générations de chiens, le fait de se retenir de mordre est devenu pour eux comme une seconde nature. Burns et Fraser, *Genetics of the Dog : The Basis for Successful Breeding,* p. 143.

21. Hearne, *Adam's Task,* p. 208.

15. Être seul : la tristesse du chien

1. Je ne suis pas le seul. « Elle est étendue sous le porche, somnolente, regardant dans le vague. L'instant d'après, elle n'est plus là – disparue, évaporée... Le porche est vide – désert. L'instant d'après elle est là, somnolente, le regard perdu, dégageant une forte odeur de poisson avancé et d'algues pourrissantes », Kenneth et Anna Roberts, « Dogs in a Big Way », dans Lesley O'Mara (éd.), *Best Dog Stories,* p. 158.

2. American Psychiatric Association, *Diagnostic and Statistical Manual of Mental Disorders,* p. 219.

3. *Ibid.,* p. 220.

4. *The Animal's Voice* 8 n° 4 (1996) : 18. La légende sous la photo est la suivante : « Un groupe de chiens – tous sur le point de mourir – en regardent un autre recevoir l'injection fatale. »

5. Fox, *Returning to Eden*, p. 3. Cf. également Atkinson, *Greyfriars Bobby*, et Bolton, *Our Devoted Friend the Dog*, p. 28.

6. *Ibid.*, p. 123.

7. *Heroic Dogs in the News*, p. 215.

8. Communication personnelle de Vasos Panagiotopoulos, New York, avril 1996.

9. Cité dans Winokur (éd.), *Mondo Canine*, p. 234.

10. Communication personnelle de Al Graber, mai 1996.

11. Communication personnelle de Véronique Richard, mai 1996.

12. Communication personnelle de Marjerie Riddle, avril 1996.

13. Tuan, *Dominance and Affection : The Making of Pets.*

14. En 1963, à Cleveland, Fuller projeta devant l'American Society of Zoologists un film intitulé *Canine Kaspar Hausers.* Kaspar Hauser était un « enfant sauvage » qui fit son apparition à Nuremberg en 1828, incapable de marcher ou de parler. On apprit par la suite qu'il était resté enfermé pendant la plus grande partie de sa courte existence, au moins douze ans, dans un cachot obscur où il n'entendait aucun bruit, ne voyait aucune créature vivante, ne parlait à personne et devait se contenter de pain sec et d'eau. Il fut assassiné par un inconnu cinq ans après son apparition. Aujourd'hui, l'opinion généralement acceptée est qu'il s'agissait de l'héritier légitime du grand-duché de Bade. Le syndrome psychiatrique dit de Kaspar Hauser se rapporte à l'ensemble de symptômes qui s'observent chez des enfants ayant vécu coupés du monde pendant leurs premières années. En conséquence, un Kaspar Hauser canin est un chien qui a été élevé dans un isolement complet. Cf. Jeffrey Masson, *Lost Prince.*

15. Fuller, « Stress of emergence is postulated as the basis for behavioral deficits seen in dogs following isolation », dans Thomas E. McGill (éd.), *Readings in Animal Behavior*, pp. 197-210.

16. Scott, « Separation in Infant Dogs », dans E. Senoy (éd.), *Separation and Distress*, p. 14.

17. Scott, « The Evolution of Social Behavior in Dogs and Wolves », dans *American Zoologist* 7 (1967) : 375.

18. Fox, *The Dog : Its Domestication and Behavior*, p. 156.

19. Seligman, « Chronic Fear Produced by Unpredictable Shock », dans *Journal of Comparative and Physiological Psychology* 66 (1968) : 402-411. Cf. également Seligman, « Fall into Helplessness », dans *Psychology Today* 7 (1973) : 43-48. Cf. par ailleurs E. C. Senay, « Toward an Animal Model of Depression », dans *Journal of Psychiatric Residency* 4 (1966) : 65-71.

20. Richter, « On the Phenomenon of Sudden Death in Animals and Man », dans *Psychosomatic Medicine* 19 (1957) : 191-198.

21. Seligman, *Helplessness : On Depression, Development, and Death*, pp. 58-59.

22. Dans leur livre *Rape of the Wild* (p. 62), Andrée Collard et Joyce Contrucci décrivent les expériences pratiquées par Ronald Melzack et T. H. Scott sur des scottish terriers privés d'expériences sociales et sensorielles. Les deux expérimentateurs utilisaient des chocs électriques et des brûlures pour tester les réactions des chiens. « Au grand étonnement des observateurs, sept des dix chiens handicapés ne tentèrent même pas de s'éloigner de l'expérimentateur durant la stimulation... et ce dernier put brûler le nez de quatre des chiens aussi souvent qu'il le désirait. » Les deux auteurs ajoutent ce commentaire : « Melzack et Scott ont démontré en torturant des animaux ce que tous les tortionnaires de l'histoire de l'humanité savaient depuis toujours : il est possible de traumatiser des créatures vivantes au point de les amener à se soumettre à n'importe quelle atrocité sans émettre la moindre plainte, tout en les rendant désespérément dépendantes de leurs tortionnaires. » Les expériences décrites ont fait l'objet d'une publication : « The Effects of Early Experience on the Response to Pain », dans *Journal of Comparative and Physiological Psychology* 50 (1957) : 158.

23. Pratt, *Alternatives to Pain in Experimentation on Animals*, p. 68.

24. Selon la Humane Society of the United States, ces chiens sont « contraints de passer toute leur vie dans des cages exiguës où ils ne sont pas à l'abri des intempéries et souffrent du manque de nourriture et d'eau. Les femelles sont couvertes chaque fois qu'elles sont en chaleur. Pour ces animaux, les usines à chiots sont des enfers sur cette terre. » *The True Nature Newsletter*, vol. 2, n° 2, p. 1.

25. Ironie du sort, c'est sur le plus gentil des chiens, le beagle, que nous pratiquons ces expériences horribles. Dans un rapport intitulé « Comparison of Tracheal Damage from Laser-Ignited Endotracheal Tube Fires », il est question des inflammations aiguës et des ulcérations graves que provoque une flamme, semblable à celle d'une lampe à souder, dans la gorge d'un chien anesthésié. Ces expériences ont été conduites par la Northwestern University Medical School de Chicago, et le Medical College de l'État du Wisconsin, à Milwaukee, dans les années quatre-vingt, et leurs résultats ont été publiés par R. H. Ossoff et al. dans *Annals of Otology, Rhinology and Laryngology* 92 (1983) : 333-336. J'ai trouvé ces informations dans le très intéressant article du Dr Robert Sharpe (qui a écrit par ailleurs *The Cruel Deception* au sujet de l'utilisation des animaux de laboratoire) intitulé « Man's Best Friend » et publié dans *The Antivivisectionist* en février 1994, pp. 4-7. Cf. également « Pet Theft in America : A Report to Congress » (p. 14) établi par Last Chance for Animals, une association de

protection des animaux basée à Los Angeles. Dans son numéro du 4 février 1966, le magazine *Life* écrivait : « Les besoins annuels des laboratoires s'élèvent aujourd'hui à près de deux millions de chiens par an. » En 1996, la Harvard Medical School a annoncé qu'elle avait supprimé de son programme d'enseignement les expériences pratiquées en laboratoire sur des chiens. Aucune école de médecine ne peut plus obliger ses étudiants à participer à des expériences pratiquées sur des animaux de laboratoire.

26. Carson, *Men, Beasts, and Gods : A History of Cruelty and Kindness to Animals*, pp. 197-198.

27. Extrait de Collard et Contrucci, *op. cit.*, p. 62.

28. Kourtsine, « La conception pavlovienne des névroses expérimentales, base de la psychopathologie des animaux », dans Brion et Ey (éd.), *Psychiatrie animale*, pp. 204-210. La phrase citée se trouve page 207.

29. Fedorov, « A propos de certaines anomalies du comportement chez les animaux », dans Brion et Ey, *op. cit.*, pp. 211-215.

30. Collard et Contrucci, *op. cit.*, p. 61.

31. *Dayton Daily News* du 27 mars 1996.

16. Penser comme un chien

1. Cf. Wells, « What the Octopus Makes of It : Our World from Another Point of View », *American Scientist* 49 (1961) : 215-227.

2. Coren, *The Intelligence of Dogs*, p. 105. Traduction française : *L'Intelligence des chiens.*

3. George, *How to Talk to Your Animals.*

4. Coppinger et Feinstein, « Why Dogs Bark », *Smithsonian*, janvier 1991, pp. 119-129.

5. Scott, « Observation », dans *Animal Communication, Techniques of Studies and Results of Research*, pp. 17-30, éd. par Thomas A. Sebeok, Bloomington : Indiana University Press, 1968.

6. Montaigne, *Œuvres complètes*, Paris, La Pléiade, 1962, p. 572-573. Cité dans Spiegel, *The Dreaded Comparison*, p. 23.

7. On peut lire un autre compte rendu du biologiste soviétique D. K. Belyaev qui conduisit l'expérience, dans Budiansky, *The Covenant of the Wild*, pp. 95-97.

8. Léon Tolstoï, *Anna Karenina*, p. 635. Traduction française : *Anna Karénine*, Paris : Flammarion, 1988, tome 2, p. 190.

9. Vesey-Fitzgerald, *Animal Anthology.*

10. Cf. Pfungst, *Clever Hans.* J. L. et C. G. Gould, qui ont repris ce récit dans *The Animal Mind* (pp. 1-3), font remarquer que « Clever Hans était

merveilleusement intelligent, mais pas de la façon dont la plupart des observateurs l'avaient espéré ».

11. Mann, *A Man and his Dog*, p. 202. Traduction française : *Maître et Chien*, p. 70.

12. Cervantès, *El Coloquio de los Perros*. Traduction française : *Colloque des chiens*.

13. Ce récit ne fut publié qu'après la mort de Kafka. On prétend qu'Albert Einstein aurait dit à Thomas Mann, à propos des petites pièces en prose de Kafka : « Elles sont hors de portée de l'entendement humain. »

14. Mann, *op. cit.*, p. 81.

15. Smythe, *The Mind of the Dog*, p. 66.

16. Mech, « Joining a Wolf Pack », dans *Audubon* 98, n° 6 (décembre 1996) : 82.

17. Cf. Horgan, « See Spot See Blue », *Scientific American* 262 (janvier 1990) : 20. Même une autorité comme R. H. Smythe, qui présida le jury chargé de décerner le diplôme de fin d'études du Royal College of Veterinary Surgeons de Londres, a pu écrire, dans *The Mind of the Dog* (p. 69) : « Les chiens, bien sûr, ne voient pas les couleurs. »

18. Cf. Ewer, *The Carnivores*, p. 134, et tous les ouvrages qu'il cite. Il signale (p. 130) que « pendant de nombreuses années on a cru que les mammifères, mis à part l'homme et les primates supérieurs, ne voyaient pas les couleurs. Ce qui est inexact. »

19. Cf. *The Waltham Book of Dog and Cat Behaviour* (p. 43). L'auteur cite A. Rosengren, « Experiments in Colour Discrimination in Dogs », dans *Acta Zoological Fennica* 12 (1969) : 1-19.

20. Fogle, *The Encyclopedia of the Dog*, p. 41.

21. Cf. dans Caras, *A Dog Is Listening*, p. 41, l'excellent chapitre intitulé « The Way Some of Our Closest Friends View Us », consacré au sens de l'ouïe chez le chien. Je ne saurais trop recommander ce livre pour un grand nombre des sujets abordés dans ce chapitre.

22. Étant donné l'importance du sens de l'odorat chez le chien, je lui ai consacré la totalité du chapitre 5 de ce livre.

23. Caras, *op. cit.*, p. 69.

24. « Cet appareil olfactif transmet directement des informations au système limbique, la partie du cerveau la plus intimement impliquée dans le comportement émotionnel », Fogle, *The Dog's Mind : Understanding Your Dog's Behavior*, p. 41.

25. Caras, *op. cit.*, p. 113.

26. Irvine, *Perfume*, p. 151.

27. Thurber, *The Fireside Book of Dog Stories*, éd. par Jack Goodman, p. XIII.

28. J'ai exprimé mon opinion sur la psychanalyse dans un précédent livre : *Final Analysis : The Making and Unmaking of a Psychoanalyst.*

Conclusion. À la recherche de l'âme du chien

1. Kundera, *The Unbearable Lightness of Being.* Traduction française : *L'Insoutenable Légèreté de l'être,* pp. 361 et 365.

2. Midgley, *Animals and Why They Matter,* p. 118.

3. Berman, « The Wild and the Tame », dans *Coming to Our Senses,* p. 103.

4. Dans un poème intitulé « Elegy for a Beagle Mutt », Liz Rosenberg parle d'un « saint homme bouddhiste qui patienta dix mille ans aux portes du paradis en compagnie de son chien fidèle, jusqu'à ce qu'ils soient tous les deux autorisés à entrer ». Cité dans Duemer et Simmerman (éd.), *Dog Music : Poetry about Dogs,* p. 193.

5. Ceci est ma traduction de l'original en sanscrit. J'ai extrait ce texte du volume 4 du *Critical Text of the Mahabharata,* édité par le Bhandarkar Oriental Research Institute.

6. Caroline Crosby dirige à Santa Fe une école pour dalmatiens sourds, qui s'occupe du dressage et du placement de chiens sourds (et stérilisés). Bon nombre d'entre eux vont dans des familles dont l'un ou tous les membres sont malentendants. Mrs. Crosby a dit à Susan McCarthy (coauteur de *Quand les éléphants pleurent,* qui travaille actuellement à un livre consacré à ce que les gens devraient savoir avant d'acheter un chien de race, *The Honest Dog Book*) : « J'ai déjà obtenu de très bons résultats avec des familles qui ont un enfant malentendant. Celui-ci peut s'identifier avec le chien. » Ces chiens sont capables d'apprendre entre dix et quarante signes. Miss Dotties, la chienne de Caroline Crosby, est une bonne gardienne qui aboie chaque fois que sa maîtresse fait le signe « porte ».

7. Marcel Proust, *A la recherche du temps perdu. Du côté de chez Swann,* fin du premier chapitre.

8. Scanziani, *Enciclopedia del Cane,* p. 193 : « Le chien est doué de mémoire, de volonté et d'intelligence ; il est capable d'éprouver toute une gamme de sentiments, parmi lesquels l'amour, le dévouement, la fidélité, la joie, le regret, la peur, le chagrin, le désespoir, la colère, la jalousie, la honte, la fierté, l'imagination, la curiosité, la perplexité, etc. Non seulement le chien possède une âme, mais elle est assez riche. »

9. Titcomb, *Dog and Man in the Ancient Pacific with Special Attention to Hawaii,* p. 9.

Bibliographie

Les ouvrages précédés d'un astérisque m'ont été tout particulièrement utiles pour écrire ce livre.

ABRANTES, R. A. B., « The Expression of Emotions in Man and Canid », dans Edney, A. T. B. (éd.), « Canine Development Throughout Life », Waltham Symposium n° 8, *Journal of Small Animal Practice* 28 (1987) : 1030-1036.

ACKERLY, J. R., *My Dog Tulip*. New York : Fleet, 1956. Trad. fr. : *Ma chienne Tulip*, Paris : Salvy, 1993.

ACKERMAN, Diane, *A Natural History of Love*. New York : Random House, 1994. Traduction française : *Le Livre de l'Amour*. Paris : Grasset, 1995.

ADAMS, G. J., et JOHNSON, K. G., « Sleep-Wake Cycles and Other Night-Time Behaviours of the Domestic Dog, *Canis familiaris* », *Applied Animal Behavior Science* 36 (1993) : 233-248.

ADCOCK, FLEUR, et Jacqueline SIMMS, (éd.), *Oxford Book of Creatures*. New York : Oxford University Press, 1995.

ADELL-BATH, M., et al., *Do We Need Dogs : A Study of Dogs' Social Significance to Man*. Gothenburg : University of Gothenburg Press, 1979.

AGRAWAL, H. C., « Neurochemical and Behavioral Effects of Isolation Rearing in the Dog », *Life Sciences* 6 (1967) : 71-78.

ALDINGTON, Erich H. W., *Von der Seele des Hundes ; Wesen, Psychologie und Verhaltensweisen des Hundes*. Berlin : Verlag Gollwitzer Weider, 1986.

ALLEN, Durward Leon, *The Wolves of Minong : Isle Royale's Wild Community*. Ann Arbor : University of Michigan, 1993.

ALLEN, G. M., « Dogs of the American Aborigines », *Bulletin of the Museum of Comparative Zoology, Harvard Collection*, vol. 63 (1920) : 431-517.

ALTMANN, S. A., « Social Behavior of Anthropoid Primates : Analysis of

Recent Concepts », dans Bliss, E. L. (éd.), *Roots of Behavior*, pp. 277-285. New york : Harper Brothers, 1962.

ANDERSON, A.C. (éd.), *The Beagle as an Experimental Dog.* Ames : Iowa State University Press, 1970.

ANDERSON, R. K., HART, B. L., et HART, L. A. (éd.), *The Pet Connection : Its Influence on our Health and Quality of Life.* Minneapolis : CENSHARE (University of Minnesota), 1984.

ANDERSON, R. S. (éd.), *Pet Animals in Society.* New York : Macmillan, 1975.

Animal Biography, auteur anonyme. Londres : G. Virtue, 1840.

ARLUKE, A., « Understanding Nazi Animal Protection and the Holocaust », *Anthrozoös* 5 (1992) : 6-31.

*ARNIM, Elizabeth von, *All the Dogs of My Life.* Londres : Virago Press, 1995. Traduction française : *Tous les chiens de ma vie.* Paris : Salvy, 1993 (10/18 n° 2778).

ATKINSON, Eleanor, *Greyfriars Bobby.* New York : A. L. Burt, 1912.

BADCOCK, C. R., *The Problem of Altruism.* Londres : Basil Blackwell, 1986.

BAEGE, B., *Kynologische Bibliographie.* Berlin : Zoological Garden, 1934.

BAILLIE, J. « The Behavioural Requirements Necessary for Guide Dogs for the Blind in the United Kingdom », *British Veterinary Journal* 128 (1972).

BARLOY, J. J., *Les Animaux domestiques : Cent siècles de vie commune entre l'homme et l'animal.* Paris : Éditions France-Empire, 1974.

BARRETTE, C., « The Inheritance of Dominance, or an Aptitude to Dominate », *Animal Behavior* 46 (1993) : 591-593.

BECK, A. M., *The Ecology of Stray Dogs : A Study of Free-Ranging Urban Animals.* Baltimore : York Press, 1973.

BECKER, F., MARKEE, J. E., et KING, J. E., « Studies on Olfactory Acuity in Dogs ; 1 – Discriminatory Behavior in Problem Box Situations », *Animal Behavior* 5 (1957) : 94-103.

BEDICHEK, Roy, *The Sense of Smell.* Londres : Michael Joseph, 1960.

BEKOFF, Marc, « Social Play and Play-Soliciting by Infant Canids », *American Zoologist* 14 (1974) : 323-340.

– « Social Communication in Canids : Evidence for the Evolution of a Stereotyped Mammalian Display », *Science* 197 (1977) : 1907-1999.

– Social Play : Structure, Function, and the Evolution of a Cooperative Social Behavior », dans Burdhardt, G., et Bekoff, M. (éd.), *The Development of Behavior : Comparative and Evolutionary Aspects.* New York : Garland, 1978.

* – « Play Signals as Punctuation : The Structure of Social Play in Canids », *Behaviour* 132 (1995) : 419-429.

BEKOFF, Marc, et DIAMOND, J., « Life-History Patterns and Sociality in

Canids : Body Size, Reproduction and Behavior », *Œcologia* 50 (1981) : 386-390.

BEKOFF, Marc, et JAMIESON, D. (éd.), *Readings in Animal Cognition.* Cambridge, Massachusetts : MIT Press, 1996.

BENJAMIN, Carole Lea, *Dog Problems.* New York : Howell Book House, 1981.

* – *Mother Knows Best : The Natural Way to Train Your Dog.* New York : Howell Book House, 1985.

BERGIN, Bonnie, *Bonnie Bergin's Guide to Bringing Out the Best in Your Dog.* Boston : Little, Brown & Co., 1995.

BERGLER, R., *Man and Dog : The Psychology of a Relationship.* Oxford : Blackwell Scientific Publications, 1988.

BERGMAN, Göran, *Why Does Your Dog Do That ?* New York : Howell Book House, 1971. (Traduit du finnois ; éd. originale : 1967.)

BERGSON, Henri, *Le Rire ; essai sur la signification du comique.* Paris : Presses universitaires de France, 1900.

BERMAN, Morris, « The Wild and the Tame », dans *Coming to Our Senses : Body and Spirit in the Hidden History of the West.* New York : Simon & Schuster, 1989.

BERNARD, Daniel, et DUBOIS, Daniel, *L'Homme et le Loup.* Paris : Berger-Levrault, 1981.

BERSTEIN, I. S., « Dominance : The Baby and the Bathwater », *Behavioral and Brain Sciences* 4 (1981) : 419-457.

BIERCE, Ambrose, *The Devil's Dictionary : A Selection of the Bitter Definitions of Ambrose Bierce.* Mt. Vernon, N.Y. : Peter Pauper Press, 1958. Traduction française : *Le Dictionnaire du Diable.* Paris : NéO, 1987.

BOITANI, Luigi, *De la parte de lupo.* Milan : Giorgio Mondadori, 1986.

– « Randagi : Una vita da cani », *Airone* 187 (novembre 1996) : 43-53.

BOLTON, Sarah Knowles, *Our Devoted Friend the Dog.* Boston : L. C. Page & Co., 1902.

BOWLBY, John A., « Critical Phases in the Development of Social Responses in Man and Other Animals », *New Biology* 14 (Penguin Books, 1953) : 25-37.

BRION, A., et Ey, Henri (éd.), *Psychiatrie animale.* Paris : Bibliothèque neuropsychiatrique de langue française, Desclée de Brouwer, 1976. (1re éd. : 1964.)

BRODBECK, A. J., « An Exploratory Study of the Acquisition of Dependency Behavior in Puppies », *Bulletin of the Ecological Society of America* 35 (1954) : 73.

BROMFIELD, Louis, « Dogs of Malabar Farm », extrait de *Pleasant Valley.* New York : HarperCollins, 1943.

BROWN, L. T., « Affection for People as a Function of Affection for Dogs », *Psychological Reports* 31 (1972) : 957-958.

BRÜCKNER, G. H., « Uber einen zweibeinigen Hund », *Zeitschrift für Hundeforschung*. Neue Folge 13 (1938) : 1-16.

BRUNNER, Ferdinand, *Der unverstandene Hund ; Erkentnisse aus der tierpsychologischen Praxis*. Augsbourg : Naturbuch Verlag, 1994 (5ᵉ éd.).

BUCKE, W. F., « Cyno-Psychoses : Children's Thoughts, Reactions, and Feelings Toward Pet Dogs », *The Pedagogical Seminary* 10 (1903) : 459-513.

BUDIANSKY, Stephen, *The Covenant of the Wild : Why Animals Chose Domestication*. New York : William Morrow Co., 1992.

BUELER, Lois E., *Wild Dogs of the World*. New York : Stein & Day, 1973.

*BURNS, Marca, et FRASER, Margaret, N., *Genetics of the Dog : The Basis for Successful Breeding*. Édimbourg et Londres : Oliver & Boyd, 1966.

BURROUGHS, John, *My Dog Friends*. Édité par Clara Barrus. Boston : Houghton Mifflin Co., 1928.

BURT, M. R. « The Animal as Alter Ego : Cruelty, Altruism, and the Work of Art », dans Rowan, A. N. (éd.), *Animals and People Sharing the World*, pp. 117-135. Hanover, New Hampshire : University Press of New England, 1988.

BUYTENDIJK, Frederik, *The Mind of the Dog*. (Traduction anglaise) Boston : Houghton Mifflin Co., 1936.

CAIRNS, R., « Behavior Development in the Dog : An Interspecific Analysis », *Science* 158 (1967) : 1070-1072.

CAMPBELL, S. S., et TOBLER, I., « Animal Sleep : A Review of Sleep Duration Across Phylogeny », *Neuroscience and Bio-Behavioral Reviews* 8 (1984) : 269-300.

CAMPBELL, William E., *Behavior Problems in Dogs*. Santa Barbara, Californie : American Veterinary Publications, 1975.

CANNON, Walter B., *Bodily Changes in Pain, Hunger, Fear and Rage : An Account of Recent Researches into the Frontiers of Emotional Excitement*. (2ᵉ éd.) New York : D. Appleton & Co., 1929.

CARAS, Roger A., *A Celebration of Dogs*. New York : Times Books, 1982.

* – *A Dog Is Listening : The Way Some of Our Closest Friends View Us*. New York : Summit Books, 1992.

CARSON, Gerald, *Men, Beasts, and Gods : A History of Cruelty and Kindness to Animals*. New York : Charles Scribner's Sons, 1972.

CASE, D. B., « Dog Ownership : A Complex Web », *Psychological Reports* 60 : 247-257.

CATTELL, R. B., « The Isolation of Temperament Dimensions in Dogs », *Behavioral Biology* 9 (1973) : 15-30.

CERVANTÈS, Miguel de, *El Coloquio de los Perros,* (1599). Traduction française : *Colloque des chiens.* Paris : Aubier-Flammarion, 1970.
CLARK, Stephen R. L., « Good Dogs and Other Animals », dans Singer, Peter (éd.), *In Defense of Animals,* pp. 41-51. New York : Basil Blackwell, 1985.
CLARKE, R. S., HERON, W., FETHERSTONHAUGH, M. L., FORGAYS, D. G., et Hebb, D. O., « Individual Differences in Dogs : Preliminary Report on the Effects of Early Experience », *Canadian Journal of Psychology* 5 (1951) : 150-156.
CLIFTON, Merritt, « Heroic Dogs », *Animal People* 5, n° 4 (mai 1996).
CLUTTON-BROCK, Juliet, « The Domestication of the Dog with Special Reference to Social Attitudes of the Wolf », *Carnivores* 3 (1980) : 27-33.
– *Domesticated Animals from Early Times.* Austin : University of Texas, 1983.
– *Cats Ancient and Modern.* Cambridge, Massachusetts : Harvard University Press, 1993.
– « The Unnatural World : Behavioural Aspects of Humans and Animals in the Process of Domestication », dans Manning, A., et Serpell, J.A. (éd.), *Animals and Human Society : Changing Perspectives,* pp. 23-35. Londres : Routledge, 1994.
CLUTTON-BROCK, Juliet (éd.), *The Walking Larder : Patterns of Domestication, Pastoralism, and Predation.* Londres : Unwin Hyman, 1980.
CLUTTON-BROCK, Juliet, et DENNIS-BRYAN, Kim, *Dogs of the Last Hundred Years at the British Museum (Natural History).* Londres : British Museum, 1988.
COHEN, Barbara, et TAYLOR, Louise, *Dogs and Their Women.* Boston : Little, Brown & Co., 1989.
COHEN, J. A., et FOX, M.W., « Vocalization in Wild Canids and Possible Effects of Domestication », *Behav. Proc.*1 (1976) : 77-92.
*COLLARD, Andrée, et CONTRUCCI, Joyce, *Rape of the Wild : Man's Violence Against Animals and the Earth.* Londres : The Women's Press, 1988.
COLLIER, V. W. F., *Dogs of China and Japan in Nature and Art.* Londres : William Heinemann, 1921.
COPPINGER, R. P., et COPPINGER, Lorna, « Dogs in Sheep's Clothing Guard Flocks », *Smithsonian,* avril 1982.
*COPPINGER, R. P., et FEINSTEIN, M., « Why Dogs Bark », *Smithsonian,* janvier 1991, pp. 119-129.
COREN, Stanley, *The Intelligence of Dogs : Canine Consciousness and Capabilities.* New York : The Free Press, 1994. Traduction française : *L'Intelligence des chiens.* Paris : Plon, 1995.
*CRISLER, Lois, *Arctic Wild.* New York : Harper Brothers, 1958. Traduction française : *Chasseurs d'images en Alaska.* Paris : Flammarion, 1960.

– *Captive Wild.* New York : Harper & Row, 1968. Traduction française : *Mon amie Alatna.* Paris : Presses de la Cité.

CROKE, Vickie, *The Modern Ark : The History of Zoos : Past, Present and Future.* New York : Scribner, 1997.

DALE-GREEN, P., *Lore of the Dog.* Boston : Houghton Mifflin, 1967.

DANGERFIELD, S., « The R.A.F. Police Dogs », *Animal Health* 2 (1964) : 1-5.

DARWIN, Charles, *The Variation of Animals and Plants Under Domestication* (2e éd). Londres : John Murray, 1875. Traduction française : *De la variation des animaux et des plantes sous l'action de la domestication.* Paris : Imprimerie de C. Reinwald, 1879-1880.

– *Journal of Researches into the Geology and Natural History of the Various Countries Visited by H. M. S. Beagle.* Londres : H. Colburn, 1839. Cambridge : Cambridge University Press, 1956. Traduction française : *Voyage d'un naturaliste autour du monde, des îles du cap Vert à la Patagonie.* Paris : Maspéro, 1982.

* – *The Expression of the Emotions in Man and Animals.* (1872). Chicago : University of Chicago Press, 1965. Traduction française : *L'Expression des émotions chez l'homme et les animaux.* Bruxelles : Éditions Complexe, 1981.

DAVIDAR, E. R. C., « Wild Dogs (*Cuon alpinus*) and Village Dogs », *Journal of the Bombay Natural History Society* 62 (1965) : 146-148.

DAVIS, Hank, et BALFOUR Dianne, (éd.) *(The) Inevitable Bond : Examining Scientist-Animal Interactions.* Cambridge : Cambridge University Press, 1992.

DECHAMBRE, E. « La théorie de fœtalisation et la formation des races de chiens et de porcs », *Mammalia* 13 (1949) : 129-237.

Diagnostic and Statistical Manual of Mental Disorders. (3e éd) Washington, D.C. : American Psychiatric Association, 1987.

DIAMOND, Jared, « Zebras and the Anna Karenina Principle », dans *Natural History* 9 (1994).

DODMAN, Nicholas, *The Dog Who Loved Too Much : Tales, Treatments and the Psychology of Dogs.* New York : Bantam, 1996.

DOWNS, James, « Domestication : An Examination of the Changing Relationships Between Man and Animals », *Kroeber Anthropological Society Papers* 22 (1960) : 23-60.

*DUEMER, Joseph, et SIMMERMAN, Jim (éd.), *Dog Music : Poetry About Dogs.* New York : St. Martin's Press, 1996.

DUNBAR, Ian, et BERMAN, Michael, *Dog Behavior : Why Dogs Do What They Do.* Neptune, New Jersey : T. F. H. Publications, 1979.

– « The Social Behavior of Free-Ranging Suburban Dogs », *Applied Animal Ethology* 10 (1983) : 5-17.

EDDY, Timothy, GALLUP, Gordon, Jr, et POVINELLI, Daniel, « Attribution of Cognitive States to Animals : Anthropomorphism in Comparative Perspective », *Journal of Social Issues* 49 (1993) : 87-101.

EIBL-EIBESFELDT, Irenäus, « Dominance, Submission, and Love : Sexual Pathologies from the Perspective of Ethology », dans J.R. Feierman (éd.), *Pediophilia.* New York : Springer, 1990, pp. 150-175.

– *Love and Hate : The Natural History of Behavior Patterns.* New York : Shocken, 1974.

EISENBERG, J. F., et DILLON, W. S. (éd.), *Man and Beast : Comparative Social Behavior,* préface de S. Dillon Ripley. Washington, D.C. : Smithsonian Institution Press, 1971.

Encyclopedia of Religion and Ethics, vol.1, sous la direction de James Hastings. « Anthropomorphism », article de Frank B. Jevons. Édimbourg : T. & T. Clark, 1908.

ENSMINGER, M. E., *The Complete Book of Dogs.* New York : A. S. Barnes, 1977.

EPSTEIN, H., *The Origin of the Domestic Animals of Africa,* vol. 1 (nouvelle édition revue avec la collaboration de I. L. Mason). New York : Africana Publishing Corp., 1971.

ERWIT, Elliott, *To the Dogs.* New York : D. A. P. Scalo, 1992.

EVANS, Michael Job, *People, Pooches and Problems.* New York : Howell Book House, 1991.

EWER, R. F., *The Carnivores.* Ithaca, N.Y. : Cornell University Press, 1973.

*FAGEN, Robert, *Animal Play Behavior.* New York : Oxford University Press, 1981.

FEDDERSEN-PETERSEN, Dorit, *Mein Freund, der Hund.* Stuttgart : Verlag Das Beste, 1984.

– *Hundepsychologie : Wesen und Sozialverhalten,* préface de Konrad Lorenz. Stuttgart : Franckh-Kosmos, 1986.

– « Haben Hunde ein Gewissen ? », *Hunde* 13 (1987) : 689-691.

– *Hunde und ihre Menschen.* Stuttgart : Franckh-Kosmos, 1992.

– *Fortplanzungsverhalten beim Hund.* Iéna : Gustav Fischer, 1994.

* – *Ausdrucksverhalten beim Hund.* Iéna : Gustav Fischer, 1995.

FEIERMAN (éd), *Pediophilia : Biosocial Dimensions,* pp. 150-175. New York : Springer, 1990.

FENTRESS, John C., « Observations on the Behavioral Development of a Hand-Reared Male Timber Wolf », *American Zoologist* 7 (1967) : 339-351.

*FIENNES, R., et FIENNES, A., *The Natural History of Dogs.* Garden City, N.Y. : The Natural History Press, 1970.

FISCHEL, Werner, « Ueber das Seelenleben der Hunde ; Eine seelenkundliche Umschau », *Zeitschrift für Hundeforschung* 5 (1936) : 31-47.

– « Die Affektäusserungen und das Gefühlsleben der Tiere in wissenchaftlicher Beurteilung », *Zeitschrift der Tierpsychologie* 1 (1937) : 66-77.
– *Psyche und Leistung der Tiere.* Berlin : W. de Gruyter, 1938.
– *Tierpsychologie und Hundeforschung.* Leipzig : Verlag Dr Paul Schöps, 1941.
* – *Die Seele des Hundes.* Berlin-Hamburg : Paul Parey, 1961. Traduction française : *Psychologie canine, l'âme du chien.* Paris : Maloine, 1968.
– *Leben und Erlebnis bei Tieren und Menschen.* Munich : J. A. Barth, 1967 (1re éd. : 1949).
FISHER, John, *Why Does My Dog... ?* New York : Howell Book House, 1991.
*FISHER, John Andrew, « Disambiguating Anthropomorphism : An Interdisciplinary Review », *Perspectives in Ethology* 9 (1991).
FLEISCHER, Michael, *Hund and Mensch ; Eine semiotische Analyse ihrer Kommunikation.* Tübingen : Stauffenburg Verlag, 1987.
FOGLE, Bruce, *The Dog's Mind : Understanding Your Dog's Behavior.* New York : Howell Book House, 1990.
– *The Encyclopedia of the Dog.* New York : Dorling Kindersley, 1995.
FOGLE, B. (éd), *Interrelations Between People and Pets.* Springfield, Ill : Charles C. Thomas, 1981.
FOGLE, B. (éd.), Zwive, Greson, *Perfume : The Creation and Allure of Classic Fragrances.* New York : Crescent Books, 1995.
FOX, Michael W., « The Influence of Domestication upon Behavior of Animals », dans M. W. Fox (éd.), *Abnormal Behavior in Animals.* Philadelphie : W. B. Saunders Co., 1968.
– « The Anatomy of Aggression and Its Ritualization in Canidae : A Developmental and Comparative Study », *Behavior* 35 (1969) : 242-258.
– « Behavioral Effects of Rearing Dogs with Cats During the Critical Period of Socialization », *Behavior* 35 (1969) : 273-280.
* – *Behavior of Wolves, Dogs and Related Canids.* New York : Harper & Row, 1971.
– *Integrative Development of Brain and Behavior in the Dog.* Chicago : University of Chicago Press, 1971.
– « Evolution of Social Behavior in Canids », dans Fox, M. W. (éd.), *The Wild Canids*, pp. 429-459. New York : Van Nostrand Reinhold, 1975.
– « Love, Dependence and Perpetual Infants », dans *Between Animal and Man.* New York : Coward, McCann & Geoghegan, 1976.
– *Returning to Eden : Animal Rights and Human Responsibility.* New York : The Viking Press, 1980.
– *The Whistling Hunters : Field Studies of the Asiatic Wild Dog.* Albany : State University of New York Press, 1984.
– *The Dog : Its Domestication and Behavior.* Malabar, Floride : Robert E. Krieger Publishing Co., 1987. (Éd. originale : 1978.)

*FOX, Michael W., et BEKOFF, Marc, « The Behavior of Dogs », dans Hafez, E. S. E. (éd.), *The Behaviour of Domesticated Animals,* 3e éd., pp. 370-409. Londres : Balliere Tindall, 1975.

FOX, Michael W., et al., « Behavior and Ecology of a Small Group of Urban Dogs (*Canis familiaris*) », *Applied Animal Ethology* 1 (1975) : 119-137.

FRANCE, Anatole, *L'Anneau d'améthyste,* dans les Œuvres complètes illustrées, tome XII. Paris : Calmann-Lévy, 1927. Cité dans Lesley O'Mara (éd.), *Best Dog Stories.* Londres : Brockhampton Press, 1990.

FRANK, H. (éd.), *Man and Wolf : Advances, Issues, and Problems in Captive Wolf Research.* Dordrecht : W. Junk Publishers (Kluwer Academic Publishers Group), 1987.

FRANK, Harry, et FRANK M. G., « On the Effects of Domestication on Canine Social Development and Behavior », *Applied Animal Ethology* 8 (1982) : 507-525.

FREEDMAN, D. G., « Constitutional and Environmental Interactions in Rearing of Four Breeds of Dogs », *Science* 127 (1955) : 585-586.

FREEDMAN, D. G., KING, J. A., et ELLIOT, O., « Critical Periods in the Social Development of Dogs », *Science* 133 (1961) : 1016-1017.

FREUD, Sigmund, *Das Unbehagen in der Kultur.* Traduction française : *Malaise dans la civilisation.* Paris : P.U.F., 1971. Les *Œuvres complètes* de Freud, Paris : P.U.F. 1995.

FULLER, John L., « Experiential Deprivation and Later Behavior », dans *Readings in Animal Behavior.* New York : Holt, 1973, pp. 197-211.

*GARBER, Marjorie, *Dog Love.* New York : Simon & Schuster, 1996.

GEBHARDT, Heiko, *Du armer Hund.* Hambourg : Stern, 1978.

GENOWAYS, Hugh, et BURGWIN, Marion (éd.), *Natural History of the Dog.* Pittsburgh : Carnegie Museum of Natural History, 1984.

GENTRY, Christine, *When Dogs Run Wild : The Sociology of Feral Dogs and Wildlife.* Jefferson, Caroline du Nord : McFarland & Co., 1983.

GEORGE, Jean Craighead, *How to Talk to Your Animals.* New York : Harcourt Brace Jovanovich, Inc., 1985.

GILBERT, E. M., et BROWN, Thelma R., *K-9 Structure and Terminology.* New York : Howell Book House, 1995.

GINSBURG, Benson E., et HIESTAND, Laurie, « Humanity's "Best-Friend" : The Origins of Our Inevitable Bond with Dogs », dans *The Inevitable Bond : Examining Scientist-Animal Interactions.* Éd. par Hank Davis et Dianne Balfour. Cambridge : Cambridge University Press, 1992, pp. 93-108.

*GONZALEZ, Philip, et FLEISCHER Leonore, *The Dog Who Rescues Cats : The*

True Story of Ginny, préface de Cleveland Amory. New York : HarperCollins, 1995.

GOODMAN, Jack (éd.), *The Fireside Book of Dog Stories.* New York : Simon & Schuster, 1943.

GOTTLIEB, A., « Dog : Ally or Traitor ? », *American Ethnologist* 13 (1986) : 477-488.

GOULD, James L., et Carol GRANT GOULD, *The Animal Mind.* New York : Scientific American Library, 1994.

GOULD, Stephen Jay, « Mickey Mouse Meets Konrad Lorenz », *Natural History* 88, n° 5 (1979) : 30-36.

Grand Livre du chien (Le), 2 vol. conçus par Michel Villemont ; rédaction Marie-Christine d'Aragon. Genève : Edito-Service, 1970.

GRAVEN, Jacques, *La Pensée non humaine, les mystères du psychisme animal.* Paris : Éditions Retz, 1963.

*GRIFFIN, Donald, *The Question of Animal Awareness : Evolutionary Continuity of Mental Experience* (2e éd.). New York : Rockefeller University Press, 1981.

* – *Animal Thinking.* Cambridge, Massachusetts : Harvard University Press, 1984. Traduction française : *La Pensée animale.* Paris : Denoël, 1988.

* – *Animal Minds.* Chicago et Londres : University of Chicago Press, 1992.

GROSSMAN, Loyd, *The Dog's Tale : A History of Man's Best Friend.* Londres : BBC Books, 1993.

GRZIMEK, B., « Weiter Vergleichsversuche mit Wolf und Hund », *Zeitschrift für Tierpsychologie* 5 (1942) : 59-73.

HAFEZ, E. S. E. (éd.), *The Behaviour of Domestic Animals.* Londres : Balliere, Tindall and Cox, 1962.

HALL, C. S., « Temperament : A Survey of Animal Studies », *Psychological Bulletin* 38 (1943) : 909-943.

HALL, Roberta L., et Sharp, Henry S. (éd.), *Wolf and Man : Evolution in Parallel.* New York : Academic Press, 1978.

HALLIBURTON, Judith, *Raising Rover.* New York : St.Martin's Press, 1996.

HALTENORTH, T., *Rassehunde – Wildhunde.* Heidelberg : Winter, 1958.

HARRINGTON, Fred H., et David MECH, « Wolf-vocalizations », dans *Wolf and Man : Evolution in Parallel*, éd. par Hall, Roberta L., et Sharp, Henry S. New York : Academic Press, 1978.

HART, B. L., et HART, L. A., *Canine and Feline Behavioral Therapy.* Philadelphie : Lea & Febiger, 1985.

– « Selecting Pet Dogs on the Basis of Cluster Analysis of Breed Behavioral Profiles and Gender », *Journal of the American Veterinary Medical Association* 186 (1985) : 1181-1185.

HART, B. L., et MILLER, M. F., « Behavioral Profiles of Dog Breeds », *Journal of the American Veterinary Medical Association* 186 (1985) : 1175-1180.

*HEARNE, Vicki, *Adam's Task : Calling Animals by Name.* New York : Alfred A. Knopf, 1987.

– *The White German Shepherd.* New York : The Atlantic Monthly Press, 1988.

– *Bandit : Dossiers of a Dangerous Dog.* New York : HarperCollins, 1991.

– *Animal Happiness.* New York : HarperCollins, 1994.

HEDIGER, H., « Vom Traum der Tiere », *Ciba-Z* 9 (1945).

– *Studies of the Psychology and Behaviour of Captive Animals in Zoos and Circuses* (Traduit de l'allemand). New York : Criterion Books, 1955.

HENSHAW, R. E., et STEPHENSON, R. O., « Homing in the Gray Wolf », *Journal of Mammalogy* 55, n° 1 (1974) : 234-237.

Heroic Dogs in the News. New York : The Paebar Co., 1946.

HERRE, Wolf, et ROHRS, Manfred, *Haustiere – Zoologisch Gesehen* (2e éd.). Stuttgart : Gustav Fischer Verlag, 1990.

HETTS, S., « Psychologic Well-Being : Behavioral Measures and Implications for the Dog », *Advances in Companion Animal Behavior* 21 (1991) : 369-387.

HOBSON, J. Allan, *The Chemistry of Conscious States.* Boston : Little, Brown & Co., 1994.

HOMÈRE, *L'Odyssée.* Paris : La Pléiade, 1955.

HONIG, Werner K., et JAMES, P. H. R. (éd.), *Animal Memory.* New York : Academic Press, 1971.

HORGAN, John, « See Spot See Blue : Curb That Dogma ! Canines Are Not Color-Blind », *Scientific American* 262 (janvier 1990) : 20.

HOUPT, Katherine A., et WOLSKI, Thomas R., *Domestic Animal Behavior for Veterinarians and Animal Scientists.* Ames : Iowa State University Press, 1982.

*HUMPHREY, E. S., et WARNER, L., *Working Dogs : An Attempt to Produce a Strain of German Shepherds Which Combines Working Ability and Beauty of Conformation.* Baltimore : Johns Hopkins Press, 1934.

HUME, C. W., « In Praise of Anthropomorphism », dans *Man and Beast.* Potters Bar, Herts. UFAW, 1962.

HUNT, Morton, *The Compassionate Beast : What Science Is Discovering About the Humane Side of Humankind.* New York : William Morrow Co., 1990.

HUYGHEBAERT, L., *Le Chien : psychologie – olfaction – mécanisme de l'odorat.* Paris : Les Éditions de l'Éleveur, s.d. (vers 1914).

INDIANA, Gary (éd.), *Living with the Animals.* Londres : Faber & Faber, 1994.

IRVINE, Susan, *Perfume.* New York : Crescent Books, 1995.

JESSE, Edward, *Anecdotes of Dogs.* Londres : George Bell & Sons, 1897.
JOHNS, Bud (éd.), *Old Dogs Remembered.* New York : Carroll & Graf, 1993.
JONES, E. Gwynne, *A Bibliography of the Dog.* Londres : The Library Association, 1971. (Tiré d'une thèse de bibliophilie datant de 1970.)
JONES, R., « Tasmanian Aborigines and Dogs », dans *Mankind* 7 (1970) : 256-271.
JONES, Tim, *Dog Heroes : True Stories About Extraordinary Animals Around the World.* Recherches effectuées par Christine Ummel. Fairbanks & Seattle : Epicenter Press, 1996.
JOUVET, M., et JOUVET, D., « Le sommeil et les rêves chez l'animal », dans Brion, A., et Ey, Henri (éd.), *Psychiatrie animale,* pp. 149-167. Paris : Bibliothèque neuropsychiatrique de langue française, Desclée de Brouwer, 1976.
JOUVET, M., et SASTRE, J.-P., « Le comportement onirique du chat », *Physiology and Behavior* 22 (1979) : 979-989.

KAIMUS, H., « The Discrimination by the Nose of the Dog of Individual Human Odors and in Particular of the Odors of Twins », *Animal Behavior* 3 (1955) : 25-31.
KATZ, Richard, « Talks with Dogs », dans *Solitary Life* (traduit de l'allemand). New York : Reynal & Co., 1958.
KEEHN, J. D., *Origins of Madness : Psychopathology in Animal Life.* Oxford : Pergamon Press, 1979.
– *Animal Models for Psychiatry.* Boston : Routledge & Kegan Paul, 1986.
KENNEDY, John S., *The New Anthropomorphism.* Cambridge : Cambridge University Press, 1992.
KING, J. A., « Closed Social Groups Among Domestic Dogs », *Proceedings of the American Philosophical Society* 98 (1954) : 327-336.
KLAITS, Joseph et BARRIE (éd.), *Animals and Man in Historical Perspective.* New York : Harper & Row, 1974.
KLEIMAN, D. G., « Monogamy in Mammals », *Quarterly Review of Biology* 52 (1977) : 39-69.
KLEIMAN, D. G., et EISENBERG, J. F., « Comparisons of Canid and Felid Social Systems from an Evolutionary Perspective », *Animal Behavior* 21 (1973) : 637-659.
KLINGHAMMER, Erich, et GOODMAN, Patricia Ann, « Socialization and Management of Wolves in Captivity », dans Frank, H. (éd.), *Man and Wolf : Advances, Issues, and Problems in Captive Wolf Research,* p. 45. Dordrecht : W. Junk Publishers (Kluwer Academic Publishers Group), 1987.
KOBBÉ, Gustav, *A Tribute to the Dog : Including the Famous Tribute by Senator Vest.* New York : Frederick A. Stokes Co., 1910.

KOEHLER, William, *The Koehler Method of Dog Training.* New York : Howell Book House (Macmillan Publishing Co.), 1962.

KOHN, Alfie, *The Brighter Side of Human Nature : Altruism and Empathy in Everyday Life.* New York : Basic Books, 1990.

KREBS, Dennis L., « Altruism : An Examination of the Concept and a Review of the Literature », *Psychological Bulletin* 73 (1970) : 258-302.

KRUSHINKSII, L. V., *Animal Behavior : Its Normal and Abnormal Development.* New York : Consultant's Bureau, 1962.

KUNDERA, Milan, *The Unbearable Lightness of Being.* New York, Harper & Row, 1984. Traduction française du tchèque : *L'Insoutenable Légèreté de l'être.* Paris : Gallimard, 1987.

LAMOTT, Anne, *Operating Instructions : A Journal of my Son's First Year.* New York : Pantheon Books, 1993.

LANSBURY, Coral, *The Old Brown Dog : Women, Workers, and Vivisection in Edwardian England.* Madison : University of Wisconsin Press, 1985.

LAVIE, Peretz, *The Enchanted World of Sleep.* New Haven : Yale University Press, 1996.

LAWRENCE, Alistair B., et RUSHEN, Jeffrey (éd.), *Stereotypic Animal Behaviour : Fundamentals and Applications to Welfare.* Wallingford, Oxfordshire : Cab International, 1993.

LAWRENCE, Elizabeth Atwood, « The Sacred Bee, the Filthy Pig, and the Bat out of Hell : Animal Symbolism as Cognitive Biophilia », dans Kellert, Stephen R., et Wilson, Edward O. (éd.), *The Biophilia Hypothesis.* Washington, D.C. : Island Press, 1993.

LAWRENCE, R. D., *In Praise of Wolves.* New York : H. Holt, 1986.

*LEACH, Maria, *God Had a Dog : Folklore of the Dog.* New Brunswick, N.J. : Rutgers University Press, 1961.

*LEMISH, Michael G., *War Dogs : Canines in Combat.* McLean, Virginia : Brassey's (division of Macmillan), 1996.

*LERMAN, Rhoda, *In the Company of Newfies : A Shared Life.* New York : Henry Holt & Co., 1996.

LESSAC, M., « Effects of Early Isolation on the Later Adaptative Behavior of Beagles », *Developmental Psychology* 1 (1969) : 14-25.

LEVINSON, B., *Pets and Human Development.* Springfield, Illinois : Charles C. Thomas, 1972.

LEWIS, Michael, et HAVILAND, Jeannette M., *Handbook of Emotions.* New York : The Guilford Press, 1993.

LEYHAUSEN, P., *Cat Behavior : The Predatory and Social Behavior of Domestic and Wild Cats.* (Traduction anglaise) New York : Garland STPM, 1979.

LIPMAN, E. A., « Comparative Auditory Sensitivity of Man and Dog », *American Journal of Psychology* 55 (1942) : 84-89.

LOCKBRIDGE, Frances et Richard, *Cats & People.* New York : J.B.Lippincott Co., 1950

LOCKWOOD, R., « Dominance in Wolves : Useful Construct or Bad Habit ? », dans Klinghammer, E. (éd.), *The Behavior and Ecology of Wolves,* pp. 225-244. New York : Garland STPM, 1979.

LÖHNER, L., « Untersuchungen über die geruchsphysiologische Leistungsfähigkeit von Polizeihunden », *Pflügers Archiv für die gesamte Physiologie des Menschen und der Tiere* 212 (1926) : 84-94.

*LOPEZ, Barry Holstun, *Of Wolves and Men.* New York : Charles Scribner's Sons, 1987.

LORENZ, Konrad, « Der Kumpan in der Umvelt des Vogels », *Journal of Ornithology* 83 (1935) : 137-213, 289-413.

* – *So kam der Mensch auf den Hund.* Munich : DTV, 1950. Traduction française : *Tous les chiens et tous les chats.* Paris : Flammarion, 1970.

– *On Aggression.* New York : Harcourt, Brace & World, 1966. Traduction française : *L'Agression, une histoire naturelle du mal.* Paris : Flammarion, 1969.

– *Haben Tiere ein subjektives Erleben ?* Zurich : Arche-Nova ; Munich : Piper, 1968.

– « Companions as Factors in the Bird's Environment », dans *Studies in Animal and Human Behavior,* vol. 1, pp. 101-259. (Traduit de l'allemand) Cambridge, Mass. : Harvard University Press, 1970.

* – *Man Meets Dog.* Nouvelle introduction de Donald McCaig. (Traduit de l'allemand) New York : Kodansha America, 1994.

LUBBOCK, J., *On the Senses, Instincts, and Intelligence of Animals.* New York : Appleton, 1888. Traduction française : *Les Sens et l'Instinct chez les animaux, et principalement chez les insectes.* Paris : F. Alcan, 1891.

LUCAS, Edgar A., et al., « Baseline Sleep-Wake Patterns in the Pointer Dog », *Physiology and Behavior* 19 (1977) : 285-291.

MACCASKILL, Bridget, *The Blood Is Wild.* Londres : Jonathan Cape, 1995.

MACGREGOR, Forbes, *Greyfriars Bobby : The Real Story at Last.* Londres : Goron Wright, 1990.

Macmillan Book of Proverbs, Maxims, and Famous Phrases (The), choisis par Burton Stevenson. New York : Macmillan, 1948.

MAETERLINCK, Maurice, *Le Double Jardin.* Paris : Éditions Fasquelle, 1904.

MAHUT, H., « Breed Differences in the Dog's Emotional Behavior », *Canadian Journal of Psychology* 12 (1958) : 35-44.

MAINARDI, Danielo, *Il cane e la volpe.* Milan : Rizzoli, 1976.

MALCOM, J.R., « African Wild Dogs Play Every Game by Their Own Rules », *Smithsonian* 11, n° 8 (1980) : 62-71.

*MANN, Thomas, *Herr und Hund.* Francfort : Fischer, 1918. Traduction française : *Maître et Chien.* Paris : Éditions Kra, 1929. (La Pochothèque, Romans et Nouvelles, vol. 3, 1996.)

MANNING, A., et SERPELL, J.A. (éd.), *Animals and Human Society : Changing Perspectives.* Londres : Routledge, 1994.

MASON, I. L. (éd.), *Evolution of Domesticated Animals.* Londres : Longman, 1984.

MASON, MARCUS W., *Bibliography of the Dog.* Ames : Iowa State University Press, 1959.

MASSON, Jeffrey Moussaieff, *Final Analysis : The Making and Unmaking of a Psychoanalyst.* New York : Addison-Wesley, 1991.

– *Lost Prince : The Unsolved Mystery of Kaspar Hauser.* New York : The Free Press, 1996.

MASSON, Jeffrey Moussaieff, et MCCARTHY, Susan, *When Elephants Weep : The Emotional Lives of Animals.* New York : Delacorte Press, 1995. Traduction française : *Quand les éléphants pleurent ; la vie émotionnelle des animaux.* Paris : Albin Michel, 1997.

MAYLE, Peter, *A Dog's Life.* New York : Alfred A. Knopf, 1995. Traduction française : *Une vie de chien.* Paris : Nil, 1997.

* MCCAIG, Donald, *Nop's Trials.* New York : Crown Publishers, 1984.

– *Eminent Dogs, Dangerous Men : Searching Through Scotland for a Border Collie.* New York : HarperCollins, 1991.

MCELROY, Susan Chernak, *Animals as Teachers and Healers : True Stories and Reflections.* Préface de Michael W. Fox. Troutdale, Oregon : New Sage Press, 1996.

MCGILL, Thomas (éd.), *Readings in Animal Behavior,* 2e éd., pp. 197-210. New York : Holt, Rinehart & Winston, 1973.

MCINTYRE, Rick, « The East Fork Pack », dans Murray, John A. (éd.), *Out Among the Wolves : Contemporary Writings on the Wolf.* Anchorage : Alaska North-West Books, 1993.

MCLOUGHLIN, John C., *The Canine Clan : A New Look at Man's Best Friend.* New York : Viking, 1983.

MECH, L. David, *The Wolves of Isle Royale.* Fauna of the National Parks of the United States, Fauna Series n° 7. Washington, D.C. : Government Printing Office, 1966.

– *The Wolf : The Ecology and Behavior of an Endangered Species.* New York : Natural History Press, 1970.

– *Wolf !* Wolves in American Culture Committee. Ashland, Wisconsin : Northworld, 1986.

– « Joining a Wolf Pack », *Audubon* 98, n° 6 (décembre 1996) : 78-87.
MELZACK, R., « Irrational Fears in the Dog », *Canadian Journal of Psychology* 6 (1952) : 141-147.
– « The Genesis of Emotional Behavior : An Experimental Study of the Dog », *Journal of Comparative Physiological Psychology* 50 (1954) : 155-161.
– « Effects of Early Experience on Social Behavior », *Canadian Journal of Psychology* 10 (1956) : 82-90.
– « The Effects of Early Experience on the Response to Pain », *Journal of Comparative Physiological Psychology* 50 (1957) : 155-161.
MENZEL, F., *Welpe und Umwelt.* Leipzig : Verlag Dr Paul Schöps, 1937.
MÉRY, Fernand, *Le Chien, son mystère.* Paris : Pont Royal (Del Duca/Laffont), 1976.
MESSENT, Peter, *Understanding Your Dog,* préface de Konrad Lorenz. Londres : Macdonald & James, 1979. Traduction française : *Comprendre son chien.* Paris ; Bruxelles : Elsevier Séquoia, 1980.
MIDGLEY, Mary, « Why Knowledge Matters », dans Sperlinger, D. (éd.), *Animals in Research.* New York : John Wiley & Sons, 1981.
MILANI, Myrna M., *The Body Language and Emotion of Dogs : A Practical Guide to the Physical and Behavioral Displays Owners and Dogs Exchange and How to Use Them to Create a Lasting Bond.* New York : William Morrow & Co., 1986.
MITLER, Merrill M., DEMENT, William C., et al., « Narcolepsy-Cataplexy in a Female Dog », *Experimental Neurology* 45 (1974) : 332-340.
MONCRIEFF, R. W., *Odour Preferences.* Londres : Leonard Hill, 1966.
*Monks of New Skete (The), *How to Be Your Dog's Best Friend : A Training Manual for Dog Owners.* Boston : Little, Brown & Co., 1978.
MONTAIGNE, Michel Eyquem de, *Œuvres complètes.* Paris : La Pléiade, 1962.
MONTANI, F., *Il cane anziano.* Milan : De Vecchi, 1994. Traduction française : *Le Chien âgé.* Paris : De Vecchi, 1994.
*MORRIS, Desmond, *Dogwatching.* New York : Crown Publishers, 1986. Traduction française : *Le Chien révélé : Guide essentiel du comportement de votre chien.* Paris : Calmann-Lévy, 1987.
MORRIS, Willie, *My Dog Skip.* New York : Random House, 1995.
MOULTON, D. G., ASHTON, E. H., et EAYRS, J. T., « Studies in Olfactory Acuity, 4, Relative Detectability of n-Aliphatic Acids by the Dog », *Animal Behavior* 8 (1960) : 117-128.
MOWAT, Farley, *The Dog Who Wouldn't Be.* Boston : Little, Brown & Co., 1957.
MUGFORD, R. A., « Attachment Versus Dominance : An Alternative View of the Man-Dog Relationship », dans *The Human-Pet Relationship,* pp. 157-165. Vienne : IEMT, 1985.

NACHTSHEIM, H., et STENGEL, H., *Vom Wildtier zum Haustier.* Berlin : Parey, 1977. (Éd. originale : 1936.)

NERUDA, Pablo, *Odas elementales.* Traduction française : *Odes élémentaires.* Paris : Gallimard, 1974.

NEUHAUS, Walter, « Über die Riechschärfe des Hundes für Fettsäuren », *Zeitschrift zur Vergleichende Physiologie* 35 (1953) : 527-552.

NEVILLE, Peter, *Do Dogs Need Shrinks ?* New York : Carol Publishing Group, 1992.

OATLEY, K., « The Importance of Being Emotional », *New Scientist* 19 (août 1989) : 33-36.

O'FARRELL, V, *Manual of Canine Behavior.* Cheltenham, Gloucestershire : British Small Animal Veterinary Association Publications, 1986.

OGDEN, Paul, *Chelsea : The Story of a Signal Dog.* Boston : Little, Brown & Co., 1992.

OLINER, Samuel P., et OLINER, Pearl M., *The Altruistic Personality.* New York : The Free Press, 1988.

OLSEN, Stanley J., *Origins of the Domestic Dog, the Fossil Record.* Tucson : University of Arizona Press, 1985.

O'MARA, Lesly (éd.), *Best Dog Stories,* préface de Gerald Durrell. Londres : Brockhampton Press, 1990.

O'NEILL, Eugene Gladstone, « The Last Will and Testament of Silverdene Emblem O'Neill », dans *The Unknown O'Neill,* Travis Bogard (éd.). New Haven : Yale University Press, 1988.

Oxford Companion to Animal Behavior (The), David McFarland (éd.). New York : Oxford University Press, 1987.

PAPASHVILY, Helen et George, *Dogs and People.* Philadelphie : J. B. Lippincott, 1954.

PARKER, S. T., MITCHELL, R. W., et Boccia, M. L. (éd.), *Self-Awareness in Animals and Humans : Developmental Perspectives.* Cambridge : Cambridge University Press, 1994.

PAULSEN, Gary, *Winterdance : The Fine Madness of Running the Iditarod.* New York : Harcourt Brace & Co., 1994.

PAVLOV, I. P., *Conditioned Reflexes : An Investigation of the Physiological Activity of the Cerebral Cortex.* Londres : Oxford University Press, 1927. Traduction française du russe : *Les Réflexes conditionnés ; étude objective de l'activité nerveuse supérieure des animaux.* Paris : Masson, 1962.

PERIN, Constance, « Perfect Dogs », dans *Belonging in America – Reading Between the Lines.* Madison : University of Wisconsin Press, 1988.

PFAFFENBERGER, C. J., « The Relationship Between Delayed Socialization and

Trainability in Guide Dogs », *Journal of Genetic Psychology* 95 (1959) : 145-155.

* – *The New Knowledge of Dog Behavior.* New York : Howell Books, 1963.

PFAFFENBERGER, C. J., et al. (éd.), *Guide Dogs for the Blind : Their Selection, Development and Training.* Amsterdam : Elsevier, 1976.

PFUNGST, Oskar, *Clever Hans (The Horse of Mr. von Osten) : A Contribution to Experimental, Animal and Human Psychology.* (Traduit de l'allemand) New York : Henry Holt & Co., 1911.

PHELPS, Gilbert, et Phelps, John (compilateurs), *Between Man and Beast.* New York : Bonanza Books, 1979.

PINKWATER, Daniel, *Fish Whistle.* New York : Addison-Wesley, 1989.

PITT, Frances, *Animal Mind.* New York : Frederick A. Stokes Co., 1926.

POLI, Marco, et AMBROGIO, Elio, *Care bestie, scusate : Per capire, per rispettare, per imparare a difendere gli animali.* Milan : Longanesi & Co., 1995.

PORTER, V., *Faithful Companions : The Alliance of Man and Dog.* Londres : Methuen, 1989.

POWERS, W. K., et POWERS, M. N., « Putting on the Dog », *Natural History* 95, n° 2 (février 1986) : 6-16.

PRATT, D., *Alternatives to Pain in Experimentation on Animals.* New York : Argus Archives, 1980.

PRENDERGAST, Dorothy, *The Wolf Hybrid.* Gallup, New Mexico : Rudelhaus Enterprises, 1989.

PULLIAINEN, Erkki, « Ecology of the Wolf in the Settled Areas of Finland », dans Klinghammer, Erich (éd.), *The Behavior and Ecology of Wolves.* New York : Garland STPM, 1979.

RATNER, Stanley C., et BOICE, Robert, « Effects of Domestication on Behaviour », dans Hafez, E. S. E. (éd.), *The Behaviour of Domestic Animals,* 3e éd. Londres : Balliere Tindall, 1975.

REITMAN, Judith, *Stolen for Profit : The True Story Behind the Disappearance of Millions of America's Beloved Pets.* New York : Kensington Books, 1992.

RHEINGOLD, H., « Maternal Behavior in the Dog », dans *Maternal Behavior in Mammals.* New York : John Wiley & Sons, 1963.

RHINE, J. B., et Feather, Sara R., « The Study of Cases of "Psi-Trailing" in Animals », *Journal of Parapsychology* 26 (1962) : 1-22.

RICCIUTI, E. R., « Dogs of War », *International Wildlife* 8, n° 5 (1978) : 36-40.

RICHARDSON, E. H., *Forty Years with Dogs.* Londres : Hutchinson, 1929.

RICHTER, C. P., « On the Phenomenon of Sudden Death in Animals and Man », *Psychosomatic Medicine* 19 (1957) : 191-198.

RITCHIE, C. I. A., *The British Dog : Its History from Earliest Times.* Londres : Robert Hale, 1981.

ROBINSON, Louis, *Wild Traits in Tame Animals (Being Some Familiar Studies in Evolution).* Édimbourg et Londres : William Blackwood & Sons, 1897.

ROBINSON, Michael H., et TIGER, Lionel (éd.), *Man and Beast Revisited.* Washington, D.C. : Smithsonian Institution Press, 1991.

ROEDER, Kenneth D., « A Dog's World View », *Natural History* 82, n° 7 (août 1973) : 12-18, 84-85.

ROFFWARG, Howard P., MUZIO, Joseph, et DEMENT, William, « Ontogenetic Development of the Human Sleep-Dream Cycle », *Science* 152 (1966) : 604-619.

ROHAN, Jack, *Rags : The Story of a Dog Who Went to War.* New York : Harper & Brothers, 1930.

*ROMANES, George J., *Animal Intelligence.* 2e éd. Londres : Kegan Paul, Trench & Co., 1882. Traduction française : *L'Intelligence des animaux.* Paris : F. Alcan, 1887.

*ROSEN, Michael J. (éd.), *The Company of Dogs : 21 Stories by Contemporary Masters.* New York : Doubleday, 1990.

* – (éd.), *Dog People : Writers and Artists on Canine Companionship.* New York : Artisan, 1995.

ROSENGREN, A., « A Study of Colour Discrimination in Dogs », *Acta Zoologica Fennica* 121 (1968).

– « Experiments in Colour Discrimination in Dogs », *Acta Zoologica Fennica* 122 (1969) : 1-19.

ROSS, S., « Some Observations on the Lair-Dwelling Behavior of Dogs », *Behaviour* 2 (1950) : 144-162.

RUCHEBUSCH, V., « Sommeil et rêves chez les animaux », dans Brion, A., et Ey, Henri (éd.), *Psychiatrie animale,* pp. 139-148. Paris : Bibliothèque neuropsychiatrique de langue française, Desclée de Brouwer, 1964.

SALZEN, Eric A., « The Ontogeny of Fear in Animals », dans Sluckin, W. (éd.), *Fear in Animals and Man,* pp. 125-164. New York : Van Nortrand Reinhold Co., 1979.

SARRIS, E. G., « Die Individuellen Unterschiede bei Hunden », *Zeitschrift für angewandte Psychologie und Charakterkunde* 52 (1937) : 257-310.

SAUNDERS, Marshall, *Beautiful Joe : An Autobiography,* préface de Roger Caras. Bedford, Massachusetts : Applewood Books, 1994. (Éd. originale : 1894.)

SAVISHINSKY, Joel S., « Pet Ideas : The Domestication of Animals, Human Behavior, and Human Emotions », dans Katcher, Aaron Honori, et Beck, Alan M. (éd.), *New Perspectives on Our Lives with Companion Animals.* Philadelphie : University of Pennsylvania Press, 1983.

SCANZIANI, Piero, *Enciclopedia del Cane.* Novara : Istituto Geographico de Agostini, 1981.

SCHACHTER, S., *The Psychology of Affiliation.* Londres : Tavistock, 1959.
SCHASSBURGER, Ronald M., *Vocal Communication in the Timber Wolf, Canis lupus, Linnaeus : Structure, Motivation, and Ontogeny.* Berlin : Paul Parey Scientific Publishers, 1993.
SCHENKEL, Rudolf, « Ausdruckstudien an Wölfen », *Behavior* 1 (1947) : 81-129.
* – « Submission : Its Features and Functions in the Wolf and Dog », *American Zoologist* 7 (1967) : 319-330.
SCHJEDLERUP-EBBE, T., « Beiträge zur Sozialpsychologie des Haushunds », *Zeitschrift für Tierpsychologie* 88 (1922) : 225-252.
SCHMID, Bastian, *Von den Aufgaben der Tierpsychologie.* Berlin : Gebrüder Borntraeger, 1921.
– *Das Seelenleben der Tiere.* Vienne : Rikola Verlag, 1926.
– *Aus der Welt des Tieres.* Berlin : Otto Salle, 1930.
* – « Vorläufiges Versuchsergebnis über das hundliche Orientierungsproblem », dans *Zeitschrift für Hundeforschung,* vol.2, pp. 133-156, 1932.
– *Interviewing Animals.* Londres : George Allen & Unwin, 1936. (Éd. originale allemande : *Begegnung mit Tieren.* Munich, 1935.)
SCHMIDT, H. D., « Zur Sozialpsychologie des Haushundes », *Zeitschrift für Psychologie* 161 (1957).
SCHMIDT-NIELSON, K., *How Animals Work.* New York : Cambridge University Press, 1972.
SCHOLTMEIJER, Marian, *Animal Victims in Modern Fiction : From Sanctity to Sacrifice.* Toronto : University of Toronto Press, 1993.
SCOTT, John Paul, « The Social Behavior of Dogs and Wolves : An Illustration of Sociobiological Systematics », *Annals of the New York Academy of Sciences* 51 (1950) : 1009-1021.
– *Animal Behavior.* Chicago : University of Chicago Press, 1958.
– « The Evolution of Social Behavior in Dogs and Wolves », *American Zoologist* 7 (1967) : 373-381.
– « Separation in Infant Dogs : Emotional and Motivational Aspects », dans Senoy, E. (éd.), *Separation and Distress.* Washington, D.C. : American Association for the Advancement of Science Symposium, 1969.
– « Attachment and Separation in Dog and Man : Theoretical Propositions », dans Schaffer, H. R. (éd.), *The Origins of Human Social Relations,* pp. 227-246. New York : Academic Press, New York, 1971.
-- » Development of Affect in Dogs and Rodents », dans Alloway, T, et al. (éd.), *Communication and Affect.* New York : Academic Press, 1972.
– « Editor's Comments », dans *Critical Periods.* Benchmark Papers in Animal Behavior, 12. Bowling Green State University, Ohio : Dowden, Hutchinson & Ross, 1978.

– « Investigating Behavior : Toward a Science of Sociality », dans Dewsbury, Donald A., *Studying Animal Behavior : Autobiographies of the Founders.* Chicago : University of Chicago Press, 1985.

*SCOTT, J. P., et FULLER, J. L. *Genetics and the Social Behavior of the Dog.* Chicago : Chicago University Press, 1965.

SCOTT, J. P., STEWART, John M., et DEGHETT, Victor J., « Separation in Infant Dogs : Emotional Response and Motivational Consequences », dans Scott, John Paul, et Senay, Edward C. (éd.), *Separation and Depression : Clinical and Research Aspects.* Washington, D.C. : American Association for the Advancement of Science, 1973.

SEBEOK, Thomas A. (éd.), *Animal Communication.* Bloomington : Indiana University Press, 1968.

SEITZ, A., « Beobachtungen an handaufgezogenen Goldschakalen (*Canis aureus algirensis* Wagner [1843]) », *Zeitschrift für Tierpsychologie* 16, n° 6 (1959) : 747-771.

SELIGMAN, Martin E. P., « Chronic Fear Produced by Unpredictable Shock », *Journal of Comparative Physiological Psychology* 66 (1968) : 402-411.

– « Fall into Helplessness », *Psychology Today* 7 (1973) : 43-48.

– *Helplessness : On Depression, Development, and Death.* San Francisco : W. H. Freeman & Co., 1975.

SENAY, E. C., « Toward an Animal Model of Depression : A Study of Separation Behavior in Dogs », *Journal of Psychiatric Residency* 4 (1966) : 65-71.

SERPELL, J. A., *In the Company of Animals.* Oxford : Basil Blackwell, 1986.

– « The Influence of Inheritance and Environment on Canine Behavior : Myth and Fact », *Journal of Small Animal Practice* 28 (1987) : 949-956.

* – (éd.) *The Domestic Dog : Its Evolution, Behaviour and Interactions with People.* Cambridge : Cambridge University Press, 1995.

*SHELDON, Jennifer W., *Wild Dogs : The Natural History of the Nondomestic Canidae.* San Diego, Californie : Academic Press (Harcourt Brace Jovanovich), 1992.

SHELDRAKE, Rupert, *Seven Experiments That Could Change the World : A Do-It-Yourself Guide to Revolutionary Science.* New York : Riverhead Books, 1995. Traduction française : *Sept Expériences qui peuvent changer le monde : Guide pratique de la science révolutionnaire.* Monaco ; Paris : Éditions du Rocher, 1994.

SHELL, Mark, « The Family Pet », *Representations* 15 (1986) : 121-153.

SHIMAZONO, Y. et al., « The Correlation of the Rhythmic Waves of the Hippocampus with the Behavior of Dogs », *Neurologia Medico-Chirurgica* (1960) : 82-88.

SHOJAI, Amy, *A Dog's Life : The History, Culture, and Everyday Life of the Dog.* New York : Friedman/Fairfax, 1994.

SIEGAL, Mordecai (éd.), *UC Davis School of Veterinary Medicine Book of Dogs : A Complete Medical Reference Guide for Dogs and Puppies.* By the Faculty and Staff, School of Veterinary Medicine, University of California, Davis. New York : HarperCollins, 1995.

SIEGAL, Mordecai, MARGOLIS, Matthew, *When Good Dogs Do Bad Things.* Boston : Little, Brown & Co., 1986.

SINGER, M., « Pygmies and Their Dogs : A Note on Culturally Constituted Defence Mechanisms », *Ethos* 6 (1978) : 270-277.

SINGH, Arjan, *Prince of Cats.* Londres : Jonathan Cape, 1982.

– *Tiger ! Tiger !* Londres : Jonathan Cape, 1984.

SINGH, Billy Arjan, *Eelie and the Big Cats.* Londres : Jonathan Cape, 1987.

SLUCKIN, W. (éd.), *Fear in Animals and Man.* New York : Van Nostrand Reinhold, 1979.

SMYTHE, R. H., *Animal Psychology.* Springfield, Illinois : Charles C. Thomas, 1958.

* – *The Mind of the Dog.* Springfield, Illinois : Charles C. Thomas, 1961.

*SPIEGEL, Isaiah, « A Ghetto Dog », dans Howe, Irving, et Greenberg, Eliezer (éd.), *A Treasury of Yiddish Stories.* New York : Viking, 1954.

*SPIEGEL, Marjorie, *The Dreaded Comparison : Human and Animal Slavery,* 2e éd. Préface d'Alice Walker. Princeton, New Jersey : Mirror Books, 1996.

*STADDON, J. E. R., « Animal Psychology : The Tyranny of Anthropocentrism », dans *Whither Ethology ?,* vol. 8, de Bateson, P. P. G., et Klopfer, Peter H. (éd.), *Perspectives in Ethology.* New York : Plenum Press, 1989.

STEBBINS, Robert C., et COHEN, Nathan W., *A Natural History of Amphibians.* Princeton, New Jersey : Princeton University Press, 1995.

*STEINHART, Peter, *In The Company of Wolves.* New York : Alfred A. Knopf, 1995.

SYROTUCH, William G., *Scent and the Scenting Dog.* Westmoreland, N.Y. : Arner Publications, 1972.

TABOR, R., *The Wildlife of the Domestic Cat.* Londres : Arrow Books Ltd, 1983.

TARRANT, Bill, *The Magic of Dogs.* New York : Lyons & Burford, 1995.

*THOMAS, Elizabeth Marshall, *The Hidden Life of Dogs.* Boston : Houghton Mifflin Co., 1993. Traduction française : *La Vie secrète des chiens.* Paris : diffusion Hachette, 1996.

– *The Tribe of Tiger.* Boston : Houghton Mifflin Co., 1994.

– *Certain Poor Shepherds : A Christmas Tale.* New York : Simon & Schuster, 1996.

THOMAS, Keith, *Man and the Natural World : A History of the Modern Sensibility.* New York : Pantheon Books, 1983. Traduction française : *Dans le jardin de la nature : La mutation des sensibilités en Angleterre à l'époque moderne.* Paris : Gallimard, 1985.

THOMPSON, Laura, *The Dogs : A Personal History of Greyhound Racing.* Londres : Vintage, 1994.

THOMPSON, W. R., « Exploratory Behavior in Normal and Restricted Dogs », *Journal of Comparative Physiological Psychology* 47 (1954) : 77-82.

THORNE, Y. C. (éd.), *Waltham Book of Dog and Cat Behavior.* New York : Pergamon Press. Pergamon Veterinary Handbook Series, 1992.

THURBER, James, *Thurber's Dogs.* New York : Simon & Schuster, 1955.

TINBERGEN, Nikko, « On War and Peace in Animals and Man », dans Friedrich, Heinz (éd.), *Man and Animal : Studies in Behavior.* New York : St. Martin's Press, 1968.

TITCOMB, Margaret, avec la collaboration de Mary Kawena Pukui, *Dog and Man in the Ancient Pacific with Special Attention to Hawaii.* Honolulu : Bishop Museum, special publication n° 59, 1969.

TOMKIES, Mike, *Moobli.* Londres : Jonathan Cape, 1988.

*TRUMLER, Eberhard, *Mit dem Hund auf Du ; Zum Verstaendnis seines Wesens und Verhaltens.* Préface de Konrad Lorenz. Munich : Piper, 1971.

*– *Understanding Your Dog.* (Traduit de l'allemand) Londres : Faber & Faber, 1973.

*– *Your Dog and You.* (Traduit de l'allemand) New York : Seabury, 1973.

*– *Hunde ernst genommen ; Zum Wesen und Verständniss ihres Verhaltens.* Munich : Piper, 1974.

TUAN, Yi-Fu, *The Landscape of Fear.* New York : Pantheon Books, 1979.

– *Dominance and Affection : The Making of Pets.* New Haven, Connecticut : Yale University Press, 1984.

TUCKER, Michael, *The Eyes That Lead : The Story of Guide Dogs for the Blind.* Londres : Robert Hale Ltd, 1984.

*TURNER, Dennis C., et BATESON Patrick (éd.), *The Domestic Cat : The Biology of Its Behaviour.* Cambridge : Cambridge University Press, 1988.

UCKO, P. J., et Dimbleby, G. W. (éd.), *The Domestication and Exploitation of Animals.* Chicago : Aldine Publishing Co., 1969.

UEXKUELL, J. von, « Die Umwelt des Hundes », *Zeitschrift für Hundeforschung* 2 (1932) : 157-170.

VAN LAWICK-GOODALL, J. et VAN LAWICK-GOODALL, H, *Innocent Killers.* Boston : Houghton Mifflin, 1971. Traduction française : *Tueurs innocents.* Paris : Stock, 1971.

*VAN VECHTEN, Carl, *The Tiger in the House.* New York : Alfred A. Knopf, 1952. (Éd. originale : 1920.)

VESEY-FITZGERALD, Brian, *Animal Anthology.* Londres : Newnes, 1965.
* – (éd.) *The Book of the Dog.* Toronto : Borden Publishing, 1948.
VESSELS, Jane, « Koko's Kitten », *National Geographic* 167 (janvier 1985) : 110-113.
VINES, G., « Wolves in Dogs' Clothing », *New Scientist* 91, n° 1270 (1981) : 648-652.
VOGEL, H. H., et al., « Social Facilitation and Allelomimetic Behaviour in Dogs », *Behaviour* 2 (1950) : 121-134.
VOLLMER, P. J., « Do Mischievous Dogs Reveal their "Guilt" ? » *Veterinary Medicine Small Animal Clinician* 72 (1977) : 1002-1005.
VOLTAIRE, François Marie Arouet, dit, *Dictionnaire philosophique [Bêtes].* Paris : Garnier Frères, 1967. (Éd. Imprimerie nationale, 1994.)
VORONOFF, Serge, *Love and Thought in Animals and Man.* Londres : Methuen, 1937. Traduction française du russe : *L'Amour et la pensée chez les bêtes et chez les gens.* Paris : Fasquelle, 1936.

WAAL, Frans de, *Good Natured : The Origins of Right and Wrong in Humans and Other Animals.* Cambridge, Massachusetts : Harvard University Press, 1996.
WALTHER, Fritz R., *Communication and Expression in Hoofed Mammals.* Bloomington : Indiana University Press, 1984.
WARRICK, Deborah M., « Dogs and Wolves : Canine Cousins : A Look at Wild and Domestic Canids », *Animals' Agenda* 9, n° 11 (décembre 1989).
WEGNER, Wilhelm, *Kleine Kynologie,* 3e éd. Konstanz : Terra-Verlag, 1986.
WERBLOWSKY, R. J. Zwi, « On Anthropomorphism », dans Eliade, Mircea (éd.), *The Encyclopedia of Religion,* vol. 1. New York : Macmillan, 1987.
WHITE, D. G., *Myths of the Dog-Man.* Chicago : University of Chicago Press, 1991.
WHITE, Joseph J., *Ebony and White : The Story of the K-O Corps.* Wilsonville, Oregon : Doral Publishing Co., 1996.
WHITTEMORE, Hank, et HEBARD, Caroline, *So That Others May Live : Caroline Hebard and Her Search-and-Rescue Dogs.* New York : Bantam, 1995.
WILLIS, R. G. (éd.), *Signifying Animals : Human Meaning in the Natural World.* Londres : Unwin Hyman, 1990.
WILLIS, Roy, *Man and Beast.* New York : Basic Books, 1974.
*WINOKUR, Jon (éd. et compilateur), *Mondo Canine.* New York : E. P. Dutton, 1991.
WISE, J. K., et YANG, J. J., « Dog and Cat Ownership, 1991-1998 », *Journal of the American Veterinary Association* 204 (1994) : 1166-1167.
WISPÉ, L. *The Psychology of Sympathy.* New York : Plenum, 1991.
WITTGENSTEIN, Ludwig Josef, *Philosophical Investigations,* 3e éd. New York :

Macmillan Co., 1968. Traduction française de l'allemand : *Investigations philosophiques* (publiées en 1952, traduites en français en 1964). Paris : Gallimard, 1988.

– *Zettel.* (Traduit de l'allemand) Berkeley et Los Angeles : University of California Press, 1970.

WOLFENSOHN, S., « The Things We Do to Dogs », *New Scientist* du 14 mai 1981, pp. 404-407.

WOLOY, Eleanora M., *The Symbol of the Dog in the Human Psyche.* Wilmette, Illinois : Chiron Publications, 1990.

WOODHOUSE, Barbara, *Talking to Animals.* Middlesex, Angleterre : Penguin, 1981. (Éd.originale : 1954.)

WOOLF, Virginia, *Flush : A Biography* (1933). Traduction française : *Flush.* Paris : Stock, 1979. Cité dans Adcock, Fleur, et Simms, Jacqueline (éd.), *The Oxford Book of Creatures.* Oxford : Oxford University Press, 1995.

WOOLPY, J. H., « Wolf Socialization : A Study of Temperament in a Wild Social Species », *American Zoologist* 7 (1967) : 357-364.

WRIGHT, J. C., « The Development of Social Structure During the Primary Socialization Period in German Shepherds », *Developmental Psychobiology* 13 (1980) : 17-24.

* ZEUNER, F. E., *A History of Domesticated Animals.* New York : Harper & Row, 1963.

ZIMEN, Erik, *Wölfe und Königspudel ; Vergleichende Verhaltensbeobachtungen.* Munich : Piper Verlag, 1974.

– *The Red Fox : Symposium on Behaviour and Ecology.* Biogeographica 18. Boston : Dr W. Junk, 1980.

* – *The Wolf : His Place in the Natural World.* (Traduit de l'allemand) Londres : Souvenir Press, 1981. (Éd. originale : 1978.)

* – *Der Hund ; Abstammung – Verhalten – Mensch und Hund.* Munich : C. Bertelsmann, 1988.

ZOMPOLIS, Gregory N., *Operation Pet Rescue : Animal Survivors of the Oakland, California, Firestorm.* Exeter, New Hampshire : J. N. Townsend Publishing, 1994.

ZSCHOKKE, Friedrich, *Der Schlaf der Tiere.* Bâle : Helbing & Lichtenhohn, 1916.

ZWEIG, A., « Ueber die psychischen Leistungen eines Hundes und deren mögliche Beziehungen zur Humanpsychologie », *Schweizerische Zeitschrift für Psychologie* 16 (1957).

Index

Index

Remerciements

Je voudrais tout d'abord remercier Elizabeth Marshall Thomas pour avoir écrit *La Vie secrète des chiens,* le meilleur ouvrage dans ce domaine que j'aie jamais lu. C'est ce livre qui m'a amené à réfléchir à la vie cachée des chiens, à leurs émotions.

Je suis également redevable à mes deux directeurs de collection : Tony Colwell (chez Jonathan Cape, mon éditeur anglais), et Steve Ross (chez Crown Publishers, mon éditeur américain), qui a travaillé avec moi sur ce projet dès le tout début. Tony a été le premier à s'enthousiasmer et à nous aider, Susan McCarthy et moi, à faire un livre de *Quand les éléphants pleurent.* Je lui suis profondément reconnaissant de sa compétence et de ses traits de génie lors de la lecture minutieuse de ce nouvel ouvrage. Steve a lui aussi travaillé inlassablement sur mes deux livres, venant même jusqu'à Berkeley (Californie) pour rencontrer mes chiennes. C'est un admirable directeur de collection et un excellent ami ; sans son soutien, je me sentirais perdu. Il en irait de même si je venais à être privé de celui d'Elaine Markson, mon agent littéraire ; je lui dois énormément de choses.

Je tiens à exprimer tout spécialement ma gratitude à Mike del Ross, brillant éducateur de Guide Dogs for the Blind, de San Rafael, qui m'a aidé à trouver Sasha ; et à Gary Templin, le remarquable président de la Society for the Protection of Animals d'Oakland (Californie), qui m'a permis d'adopter mes deux autres chiennes et mes deux chats.

Parmi tous ceux qui m'ont fait profiter de leur connaissance approfondie des chiens et des animaux en général, j'aimerais citer : le professeur Marc Bekoff, le Dr Ian Dunbar, Bruce Max Feldman, vétérinaire à Berkeley, Peter Steinhart, le Dr Charles Berger, le Dr Robert Hack et le Dr Elliot Katz, fondateur de In Defence of Animals.

Merci également à Victoria Gill et Elisa Moreno pour leur aide précieuse au début de l'écriture de ce livre.

Chaque fois que nous avons dû nous absenter, Jenny Miller a été pour nos trois chiennes un substitut maternel affectueux.

Merci à Nina Mazur, propriétaire de Waggers à Berkeley.

Divers amis m'ont aidé de multiples façons : Marjerie Riddle, Michael Parenti, Tom et Leslie Goldstein, Laurie Goldman, Chloe Aftel, Deborah Kennoyer ; mais aussi Justine Juson, ma nièce, et surtout Simone, ma fille chérie, qui depuis le jour de sa naissance a aimé tous les animaux.

Sans Leila, la mère de notre fils Ilan, rien n'aurait été possible. Elle a prouvé que ma théorie relative aux chiens et à l'amour était exacte : les chiens sont tout amour, et Leila l'est également. Elle est la lumière de ma vie.

Table

La composition de cet ouvrage
a été réalisée par I.G.S. Charente Photogravure,
à l'Isle-d'Espagnac,
l'impression et le brochage ont été effectués
sur presse Cameron dans les ateliers
de ***Bussière Camedan Imprimeries***
à Saint-Amand-Montrond (Cher),
pour le compte des Éditions Albin Michel.

Achevé d'imprimer en février 1999.
N° d'édition : 17622. N° d'impression : 990593/4.
Dépôt légal : mars 1999.